cmz

cmz. Wir machen die guten Bücher. Seit 1979.

Foto: Privat

Joachim Negel, Jahrgang 1962, Dr. theol., Professor für Fundamentaltheologie an der Universität Freiburg / Fribourg (Schweiz), hat zwischen 2009 und 2015 die sonntagabendlichen Universitätsgottesdienste in der Kugelkirche Marburg / Lahn gehalten.

Joachim Negel

Kugelworte

Ein Grundkurs des Glaubens in 24 Predigten

Dritte, überarbeitete Auflage

Bibliografische Information der Deutschen Nationalbibliothek

Die Deutsche Nationalbibliothek verzeichnet diese Publikation in der Deutschen Nationalbibliografie; detaillierte bibliografische Daten sind im Internet über http://dnb.d-nb.de abrufbar.

An der Glasfachschule 48, 53359 Rheinbach
Tel. +49-2226-912626, info@cmz.de

Schlußredaktion:
Clemens Wojaczek, Rheinbach

Satz
(Adobe Garamond Pro 11 auf 14,5 Punkt)
mit Adobe InDesign CS 5.5:
Winrich C.-W. Clasen, Rheinbach

Umschlagbild:
Ursel Dorn, *Kugelkirche Marburg*,
Acryl auf Leinwand, 60 × 50 cm; 2015

Umschlaggestaltung:
Lina C. Schwerin, Hamburg

Papier (Lux Creamy 90 g mit 1,8f. Vol.):
Arctic Paper S.A., Poznań / Polen

Gesamtherstellung:
Bookpress.eu, Olsztyn / Polen

ISBN 978-3-87062-332-6

1301–1400 • 2024-06-11

www.cmz.de

Der geliebten Kugelkirchengemeinde
St. Johannes Evangelist zu Marburg an der Lahn
anläßlich der 500sten Wiederkehr
der Weihe ihrer Kirche
am 25. Mai 2017

Ein welteröffnendes Denken ist transzendenzoffen. Es behält den Fuß in der Tür, denn es ahnt, daß es andernfalls in der Eindimensionalität landet. Ist die Türe einmal zugefallen, sitzt man in der Falle. Insofern verhält es sich mit einer reduktionistischen Wissenschaft wie mit einer totalitären Religion: Sie schenkt Sicherheit, indem sie das Denken stillstellt.

Rüdiger Safranski

Ich bin katholisch. Atheismus kann doch jeder.

Graffito am Philosophicum der Universität Münster

Inhalt

Zweifelsfragen*

Es spricht nicht viel dafür, daß es dich gibt, Gott.
Vielleicht haben ja die recht, die dich für eine Projektion halten,
für das Produkt von Wünschen,
vorgegaukelt dem Ich aus der Tiefe einer Psyche,
die da treibt auf dem Meer des Unbewußten,
eingefügt in nervliche Schaltkreise und Molekülflüsse,
Rückkopplungseffekte aus der stofflichen Beschaffenheit des
Körpers,
spiegelneuronale Illusion.
Aber: Sollte wirklich hinter allem Sinn die Sinnlosigkeit lauern,
hinter aller Ordnung das Chaos,
hinter aller Liebe die Kälte,
hinter allem Leben der Tod?
Woher wissen wir das eigentlich?

Es spricht nicht viel dafür, daß der Mensch mehr ist als ein Tier,
Zufallsergebnis der Evolution, Irrläufer des Kosmos,
eingeschlossen im Gefängnis von Bedürfnis und Aggression.
Aber: Sollte der Mensch wirklich nur ein tragisches Wesen sein
(und darin freilich noch einmal mehr als ein Tier!),
Freiheit erfahrend, die keine ist,
Sehnsucht verspürend, die nie erfüllt wird,
Liebe verschenkend, die (ein Trick der Natur) in Wirklichkeit
nur der selbstbezüglichen Arterhaltung dient,
alle Grenzen sprengend und doch im Erdloch hockend?
Warum sind wir uns da eigentlich so sicher?

* Autor und Veröffentlichungsort unbekannt. – An verschiedenen Stellen wurde der Text vom Vf. behutsam ergänzt bzw. verändert.

Es spricht nicht viel dafür, daß in einem galiläischen Rabbi
der Himmel auf die Erde gekommen ist,
daß in ihm sich die unaussprechliche Tiefe der Welt
als Liebe kundgetan hat.
Vielleicht war er nichts als ein Wanderprediger, wie andere auch,
gestorben, begraben und vergessen –
heiliggesprochen allein von seinen verzweifelten Jüngern,
die es nicht ertrugen, sich getäuscht zu haben in ihm.
Aber: Gab es je einen Menschen,
der glaubwürdiger Mensch war,
der lauterer, freier, konsequenter, wohltuender war als er,
der die Liebe radikaler gelebt hat:
selbstvergessen, verstörend, wahrhaftig?
Und:
Könnte die Paradoxie des Kreuzes nicht vielleicht doch
die wahre Weisheit sein und die wahre Stärke?
Warum eigentlich bezweifeln wir das alles?

Es spricht nicht viel dafür,
daß der Mensch nicht tot ist, wenn der Körper zerfällt,
daß das Ich nicht erlischt, wenn die Instrumente verstummen.
Aber: Könnte nicht alles auch ganz anders sein,
als der Augenschein wahrhaben will:
daß sich in allem Kleinen das Große verbirgt,
in allem Natürlichen das Übernatürliche,
in allem Menschlichen das Göttliche,
in allem Tod – das Leben?

Es spricht nicht viel dafür, Gott.
Aber du sprichst dafür.

Avant-Propos

Irgend etwas war geschehen. Man wollte das oder den Glauben nicht mehr lernen. Man wollte verstehen. Aber gerade hier zeigte sich sehr schnell, daß die Brücken zwischen Glauben und Alltag, zwischen Religion und Wirklichkeit nicht mehr so recht tragen wollten. Eine Kluft hatte sich aufgetan zwischen einer in feste Begriffe gegossenen Glaubenslehre und dem wirklichen Leben des Alltags. Begriffe wie Gnade und Erlösung, Menschwerdung Gottes, Himmel, Hölle, Sünde und Erbsünde, Dreifaltigkeit und Unbefleckte Empfängnis: was sollen sie an den Fließbändern der Fabriken, und was bedeuten sie in den Büros der Angestellten? Es war eine Glaubensnot geboren, die bis heute nicht überwunden ist.«[1]

Was Karl-Heinz Weger, langjähriger Mitarbeiter des Jesuitentheologen Karl Rahner, seinerzeit im Blick auf die 1960er Jahre schrieb, hat seitdem an Dramatik noch einmal zugenommen. Wer wie der Autor der hier vorliegenden Texte im Säkularismus der 1970er Jahre aufgewachsen ist (»Mehrzweckhalle«, »Fußgängerzone«, »Autobahnanschluß«, »Ölkrise«, »Lebensqualität« lauteten die damals aufkommenden Schlagworte), dann durch die Irritationen der Postmoderne in den 1980er und 90er Jahren geprägt wurde und seitdem von den Verwerfungen der Kirchenkrise mal mehr, mal weniger heftig durchgeschüttelt wird, kann sich kaum noch vorstellen, was es einmal bedeutet haben mag, in einer Frömmigkeitswelt zu leben, für die exemplarisch das Apostolische Glaubensbekenntnis steht.[2] Zwar verlor man den Glauben nicht von heute auf morgen wie eine Geldbörse oder einen Schlüsselbund; er hörte nur langsam auf, dem Leben Gestalt zu geben, er wurde chimärisch, entfärbte sich ins Unwirkliche, wurde immer abstrakter – bis schließlich das im Apostolikum zusammengefaßte Bekenntnis zur Menschwerdung

Christi, zu seinem Erlösungstod am Kreuz, seiner Auferstehung und Himmelfahrt und seiner Wiederkunft in Herrlichkeit wie ein Sammelsurium merkwürdiger Mythologeme erscheinen mußte, denen Glauben zu schenken schon schwierig genug ist, die hingegen auch noch verstehen zu wollen sich als ähnlich unmöglich erweist wie das Verstehen eines Kunstwerkes von Beuys, Baselitz oder Lüpertz.

Genau in dieser Atmosphäre sind die in diesem Buch versammelten Texte entstanden.[3] Denn Glaube hat ja immer auch elementar mit der Kultur zu tun, mit der er verflochten ist. Ändern sich die lebensweltlichen Kontexte, so auch die Bedingungen der Möglichkeit, religiös zu sein. Genau davon sprechen die Texte, die ich hier vorlege.

Auf der einen Seite sind sie tief geprägt vom Denken so unterschiedlicher Geister wie Karl Rahner, Johann Baptist Metz und Thomas Pröpper einerseits, Hans Urs von Balthasar, Romano Guardini und Eugen Drewermann andererseits. Wer wollte ernsthaft zurück in die Zeiten vor dem Zweiten Vatikanischen Konzil, da eine ahistorische Neuscholastik und ein hierarchischer Ekklesiozentrismus Grundlage katholischer Welt- und Selbstwahrnehmung waren. Die Kirchen waren zwar voll, aber war man auch glücklich? – Im Gefolge des Modernisierungsschubs seit Ende des Zweiten Weltkriegs hat sich unser ganzes Nervensystem umgeschichtet; nicht nur die aufgeklärten Modernisten, auch und selbst noch die hartleibigen Traditionalisten sind postmodern; niemand ertrüge es, in einem Kloster, Seminar, Handwerksbetrieb oder Bauernhof der 1950er Jahre leben zu sollen, selbst wenn er Sehnsucht nach der verlorenen Zeit empfände. Im Zweiten Vatikanum (1962–1965), diesem großen Experiment mit offenem Ausgang, hatte die Kirche seinerzeit versucht, die Grundeinsichten der westlichen Moderne (Religionsfreiheit, Gewissensfreiheit, demokratische Partizipation) in ihren Räumen zu rezipieren. Das Experiment ist nur teilweise gelungen. Zwar hat sich der Druck des Sakralen, der steifen Würde und des Sündenballasts merklich gemildert; es scheint, als sei die Kirche (wie man so sagt) »geschwisterlicher« geworden, als predige sie nicht mehr die Verfremdung um eines fernen Himmels willen, sondern die Öffnung zum Menschlichen als dem einzig ausweisbaren Sinn von Religion: ein entschlacktes, entkrampftes, freundliches Christentum, das Lebenshilfe gewährt, ohne den Ballast einer dogmatisch auftretenden Wahrheit mit sich zu schleppen. Jedoch die Gegenrechnungen lassen nicht lange auf sich warten: Präsentiert sich der nachkonziliare Katholizismus nicht als ein merkwürdig fahles Christentum? Modern angemalt und doch seltsam unwirklich? Wieviel an selbstverständlicher Sicherheit im Rituellen, Geistlichen, Theologischen ist nicht in den vergangenen zwei Generationen verloren gegangen – und mit ihnen die Grundlagen einer Verständigung des Menschen über sich selbst (erinnert sei nur an das vielzitierte Böckenförde-Diktum)! Wieviel an natürlicher Plausibilität des Religiösen in den Seelen derer, die sich einmal mit großer Selbstverständlichkeit »Katholiken«, »Christen«, »Gläubige« nannten![4] Jede Befreiung hat eben auch ihren Preis, die Gewinne und Verluste sind nie eindeutig zu verrechnen, zumal bis heute unausgemacht ist, wie man als moderner Mensch überhaupt auf authentische Weise religiös sein kann.

Auf der anderen Seite ähnlich skeptische Fragen: Wie problematisch ist sich die Moderne nicht selber geworden! Wie trittunsicher gegenüber der zunehmenden Kolonialisierung der Lebenswelten sowohl durch ein naturalistisches als auch ein ökonomistisches Denken![5] Die Adaptions- und Amalgamierungsprozesse von uralter Religion als der Hüterin unvordenklicher Seelenbestände und aufgeklärter Moderne, die ihrerseits ihre höchst problematischen Entgleisungen kennt,[6] sind noch lange nicht abgeschlossen – ob sie je abschließbar sind, muß offen bleiben.

Wie also umgehen mit einer Situation, die einer heftigen Mauser gleicht, einer Situation, in der sowohl die altehrwürdigen Religionsbestände als auch eine durchsetzungsstarke Moderne sich selbst und einander immer fragwürdiger werden? Deutlich ist nur eins: Die alten Gewänder sind zerfallen und vermottet; Neues ist nicht in Sicht. Und so steht man da in seinem kurzen Hemd und fröstelt. Kann es das sein?

Das kann es nicht sein! Und damit geraten wir vor die Gründe für das hier vorliegende Buch. Denn mit der geistigen Großwetterlage in Kirche und Gesellschaft (entweder Reduktion des christlichen Glaubens auf Mitmenschlichkeit und ein bißchen interreligiösen Dialog, ansprechbar bestenfalls für spirituelles Junk-Knowledge; oder aber Rückzug in die vermeintlich sicheren Bastionen einer vermeintlich goldenen Vergangenheit) kann und will sich sein Autor nicht abfinden. Wo hörte man einmal eine Predigt, die einem sagt, was man unter leiblicher Auferstehung zu verstehen habe, warum darauf zu setzen so lebensnotwendig sei, obwohl es doch so schwer ist? Wo erklärte einem ein Bischöfliches Hirtenwort zur Fastenzeit den Sinn der Allerheiligsten Dreifaltigkeit und ihre elementar sozialpolitische Bedeutung? Wo wagte es eine Kirchentagspräsidentin oder ein Alt-Abt, in einer öffentlichen Talk-Show von Inkarnation und Erlösung als elementarem Ideenbeitrag der christlichen Tradition für ein gelingendes Miteinander unter den Auspizien einer sich selbst fragwürdig gewordenen Moderne zu sprechen? Nichts von alledem. Statt dessen auf kirchlicher Seite entweder frömmelndes Gerede (»Mach's wie Gott: Werde Mensch!«) bzw. larmoyante Humanitätsappelle (So ähnlich sagt's auch die NGO), als wenn sich hierin die harte Substanz der christlichen Botschaft erschöpfte; oder aber weinerliches Ressentiment angesichts einer glaubens- und kirchenkritischen Moderne, von deren Errungenschaften man selber profitiert. (So unbefriedigend das eine, so bigott das andere.) Ganz ähnlich die Situation auf gesellschaftlicher Seite: eine merkwürdige Mischung aus Gereiztheit und Sprachlosigkeit gegenüber dem Phänomen »Religion«, wobei man zugleich ahnt, daß man auf die elementaren Fragen des Lebens selber keine Antwort weiß. Auch hier herrscht Wehleidigkeit im Blick auf sich selbst und Ignoranz gegenüber dem Anderen. Ob angesichts solcher wechselseitigen Hilflosigkeit nicht gerade die Theologie herausgefordert wäre?

Es muß doch möglich sein, auch dem Agnostiker, dem religiös Unmusikalischen oder kirchlich Fernstehenden auf halberlei verständliche Weise zu sagen, was der christliche Glaube eigentlich meint, wenn er von Gott spricht – wobei in den westeuropäischen Ländern kaum noch jemand dem christlichen Glauben *nicht* fernsteht, *nicht* religiös unmusikalisch ist, *nicht* angefressen ist vom Agnostizismus (der Autor schließt sich hier ein). Die Säkularisierungsschübe, die mit den Epochenschwellen von 1945, 1968 und 1989 verbunden sind, haben sich längst in die Seelen auch derer gefräst, die immer noch glauben, zu glauben.[7]

Gerade deshalb: Her mit der Theologie! Und zwar nicht nur an der Universität, sondern auch in den Schulen und Pfarrgemeinden, in den Printmedien, auf den Internet-Plattformen, in den öffentlichen Talk-Shows, in den Kneipen, bischöflichen Ordinariaten und wo immer sonst! Es ist höchste Zeit, daß die Theologie aufhört, um sich selbst zu kreisen, höchste Zeit aber auch, den selbstgefällig-aufklärerischen Vorbehalt gegen die Theologie beiseite zu legen. Denn welcher Gegenstand wäre des Denkens würdiger als Gott?! Bei der Gottesfrage handelt es sich nicht um irgendein kirchliches Kleinklein, sondern um die

Frage schlechthin.[8] Sollte es Gott, wie ihn die biblische Tradition bekennt, wirklich geben, dann änderte sich alles. Das Leben gewönne Sinn auch jenseits des Sinns, den ich ihm durch meine persönlichen Sinnstiftungsavancen verleihe.[9] Die unerträgliche Leichtigkeit des Seins nähme ein Ende; die Dinge würden bedeutsam, ohne doch lastend zu sein. Deshalb gilt: *»Nur wenn, was ist, sich ändern läßt« (nämlich die Faktizität dieser unerlösten Welt, der sich der Säkularismus widerstandslos ergibt), »ist das, was ist, nicht alles.«*[10] Oder in den Worten Wittgensteins: *»An einen Gott glauben heißt, daß es mit den Tatsachen der Welt noch nicht abgetan ist.«*[11]

In der Tat ist es Zeichen guter Theologie, sich mit dem Vorfindlichen nicht abzufinden. Gute Theologie ist nicht Öl, sie ist Sand im Getriebe. Sie wagt es, im Namen des Gottes Israels über das Vorfindliche hinauszudenken. Sie bestreitet dem Tod das letzte Wort. Eine solche Theologie ist *lebensnotwendig* im strengen Sinn des Wortes: Sie greift vorweg auf jene Wirklichkeit, die allein die Macht hat, die Not unseres Lebens zu wenden. Sie greift vorweg auf Gott, reklamiert (d. h. beansprucht) ihn für diese Welt. Eine solche Theologie ist mehr und anderes als ein akademisches Theologisieren (diese fragwürdige Kunst beherrschen Theologen und Nicht-Theologen, egal ob gläubig oder atheistisch, gleichermaßen). Das Wort »Theologie« (griech. θεολογία), wie wir es hier verstehen, ist ganz wörtlich zu nehmen: Nicht *über* Gott reden, sondern immer wieder *aus* Gott reden – d. h. *aus G o t t*, nicht aus der eigenen Ergriffenheit! Eben deshalb wollen die hier versammelten Predigten entschieden *theologische* Predigten sein: argumentativ in ihrer Form (λόγος), herausfordernd in ihrem Inhalt (θεός), ansprechend in ihrer sprachlichen Gestalt (λέγειν). Damit richten sie sich an ein Publikum, das es kaum noch gibt, ohne das die Kirche (und mit ihr die Gesellschaft) aber nicht leben kann: an Menschen, die dezidiert mündige Christen sein wollen. Was ist ein mündiger Christ? Ein mündiger Christ ist ein Mensch, der begriffen hat, was er glaubt; der deswegen sich und anderen erklären kann, was er glaubt; und gerade deswegen weiß, daß der Glaube, den er begriffen hat, seinen Ursprung in einer Ergriffenheit hat, die nicht von ihm, dem Glaubenden ausgeht, sondern von Gott selbst. Von diesem Gott behauptet das Neue Testament die unglaublichsten Dinge:[12]

Zunächst und vor allem, daß ER*, der Ewige*, Ineinsfall von kosmischer Allmacht und personaler Liebe sei. Daß ER* größer sei als alles, was ist, sich deshalb aber auch kleiner machen könne als alles, was ist. Daß ER*, der* alles unterfange und überwölbe und deswegen kein Außen habe, auf paradoxe Weise dem Menschen ein echtes Gegen-Über sei, ansprechend und ansprechbar zugleich, und zwar, weil ER*, über den hinaus Größeres nicht gedacht werden könne, in seiner Dreifaltigkeit immer schon ein Ihm* ent-sprechendes Gegenüber habe: sein Wort*, den Logos*, in welchem ER*, der Ewige Vater* (Joh 1,14c; Mt 5,48 u.ö.), unablässig liebenden Widerhall finde. »In« diesem Widerhall »und durch ihn und mit ihm« sei alles geschaffen, was im Himmel ist und auf der Erde (Joh 1,3; Kol 1,15f.): jeder Grashalm und jede Zeckenmilbe, die kosmische Hintergrundstrahlung und die galaktischen Spiralnebel, die Fünfte von Beethoven und »Take Five« von Dave Brubeck, die interstellaren Räume und die Schneeflocken im Winter, die neolithischen Höhlenmalereien von Altamira und Lascaux, der hinreißende Grand Cru, den ich gestern abend mit meinen Freunden getrunken habe, und überhaupt alles, was ist: jeder Mann, jede Frau, jedes Kind, jeder Greis, jede Pflanze, jeder Baum, jedes Tier – alles, schlechterdings alles.

Von diesem seit jeher sich auswortenden Widerhall, diesem schöpferischen »Gegen-Über« Gottes, dem Logos*, behauptet nun das Neue Testament, daß er* an einem genau bestimmbaren Ort der Welt zu einer genau bestimmbaren Zeit der Geschichte sich vernehmbar gemacht habe als ein Mensch: Jesus von Nazareth. Daß dieser Mensch (weil an ihm erahnbar werde, was die Welt sein könnte, wenn wir es wagten zu leben wie er) Durchbruchsstelle der Gegenwart Gottes für uns sei. Und daß von dieser neuen Welt, die in ihm definitiv angebrochen sei, schon jetzt umrißhaft etwas aufleuchte. Denn in der österlichen Errettung Jesu aus dem Tod sei deutlich geworden, was seitdem nicht nur für Jesus, sondern für jeden Menschen gelte: *»Du bist mein geliebter Sohn«, »du bist meine geliebte*

Tochter«, »du bist mein geliebtes Kind«, »an dir und an ihr und an ihm und an überhaupt jedem Menschen finde Ich, der Ewige, Wohlgefallen.«* (Vgl. Mk 1,11 parr) Und so habe das Leben eines jeden Menschen, obgleich es tödlich ende, schon jetzt den Tod hinter sich. Mit andern Worten: Wir könnten österliche Menschen sein heute und hier.

Steile Aussagen. Sollen sie mehr sein als Behauptungen, reicht es nicht aus, das uns überkommene dogmatische Mobiliar aufzuhübschen. Predigten dieser Art gibt es zuhauf: Ansammlungen von Richtigkeiten, die keinen interessieren. Wir werden tiefer bohren müssen. Wir müssen weniger fragen, was der christliche Glaube als Ganzer bedeutet (diese Frage ist fürs Erste viel zu groß), sondern was uns die einzelnen Glaubensartikel im Besonderen zu denken geben. Wir müssen hinhören, wo sie Resonanzen in uns erzeugen, sei es positiver, sei es negativer Art, d. h. wo sie uns befremden, vielleicht sogar vor den Kopf stoßen bzw. wo sie (in wechselseitiger Stereophonie von Tradition und Moderne befragt) anfangen, einen Sinn wachzurufen, ein Staunen zu wecken, ein Leuchten zu verbreiten. Nur wer ein Empfinden dafür hat, daß Wahrheit etwas Unerschöpfliches ist (und Gott ist gleich ganz unerschöpflich); nur wer imstande ist, sich über die Kühnheit der neutestamentlichen Paradoxien immer wieder aufs Neue zu verwundern, wird empfänglich werden für das Unverrechenbare der christlichen Botschaft. »Das Glück des Staunens liefert immer noch das beste Argument« (Montaigne)[13] – nicht nur in der Philosophie, sondern auch in der Theologie: Aus ungläubigem Staunen kann staunender Glaube werden. Staunender Glaube entsteht, wo es zur wechselseitig sich bereichernden Korrespondenz von biblischer Botschaft, intellektueller Neugier, ästhetischer Sensibilität, ethischer Beunruhigung und persönlicher Seelengestimmheit kommt.[14] Genau solche Korrespondenzen möchten die hier versammelten Texte beim Leser wachrufen – beim Leser, obgleich es doch Hörer waren, an die sich die hier formulierten Gedanken zunächst und vor allem gerichtet hatten.

Damit sind wir angelangt bei Ort und Anlaß dieses Buches wie auch bei ein paar grundsätzlichen Bemerkungen zum literarischen Genre, dem die in ihm versammelten Texte angehören:

In der einen oder anderen Weise sind sie alle als Predigten gehalten worden, und zwar in den Jahren 2009 bis 2015 in der Kugelkirche St. Johannes zu Marburg an der Lahn.[15] Ich bin immer wieder von einzelnen »Kugelkirchianern« gebeten worden, meine Predigten auf die Internetseite der Pfarrei zu stellen; dies hätte freilich erfordert, die meist nur stichwortartig notierten und dann frei ausgeführten Gedanken in eine lesbare Form zu bringen. Dazu hatte ich die längste Zeit wenig Lust – der Grund ist ganz einfach: Faulheit. Aber auch ein sachliches Bedenken kam bzw. kommt hinzu: Es ist ein Unterschied ums Ganze, ob man eine Predigt im Rahmen einer sonntäglichen Eucharistiefeier, eines Vespergottesdienstes, einer Gründonnerstags-, Karfreitags- oder Osternachtliturgie hört oder ob man sie – jenseits dieser Kontexte – irgendwo unterwegs im Zug oder zuhause im Fernsehsessel liest. »Predigt« ist ein *genus litterarium* besonderer Art. Bei der Predigt handelt es sich um eine gesprochene Rede, nicht um eine gelesene Schreibe. Eigentlich kann man Predigten gar nicht lesen, man muß sie hören, mehr noch, man muß den Prediger beim Hören sehen. Gestik, Mimik, Tonfall sind elementar, die Betonung einzelner Wörter, die Pausen zwischen den Sätzen, die Reaktionen der Zuhörer (gelangweilt oder aufmerksam, erschrocken oder amüsiert) verändern eine Predigt unmittelbar. Und damit berührt das Genre »Predigt«, obgleich es doch zuvörderst den Intellekt der Zuhörer anzusprechen scheint, einen elementaren Aspekt von Religion. Religion ist ja nicht zunächst und vor allem intellektuelle oder moralische Belehrung. Religion ist eine sinnliche Erfahrung. Als Kinder erlebten wir Religion in Liedern, Bildern, Gerüchen und Klängen (man denke an den feiertäglichen Weihrauch, an die Blumenteppiche zu Fronleichnam, an das Weihwasser beim *Asperges*, an das Wandlungsglöckchen oder das silberne Klirren der Rauchfaßketten bei der Elevation der Hostie). Oder wir erlebten sie in der Zärtlichkeit, mit der die Mutter oder der Vater am Bett mit uns das Nachtgebet gesprochen hatten. Die Vermittlung von Religion funktioniert zunächst und vor allem über die Sinne. Damit soll nicht im mindesten einem Anti-Intellektualismus das Wort geredet werden. Es soll nur darauf hingewiesen werden, daß noch die beste Predigt keinen Glauben weckt, wenn sie nicht längst eingebettet ist in ein Gesamtgefüge von Sinnlichkeit und Sinn, Eros und Ethos, Ritus und Mythos, theoretischer und praktischer Vernunft. Nur dann kann wachsen, was man »Glauben« nennt.

»Glaube« (lat. *fides*, griech. *pistis*, hebr. *aemunah*) – ein merkwürdiges Wort. Alter Tradition zufolge ist der Glaube noch vor Hoffnung und Liebe die erste der drei theologischen Kardinaltugenden (vgl. 1Kor 13,13). In ihnen artikuliert sich eine Berührung, die auf etwas verweist, das größer ist als man selbst. Das aber bedeutet: Glaube ist nichts, wozu man sich aus eigener Kraft ermannen könnte. Die Aufforderung »Glaube!« ist ähnlich performativ selbstwidersprüchlich wie die Aufforderung »Hoffe!« oder »Liebe!« Daß ich jemandem glauben kann, daß ich guter Hoffnung bin oder liebesfähig, deutet auf ein Vertrauen. Der alte Satz »Ich glaube an Gott, den Vater, den Allmächtigen, den Schöpfer von Himmel und Erde« meint insofern ein elementares Urvertrauen: Nicht der kalte Zufall und ein stummes Materiekonglomerat sind Anfang und Ende meiner Existenz, sondern ein liebendes Wort, das mich beim Namen ruft und mir zuspricht: *»Ich will, daß Du bist. Also sei!«* Glaube meint in diesem Sinn Welt-, Selbst- und Gottvertrauen.

Jedoch kennt dieses Wort auch ganz andere Konnotate, und die verweisen uns in sein Wackliges, das ihm eben auch anhaftet und es so fragwürdig werden läßt:

»Das kann man nur glauben«, sagt der Wissenschaftler, der sich allein auf das empirisch Belegbare stützen darf.

»Das muß ich dir dann wohl glauben«, argwöhnt die Ehefrau gegenüber ihrem Mann, der wieder einmal so merkwürdig spät aus dem Büro kommt und nach fremdem Parfum duftet.

»Der mußte dran glauben«, konstatiert trocken der Mafiaboß.

Wo der Glaube nicht eingebettet ist in die erwähnten Zusammenhänge von Arbeit und Alltag, Eros und Ethos, theoretische und praktische Vernunft wird es auch mit der besten Predigt schwierig: Man kann ihren Inhalt nur glauben, und am Ende (ob man will oder nicht) muß man dran glauben. Auch von diesen Schwierigkeiten gilt es, Rechenschaft abzulegen; sie machen dem Prediger schmerzlich bewußt, daß er ein Geschäft betreibt, an dem er sich eigentlich nur überheben kann. Wie auch soll er bei seinen Zuhörern wachrufen, was jenseits aller Behauptbarkeit und Beweisbarkeit liegt: Gott?! Gott kann nicht behauptet werden, er muß sich selbst behaupten. Gott kann auch nicht bewiesen werden, er muß sich selbst erweisen. Denn Gott ist jene Wirklichkeit, die als Grund unserer Existenz jenseits unserer Existenz ist. Gleichwohl, so das christliche Inkarnationsbekenntnis, sei Gott, gerade weil er ganz jenseits ist, ganz diesseits. In ihm falle auf ge- und erlöste Weise ineins, was unser Sinnen und Trachten immer nur getrennt verhandeln könne: Sinnlichkeit und Sinn, Freiheit und Notwendigkeit, Gerechtigkeit und Barmherzigkeit, das Ganze und das Einzelne, Natur und Geschichte, kosmische Allmacht und personale Liebe, Zeit und Ewigkeit. Eben weil wir Gott als den Ineinsfall der Gegensätze nicht errechnen können, zugleich aber die Unauslotbarkeit unserer Fragen kein Ende nehmen will (*»homo definiri nequit«*, sagt Karl Rahner,[16] *»L'homme surpasse l'homme infiniment«*, Pascal[17]), weist uns die christliche Gottesrede ein in jenes größere Geheimnis unserer Existenz, für das wir kein anderes Wort haben als – »Gott«. Eine tautologische Argumentationsfigur, die wir hier vollziehen – keine Frage. Freilich: Das ganze Leben ist eine Tautologie, es fragt sich nur, ob eine sinnvolle oder absurde.[18] Und damit komme ich zu der Form, in der die hier versammelten Predigten präsentiert werden, denn Form und Inhalt lassen sich ja nie voneinander trennen:

Der Vf. ist sich darüber im Klaren, daß er mit dem diesen »Kugelworten« beigesellten Untertitel den Mund reichlich voll nimmt. Karl Rahners *Grundkurs des Glaubens*, erstmals 1976 veröffentlicht und seitdem nicht nur in vielfacher Neuauflage erschienen, sondern in elf Sprachen übersetzt, gilt als »die einzige ›theologische Summe‹ dieser Zeit« (J. B. Metz), als »imponierende Synthese des Christlichen, die bleiben wird, wenn einmal ein Großteil der heutigen theologischen Produktion vergessen ist« (J. Ratzinger). Einem solchen *opus maximum* Konkurrenz machen zu wollen, wäre nicht nur vermessen; es zeugte von Dummheit. Und doch ist da etwas an Rahners Buchtitel, das mich immer gereizt hat. Ein Grundkurs des Glaubens müßte doch ein Buch sein, das um eines vertieften Glaubensverständnisses willen (*fides quaerens intellectum*) die zentralen Themen des christlichen Bekenntnisses – »Trinität« und »Inkarnation«, »Schöpfung«, »Sünde«, »Erlösung«, »Jüngstes Gericht« und »Reich Gottes« – beharrlich durchläuft, um am Ende zu einer Haltung der »docta ignorantia« hinzufinden, zu einer frommen, über sich selbst belehrten Unwissenheit, einer Zweiten Naivität.[19]

Eben hier aber macht sich ein grundlegendes Problem kirchlicher Verkündigung nach dem Zweiten Vatikanischen Konzil breit: Es scheint, daß wir immer noch bzw. schon wieder in der Gefahr stehen, die Grundaussagen des Apostolischen Glaubensbekenntnisses entweder in dogmatischer Satzhaftigkeit zu behaupten (und damit unfreiwillig schlechte Mythologie zu betreiben) oder aber, weil kein Mensch versteht, was man da im Apostolikum eigentlich bekennt, nonchalant über dessen Aussagen hinwegzugehen. Das eine ist so fatal wie das andere. Gnade, Erlösung, Trinität gibt es nicht in faktischer Vorhandenheit, so wie es Füllfederhalter, das UNO-Flüchtlingshilfswerk oder Nußschokolade gibt. Auch sind Jesu jungfräuliche Zeugung und Geburt und seine Auferweckung vom Tode nicht merkwürdige Vorkommnisse, vergleichbar etwa der Geburt einer Kuh mit zwei Köpfen oder der Reanimierung einer Leiche. So etwas mag es geben, ist aber ohne Bedeutung für unser Leben. Man sieht hieran, wie wenig bescheiden und selbstkritisch das theologische Reden immer noch ist, wie ungenau von Glaube, Hoffnung und Liebe, von Gebetserhörung und Heilsgeschichte gesprochen wird, wie selten die Bedingungen der Möglichkeit menschlicher Gottesrede bedacht werden. Oder umgekehrt, man ahnt, daß die konkreten Glaubensinhalte kaum noch vermittelbar sind und beschränkt sich deshalb kleinmütig auf allgemeine Glaubensappelle: Die Gläubigen (Wer ist das? Der Prediger anscheinend nicht!) möchten doch ihr Vertrauen setzen in Gott, man möge glauben, hoffen und lieben, das helfe dem Leben auf – nur was man von dem solcherart emphatisch beschworenen Gott konkret erhoffen soll, worin seine Glaubwürdigkeit und Liebe im einzelnen denn nun bestehe, das alles wird einem nicht gesagt.

Damit ist noch einmal aus der Perspektive der Theologie Karl Rahners (aber auch der Theologien einander so ähnlicher Geister wie Drewermann, Guardini und Balthasar) das Anliegen benannt, in dem die hier versammelten Predigten übereinkommen: Ihr Ziel ist es, ganz im Sinne der eingangs skizzierten Situation eine wechselseitige Erhellung von Glaube und Leben zu leisten, eine korrelative Verschränkung von kirchlichem Bekenntnis und existentiellem Nachvollzug des solcherart Bekannten. Die konkreten Inhalte des christlichen Glaubensbekenntnisses sind ja überhaupt nur dann nachvollziehbar und legitim, wenn vermittels ihrer das menschliche Leben sich selbst durchsichtig wird, wenn sie einen Beitrag leisten zur Selbsterhellung der menschlichen Vernunft. Und umgekehrt, Reflexion auf das Wort Gottes (nichts anderes betreibt die Theologie) muß dazu beitragen, daß aus der Perspektive menschlicher Existenz das zu Glaubende nicht nur verständlich, sondern glaubwürdig, ja geradezu liebenswert wird. In der Unfähigkeit zu solcher wechselseitigen Übersetzung mag die eigentliche Ursache dafür liegen, daß von den dogmatischen Inhalten des christlichen Glaubensbekenntnisses in der gängigen Verkündigung höchst selten gesprochen wird, diese allenfalls als Versatzstücke in den Äußerungen des Lehramtes auftauchen, ohne doch je mit der Lebensgeschichte der Menschen vermittelt zu werden.

Ob mir in den hier vorgelegten Predigten eine solche Übersetzung der Grundaussagen des Apostolikum in den Lebensalltag heutiger Menschen gelungen ist, bleibt dem Urteil des Lesers überlassen – als Autor ist man gegenüber seinen eigenen Texten grundsätzlich befangen; wiederum als Prediger predigt man das Wort Gottes immer auch sich selbst, und so ist man noch einmal mehr *partie prenante* dessen, was man seinen geneigten Zuhörern vorlegt. – Eben deshalb folgender Schluß:

Sollten die hier vorgelegten Seiten etwas von jenem Geheimnis erahnen lassen, um das sie unablässig kreisen: den dreifaltigen Gott in seiner Selbstoffenbarung in Jesus von Nazareth, dem Christus, so hätten sie ihren Sinn mehr als erfüllt. Denn sie hätten gerade nicht dazu beigetragen, irgendwelche unbeweisbaren Behauptungen für wahr zu halten, sondern sie hätten den Leser zum »Hörer des Wortes«[20] werden lassen und ihn damit in ein

Welt- und Selbstvertrauen eingewiesen, das allein aus dem Gottvertrauen erwächst. Daß ein solches in Gott gründendes Welt- und Selbstvertrauen neben manch anderem auch eine nicht zu vernachlässigende kognitive Seite hat, dafür sei Georg Christoph Lichtenberg (1742–1799), der große Aufklärer aus Göttingen, in den Zeugenstand gerufen. In einem seiner »Sudelbücher« findet sich folgender Aphorismus, und der sei zusammen mit den beiden Eingangsvoten allem, was es auf den folgenden Seiten zu bedenken und zu bepredigen gibt, als Leitwort vorangestellt: *»Es ist ein großer Unterschied zwischen etwas noch glauben und es wieder glauben. Noch glauben verrät Dummheit und Aberglaube, wieder glauben zeugt von Philosophie und Nachdenken.«*[21]

In diesem Sinn wollen die hier vorliegenden Texte nun in der Tat einen *Grundkurs* absolvieren, d. h. einen im Rhythmus des Kirchenjahres sich vollziehenden Gang durch die zentralen Themen des christlichen Glaubens. Daher der vermessen klingende Untertitel. Karl Rahner, da bin ich mir sicher, hätte das Unternehmen begrüßt.[22]

Freiburg im Üechtland,
im Spätsommer 2019

1. Ach*

In der Wochenendbeilage der Zeitung, die ich beziehe, stand letztens ein wunderschönes Gedicht. Obwohl kaum als Adventsgedicht gedacht, kann es uns sehr gut als Einführung in die Adventszeit dienen; es stammt von dem Frankfurter Lyriker Robert Gernhardt (1937–2006) und trägt den etwas merkwürdigen Titel *Doppelte Begegnung am Strand von Sperlonga*[23]:

Die Sonne stand schon tief,
Der Strand war weit und leer.
Schräg ging mein Schatten vor mir her,
Indes der deine lief.

Du warst mir unbekannt,
Ihr nähertet euch schnell.
Dein Schatten dunkel und du hell,
So kamt ihr übern Sand.

Sehr schön und ziemlich nackt
Liefst du an mir vorbei.
Da war'n die Schatten nicht mehr zwei,
Sie deckten sich exakt.

Wir sah'n euch lange nach.
Ihr drehtet euch nicht um,
Ihr lieft, du und dein Schatten, stumm,
Von uns sprach einer: Ach.

* Predigt zum 1. Advent Lesejahr A, Kugelkirche Marburg, 1. Dezember 2013. – Lesungstexte: Jes 2,1–5; Röm 13,11–14a; Mt 24,37–44 + 25,1–13.

Ein hinreißendes Stück Literatur! Humorvoll-ironisch, dann wieder zart-melancholisch und darin zugleich auf anonyme Weise ganz nah am Religiösen. – Ein Mensch geht am Strand von Sperlonga, einem kleinen Städtchen in der Provinz Latium, 120 km südwestlich von Rom, spätnachmittags am Mittelmeer spazieren. Die Sonne, die er im Rücken hat, steht schon tief und wirft seinen Schatten längs vor ihn auf den Sand. Er ist in Gedanken versunken, so als würde er sich mit seinem eigenen Schatten unterhalten. Da hört er plötzlich hinter sich jemanden laufen, die Schritte kommen schnell näher, von einem Moment auf den andern ist da ein zweiter Schatten, der fällt in den seinen – und er sieht in knapper Badebekleidung eine schöne junge Frau vorbeieilen. Ebenso schnell, wie sie aufgetaucht ist, entfernt sie sich, dreht sich kein bißchen nach ihm um – warum auch? Und plötzlich entringt sich ihm, ohne daß er wüßte wieso, ein leiser Stoßseufzer: »Ach.«

Ob sich in diesem Wörtchen nicht etwas Grundsätzliches unseres Lebens resümiert? – Das passiert so oft: Wir begegnen Menschen, sie sind freundlich, man versteht sich, so scheint es wenigstens (nein, man versteht sich wirklich), für einen Moment keimt eine leise Hoffnung auf: Ob daraus eine Freundschaft werden könnte? Aber das war's dann auch schon. Die Begegnung erlischt, nur Passanten, keine Paare[24] – allenfalls ein kleines Passiönchen, eine klitzekleine Hoffnung und ein klitzekleiner Schmerz. Man ist wieder allein: Ach!

Mir scheint, daß dies eine gute geistliche Übung für die Adventszeit sein könnte (der Advent ist ja, ähnlich wie die Fastenzeit, eine Schule der Erwartung, der Sehnsucht): hinmerken auf die eigenen enttäuschten Wünsche. Ähnliches tut ja der Mann in unserem Gedicht: Der unwillkürliche Stoßseufzer artikuliert eine Wehmut, eine leise Ernüchterung, daß die Schöne, deren Schatten für einen Moment in den seinen gefallen war, einfach so vorbeirauscht. Das Schöne rauscht ja oft durch unser Leben, so herrlich! Aber wie oft rauscht es an uns auch vorbei! Und wir stehen da, ernüchtert und ein bißchen traurig.

Es geht bei solchen adventlichen Erinnerungsübungen nicht darum, in Melancholie zu baden, Trübsal zu blasen, sich dem Weltschmerz zu ergeben. Es geht um etwas ganz anderes. Es geht darum, in hoher Nüchternheit sich vor Augen zu halten, wie viel dieses überreiche Leben uns verspricht und wie wenig es in seiner Endlichkeit zuletzt dann doch hält. In der einen oder anderen Weise kennt das wohl jeder. Lange haben wir uns etwas sehr gewünscht, haben über Jahre darauf hingearbeitet, die Gründung einer Familie, die Verbesserung im Beruf, das eigene Haus oder was sonst – man hat es erreicht und dann merkt man irgendwann: Die Befriedigung hält nicht vor; der Traum war größer, farbiger, intensiver.[25] Die Sehnsucht, dieser leise ziehende Schmerz, stellt sich wieder ein, er will sich partout nicht vertreiben lassen. Woran liegt das bloß?

Vielleicht kann uns hier Platon (428–348 v. Chr.), der große griechische Philosoph, weiterhelfen. Er hat in einer seiner schönsten Dichtungen, dem *Gastmahl*, in verschiedenen Anläufen über den Eros nachgedacht. Da heißt es an entscheidender Stelle: Eros sei ein merkwürdiges Zwitterwesen, der Sohn eines herrlich reichen Vaters (*póros*) und einer armen, schmallippigen Mutter (*penía*). Und eben aus diesem Doppelerbe rühre sein zwiespältiger Charakter: auf der einen Seite ein toller Bursche, prachtvoll, kraftstrotzend, immer zu großartigen Ideen aufgelegt, ein arger Zauberer, atemlos die Welt durchstreifend, einfach nur beneidenswert; dann freilich wieder auch arm und abgerissen, hungrig, durstig, krank darniederliegend, stets nach Neuem schmachtend, ein bedauernswerter Tropf! Im Eros, sagt Platon, ist eine Ruhelosigkeit angelegt, die uns mit nichts auf Dauer wirklich zufrieden sein läßt. Nur gelegentlich ahnen wir vermittels seiner das Urschöne, das Urgute – den Glanz des Gottes, der unsere Sehnsucht erfüllen könnte.[26]

Viele kennen eine solche innere Unruhe. Der Advent geht ja auch denen ans Gefühl, die nicht an Gott glauben, und zwar, weil er an eine tief uns eingegrabene Sehnsucht rührt: »*Tauet Himmel den Gerechten*«; »*Maria durch ein Dornwald ging*«; »*Laß dich durch unser Flehen rühren …*« – gibt es sehnsuchtsvollere Lieder als die des Advent?

Wie gehen wir damit um? – Nun, wir brauchen in diesen Tagen nur durch die Straßen zu gehen, um das närrische Schauspiel zu sehen, das uns allenthalben geboten wird. Wir lassen die Städte flimmern, rennen in die Geschäfte, kaufen, was das Zeug hält; stehen uns die Füße auf dem Weihnachtsmarkt platt und trinken für teures Geld schlechten Glühwein; oder wir fliegen in die Südsee oder nach Mallorca, entweder um dem Trubel zu entgehen oder mal was ganz anderes zu erleben (aber auch dort flimmern die Weihnachtsbäume und der Coca-Cola-Weihnachtsmann verteilt Werbegeschenke). Und so ist noch an Weihnachten selbst oder in den Tagen danach alles wieder »altes Geld«, wie man im Plattdeutschen sagt. »Der Lack ist ab.« Es ist abgestanden. Der Traum hat sich nicht erfüllt. Wer kennt das nicht: an Weihnachten enttäuscht zu sein?!

Genau hier setzt die Weisheit einer adventlichen Lebensführung an, wie sie Grundzug christlicher Spiritualität ist. Die Adventszeit, in einem geistlichen Sinn verstanden, gibt uns einen Rat, der dem Getriebe und Geschiebe der »Vorweihnachtszeit« in unseren Einkaufspassagen und Fußgängerzonen heftig zuwiderläuft. Wir sollen unsere Sehnsucht gar nicht stillen, wir sollen sie pflegen – durch Askese, Enthaltsamkeit, Fasten. Das klingt nicht gerade hip, kann es aber werden. Jeder, der einmal wirklich körperlich oder geistig gefastet hat, weiß warum Fasten so heilsam ist: Vier Wochen kein Glas Wein getrunken zu haben bewirkt, daß am Weihnachtsabend der Wein ganz anders schmeckt. Vier Wochen kein Fernsehen, keine Videos, kein Smartphone-Geflimmer hat zur Folge, daß das weihnachtlich geschmückte Zimmer mitsamt dem kerzenerleuchteten Christbaum viel intensiver wirkt. Alle Religion, alle weisheitliche Lebenskunst kennt immer auch asketische Momente des Lebens: Es gilt, sich leer zu machen, um sensibel zu werden für das, was da kommen will. Wer immer schon alles hat, und zwar sofort, kann sich auf nichts mehr recht freuen. *»Der Verzicht nimmt nicht. Der Verzicht gibt«*, sagt dazu Martin Heidegger.[27] Ganz ähnlich John Henry Newman: *»Nur jene können wahrhaft die Welt genießen, die mit der unsichtbaren Welt beginnen. […] Nur jene können wahrhaft Feste feiern, die zuerst gefastet haben; nur jene können die Welt gebrauchen, die gelernt haben, sie nicht zu mißbrauchen; nur jene erben sie, die sie als einen Schatten der kommenden Welt betrachten […].«*[28]

Man sieht, die Religionen pflegen geradezu die Sehnsucht, sie wollen sie nicht zu schnell erfüllt sehen – und zwar, um die Sehnsucht nach einem erfüllten Leben zu verunendlichen. Es geht darum, sich auszuspannen auf die Fülle schlechthin: auf Gott. In einer solchen Sehnsucht zu leben, bereitet schon auf Erden Glück, es lenkt den Blick auf das große Ziel. Adventliche Askese, in diesem Sinn verstanden, ist nicht lebenshemmend; sie ist, im Gegenteil, lebensfördernd. Sie will verhindern, daß wir uns mit sinnlosem Plunder abfüllen, mit all dem Tinnef, Tand und Glitter, den uns unsere Konsumwelten anzubieten haben, der uns zuletzt aber doch leer läßt. Askese will das Ganze. Sie will »Leben in Fülle.« (Joh 10,10)

Das adventliche Evangelium von den törichten und den klugen Jungfrauen (Mt 25,1–13) verdeutlicht das Gemeinte. – Das Gleichnis spielt auf den Brauch der sog. Brautführerinnen an, unverheiratete Freundinnen der Braut, ihrerseits im heiratsfähigen Alter, die mit ihrer Freundin auf den Bräutigam warten. Diese Tradition[29] hatte nicht zuletzt zum Ziel, bei den noch unverheirateten Freundinnen der Braut die Vorfreude auf die eigene Hochzeit zu steigern. – Das Evangelium mahnt uns, diese Sehnsucht zu bewahren, auch und gerade dann, wenn irdische Liebe wieder einmal nicht hielt, was wir uns von ihr erhofft hatten. Ernüchterung, Enttäuschung in der Liebe muß nicht sinnlos sein; sie drängt, sich auszurichten auf das Ur-Schöne, auf Gott, der allein unsern Hunger nach Liebe stillen wird.

Nebenbei bemerkt: Mir will scheinen, daß dies ein wichtiger, vielleicht der wichtigste Grund überhaupt ist, weswegen Ordensleute und Priester ehelos leben sollen. Die Sehnsucht soll sie ruhelos lassen, sie soll den, der diesen Lebensstand wählt, zu einem durch und durch erwartungsvollen, adventlichen Menschen machen. Denn die wirkliche Erfüllung finden wir immer nur in Gott; alle Erfüllungen, die das sterbliche Leben uns bietet, bleiben Adiáphora auf dem Weg in die große Fülle der »Schau von Angesicht zu Angesicht«. (1Kor 13,12)

Das spielt sich auf allen Ebenen des Lebens ab. Das Evangelium vom Weltende, das wir vorhin als erstes gehört hatten, will uns drängen, auch im Politischen, Sozialen, Ökonomischen die Lampen der Erwartung nicht verlöschen zu lassen. Denn auch hier sind immer nur vorläufige Siege möglich.

Wie begeistert waren wir, als im November 1989 die Berliner Mauer fiel und die Bipolarität von Warschauer Pakt und Nato sich in Wohlgefallen auflöste. Ein vereintes Europa, friedfertig, solidarisch und mit offenen Grenzen stand uns als große Verheißung vor Augen. Und dann? – Anfang der 1990er Jahre der Erste Golfkrieg; wenig später die brennenden Asylheime in Rostock und in Solingen; dann der Bürgerkrieg in Jugoslawien, ein brutales Morden zwischen Volksgruppen, die vor kurzem noch halberlei friedlich-schiedlich miteinander gelebt hatten. Unsere

Hoffnung trog wieder einmal. Und erneut bleibt nur ein trauriges »Ach«.

So ist die Welt, so sind wir Menschen. Täuschen wir uns nicht. Die Möglichkeit, daß das Menschengeschlecht an seiner eigenen Dummheit, ja an seiner Bosheit (Gen 8,21b) zugrunde geht, ist real. Deshalb mahnt uns das Evangelium, wachsam zu sein. Wachsamkeit hat elementar mit Aufmerksamkeit, Besonnenheit, Gewissenhaftigkeit zu tun. Wachsame Menschen sind gesammelte Menschen. Als solche sind sie betende Menschen. »Aufmerksamkeit«, sagt Simone Weil, »ist das natürliche Gebet der Seele.«[30] Und so sind aufmerksame, gesammelte Menschen adventliche Menschen. Sie wissen, daß ihr Hunger nach Gott das Kostbarste ist, was sie besitzen. Und so leben sie nach folgender paradoxen Maxime des Ignatius von Loyola: *»Bete so, als hinge der Erfolg der Dinge ganz von dir, nicht von Gott ab. Wende ihnen jedoch alle Mühe so zu, als werdest du nichts, Gott allein alles tun.«*[31] Merkwürdig – man würde erwarten, daß es genau umgekehrt lauten müßte: »Bete, als hinge alles von Gott ab; handle, als hinge alles von dir ab«. Gerade so meint es Ignatius aber nicht. »Hilf dir selbst, so hilft dir Gott« ist eine Formel, die immer noch im Kontext des Machens bleibt. Beten ist ein konzentriertes, gesammeltes Blicken auf die Welt und auf das, was in ihr passiert. Hingegen Handeln ist ein zwar notwendiges, immer aber auch fragwürdiges Agieren. Handelnde sind immer auch Täter; wir haben die Konsequenzen unseres Handelns nie völlig in der Hand. Überlegen Sie selbst: Welchem Menschen mögen Sie im Laufe Ihres Lebens zum Segen geworden sein? Und wem zum Schaden? Eben deshalb sagt Ignatius: *»Vertraue, als hinge alles von dir ab; hingegen handle so, als hinge alles von Gott ab.«* Wenn Gottes Gnade unserem Handeln nicht immer schon zuvorkäme, wie wollte man je wagen, zu handeln! Uns bliebe immer nur wieder neu das schmerzliche »Ach«, diesmal aber als Ausdruck der Bestürzung über uns selbst und das, was wir da angerichtet haben.[32]

Eben deshalb ist die Adventszeit nicht vor allem eine Zeit des Machens, Tuns, Agierens – sie ist eine Zeit des Wachens und Betens, eine Zeit der Erwartung des Großen, das Gott uns verheißt. Wachen und Beten ist nun in der Tat etwas, das einzig von uns abhängt; hier schärfen wir unsere Sinne, die äußeren wie die inneren, in Richtung auf Gott. Noch einmal deshalb Ignatius von Loyola: *»Nur wenige Menschen ahnen, was Gott aus ihnen machen würde, wenn sie sich der Führung der Gnade rückhaltlos übergäben.«* – Merken Sie, wie hier das kleine Wörtchen »Ach« eine ganz andere Färbung bekommt?! Hatte es bislang vor allem einen schmerzlichen Klang, so könnte es jetzt zum Ausdruck des Staunens, der Verblüffung, der freudigen Überraschung werden: ACH, so ist das gemeint! Ach, so ist Gott!

Damit gerät uns noch einmal der Advent vor Augen, nun aber aus einer ganz anderen Perspektive. Es gibt ja bei nicht wenigen Leuten die Befürchtung, daß, wenn sie auf Gott setzen, ihnen das Leben klein und fad würde. Man kann die Leute beruhigen. Gott wird nicht langweilig. Gott ist das Erregendste, was es gibt. Gott ist Fülle, Reichtum, Schönheit. Gott ist Gott. Und deshalb kann die Adventszeit die erfüllteste und insofern reichste Zeit sein, die man sich denken kann: ein erregendes Abenteuer! – Sie kennen alle das englische Wort für Abenteuer: »adventure«. Adventure leitet sich wie unser Wort »Advent« vom lateinischen »advenire« her: ankommen. Da will etwas ankommen bei uns, das kleine, schmerzliche »Ach« der vielen Enttäuschungen und Melancholien soll sich wandeln ins große ACH der staunenden Überraschung, der Verblüffung und Faszination.

Paul Gerhardt (1607–1676), der große Barockdichter, hat diese Zusammenhänge auf herrliche Weise ins Wort gebracht. In einem seiner bekanntesten Lieder, *»Geh aus, mein Herz, und* *suche Freud«*, das (ähnlich wie das zu Beginn zitierte Gedicht von Robert Gernhardt) auf den ersten Blick so gar kein Adventslied ist, wird die Schönheit des Sommers in allen Farben und Gerüchen beschrieben, »die Bäume stehen voller Laub«, »Narzissus und die Tulipan, die ziehen sich viel schöner an als Salomonis Seide«; »die Lerche schwingt sich in die Luft«; »die hochbegabte Nachtigall«; »die Glucke samt den Kükelein«; die fleißigen Bienen, die Fischlein, wie sie dahinflitzen, der stolze Hirsch, das flinke Reh, Bach, Quelle und Fluß, alles springt und jubelt und singt; »der Weizen wächst«, »der Weinstock blüht«, was will man mehr?!

Da ist kein Weh und kein Ach mehr; der Liedsänger »kann und mag nicht ruh'n, des großen Gottes großes Tun erweckt ihm alle Sinnen«. Es sind genau diese geweckten Sinne, die den Sänger zu einer grandiosen Volte verleiten. Denn plötzlich ist da doch ein ACH, aber was für eins:

Ach! – denk ich, bist du hier so schön
und läßt du's uns so lieblich gehen
auf dieser armen Erden:
was will doch wohl nach dieser Welt
dort in dem reichen Himmelszelt
und güldnen Schlosse werden!

Mit einem Mal ist es der Himmel, der lockt; denn wenn es hier auf Erden schon so hinreißend ist und schön, wie muß es dann erst im Himmel sein, wo Gottes Fülle, von der wir hier immerhin doch einen Vorschein haben, in ihrem ganzen Reichtum uns überstrahlt:

O wär ich da! O stünd ich schon,
ach süßer Gott, vor deinem Thron

und trüge meine Palmen:
so wollt ich nach der Engel Weis'
erhöhen deines Namens Preis
mit tausend schönen Psalmen.[33]

Da ist keine Fragwürdigkeit mehr, keine Wehmut und keine Melancholie der Erfüllung; da ist nur noch ein überwältigendes ACH, denn die gotteshungrige Seele wird in ihrer Imagination zunehmend der strahlenden Schönheit des Himmlischen Jerusalems ansichtig. Und man merkt nun im Ernst: Gott wird nicht fad, der Himmel ist nicht langweilig, er ist Ineinsfall von Hunger und Sättigung, er ist ein einziges großes überwältigendes ACH!

Wie soll ich enden? Nicht anders als so: Singen wir uns doch hinein in dieses himmlische ACH (nichts anderes will ja der Advent). Singen wir ihn herbei, den *adventurus*, den Gott, der sich danach sehnt, endlich ankommen zu dürfen in unserm Fleisch, damit wir unsererseits endlich ankommen bei Ihm. Singen wir aus ganzem Herzen, mit ganzer Seele und mit ganzer Kraft!

Ich wünsche Ihnen einen gesegneten – Advent!

2. Neubeginn, schlechterdings*

In jenen Tagen wurde der Engel Gabriel in eine Stadt in Galiläa namens Nazareth gesandt…« (Lk 1,26) – Es gab einmal eine Zeit, liebe Schwestern und Brüder, und das ist noch gar nicht lange her, da waren Marienevangelien wie das soeben gehörte samt den dazugehörigen Liedern und Gebeten vertrautestes Glaubensgut frommer Katholiken. Man denke nur an das »*Ave Maria*«, das, wenn man es außerhalb der Messe betete, direkt ans Vaterunser anschloß; an Gebete wie den »*Engel des Herrn*«, an das kindliche »*Jungfrau, Mutter Gottes mein, laß mich ganz dein eigen sein*«, an Stoßgebete wie das flehentliche »*Unter deinen Schutz und Schirm fliehen wir, oh heilige Gottesgebärerin*« – sie waren so geläufig, daß sie einem unwillkürlich auf die Lippen kamen, wenn es galt, ein Gebet zu sprechen. Überhaupt die Advents- und Weihnachtslieder (»*Es ist ein Ros entsprungen*«, »*Maria durch ein Dornwald ging*«, »*Unserer lieben Frauen, der traumete ein Traum*«), es ist erstaunlich, wie voll sie sind von Marienbildern, die weit über die dunkle Jahreszeit hinausreichen und noch den Frühling (Mariä Verkündigung, 25. März) und den Mai als Marienmonat prägen, den Sommer mit dem Wallfahrtsbeginn auf Mariä Heimsuchung (2. Juli) und dem Himmelfahrtsfest (15. August), den Spätsommer (Mariä Geburt, Mariä Namen und Mariä Schmerzen am 8., 12. und 15. September) und den herbstlichen Oktober, der dem Rosenkranzgebet

* Predigt Kugelkirche, 8. Dezember: Hochfest »Immaculata Conceptio« (liturgisch vorweggenommen am 2. Advent 2013 = 6. Dezember 2013). In der hier vorliegenden Nachschrift kombiniert mit Predigtgedanken zum 4. Advent im Lesejahr B (20. Dezember 2013). – Als Texte standen zur Verfügung: Gen 3,9–15.20; Eph 1,3–6.11–12; Lk 1,26–38 (Mariä Verkündigung) zusammen mit Mt 1,1–24 (Stammbaum Jesu).

geweiht ist. Man könnte problemlos das gesamte Kirchenjahr marianisch fassen.

Warum diese ungeheure Bedeutung der Marienverehrung? Wenn man ehrlich ist, wird man zugeben, daß sich diese Frömmigkeitsform biblisch kaum begründen läßt, die Belege dafür sind viel zu spärlich.

Wollte man die Antwort rein dogmatisch geben, so würde man in Aufnahme des heutigen Festgeheimnisses *»Immaculata Conceptio«* sagen, daß in Maria sich gleichsam ein Stück unverfälschter Schöpfung bewahrt habe; in der voraussetzungslosen Einwilligung Mariens in das Wort des Engels leuchte uns etwas von der Urständlichkeit des Menschen auf, wie er war, bevor Adam in Sünde fiel. Und dieses urständlichen Restes habe es bedurft, damit Christus Mensch werden konnte. Daher sei Maria in Hinsicht auf ihre Einwilligung in das Heilswerk Christi vom ersten Moment ihrer eigenen Existenz an durch einen besonderen Gnadenakt Gottes vor der Erbsünde bewahrt geblieben.[34] Damit nämlich der Herr die gefallene Welt habe betreten und in ihr sein Erlösungswerk habe beginnen können, sei eine anfangshafte Einwilligung eben dieser Welt nötig gewesen. Diese anfangshafte Einwilligung leuchte uns auf in der voraussetzungslosen Zustimmung Mariens: *»Siehe, ich bin die Magd des Herrn. Mir geschehe nach deinem Wort.«* (Lk 1,38) In diesem Wort komme an den Tag, daß trotz aller erbsündlichen Korrumpierung tief im Menschen etwas vom Paradies bewahrt geblieben sei. Und dieser Einsicht gedenke das heutige Fest der *Immaculata Conceptio*. Mit andern Worten: Maria sei ein Sehnsuchts- bzw. Erinnerungsbild dessen, was uns allen verheißen sei: Wir wären, wie sie, Menschen, die ins göttliche Licht berufen seien, auch wenn wir, anders als sie, durch die erbsündliche Sündenverstricktheit noch in unseren besten Intentionen nicht selten ambivalent und fragwürdig seien.

Soweit die dogmatische Verlautbarung des Lehramtes. Aber hat man mit einer solchen etwas scheppernden Erklärung die affektive Wucht der Marienfeste schon berührt? Die Dogmatik hat ja den gravierenden Nachteil, bei aller Wahrheit, die sie verkündet, eigentümlich abstrakt zu bleiben. Begriffsmythologie eben, wenig poetisch! Deshalb möchte ich am heutigen Festtag (8. Dezember: Mariä Empfängnis) einmal den affektiven Beimischungen der Marienfrömmigkeit nachgehen und über zweierlei mit Ihnen nachdenken: *»Sündlosigkeit der Gottesmutter«* (*Immaculata Conceptio Mariae in utero Annae*)[35] und *»jungfräuliche Empfängnis Jesu«* (*Annuntiatio Gabrielis ad Mariam*)[36] – was sind die existentiellen Hintergründe, die dazu geführt haben, daß diese beiden Glaubensaussagen frömmigkeitsgeschichtlich eine solche Bedeutung erlangen konnten (und zwar jenseits aller biblischen Begründungszusammenhänge, denn die sind, wie ich schon sagte, außerordentlich dürftig)[37]?

Beginnen wir mit unseren eigenen Lebenserfahrungen. Bisweilen hört man bei alten Menschen, die auf ihr Leben zurückblicken, folgenden Satz: *»Die Eltern wußten es eben nicht besser. Sie mögen es gut gemeint haben, aber es war nicht gut. Statt einer streichelnden Hand der strafende Stock. Und als der Vater mich dann auch noch in seinen Beruf gezwungen hat. Und die Mutter stand daneben und hat dem Vater nach dem Mund geredet. Wenn die wüßten was sie uns angetan haben, ich mag gar nicht dran denken.«* – Verletzungen aus der Kindheit können ein ganzes Leben nachwirken.[38] Es ist kein Zufall, daß gerade das Weihnachtsfest für viele von Wehmut geprägt ist: Wieviele Hoffnungen, die nicht erfüllt wurden! Wieviel Schmerz über Verpaßtes, Abgebrochenes, über Möglichkeiten, die sich nie hatten entfalten können. Selbst wenn Menschen, die solches erfahren haben, dann versuchen, ihren Eltern gegenüber keinen Groll zu hegen –: das Wissen, daß das Leben gelebt ist und die Einschränkungen der

Kindheit bis ins hohe Alter nachwirken, läßt verstehen, daß der Wunsch, eine vollkommene Mutter zu haben oder einen vollkommenen Vater, immer wieder Bilder generiert, die von geradezu archetypischer Kraft sind.[39]

Eltern, die ihren Kindern gegenüber reine Güte sind –: Es wird deutlich, daß dies ein göttliches Bild ist, das auf Erden kaum je zur Erfüllung kommt. Selbst wenn wir bei uns insgeheim schwören: »*Was meine Eltern an mir fehlten: Ich werde es bei meinen eigenen Kindern anders machen, besser!*« – selbst ein solcher Schwur hat etwas Illusionäres an sich. Wir sind nicht besser als unsere Eltern, und wenn wir vielleicht auch nicht deren Fehler wiederholen, so fügen wir unseren Kindern doch andere Verletzungen zu, so daß sie über uns später vielleicht einmal ähnlich sprechen werden wie wir über unsere Eltern.

Wenn nun die allen erbsündlichen Verstrickungen enthobene Gottesmutter zu den ältesten Bildern der Frömmigkeitsgeschichte gehört[40], so scheint mir dies folgendes zu bedeuten: Der Glaube, einmal wenigstens habe auf Erden eine Frau gelebt, die ihrem Kind reine Güte habe sein können, stärkt in uns die Sehnsucht, in Gott könnte unsere Wehmut ein Ende haben. Irdische Elternschaft in all ihrer Gebrochenheit finde in Ihm zu ihrer Erfüllung. So ist Maria auch nicht ein moralisches Vorbild, dem wir nacheifern sollen. (Der Marienfrömmigkeit hat die moralisierende Überfrachtung mehr geschadet als alle historisch-kritische Entmythologisierung.) Vielmehr scheint mir die jeder erbsündlichen Verstrickung enthobene Gottesmutter ein geistliches Spiegelbild zu sein, in dem wir erkennen können, was uns verheißen ist: Jenseits des Todes könnten die Wunden, die man uns geschlagen hat (Wunden, die wiederum wir anderen schlagen), geheilt sein.

Das führt mich zu einem zweiten Gedanken. »*Der Heilige Geist wird über dich kommen, und die Kraft des Höchsten wird dich überschatten. Deshalb wird auch das Kind heilig und Sohn des Höchsten genannt werden ...«* (Lk 1,35): Wie vielen Menschen bereitet nicht dieses Evangelium existentielle Schwierigkeiten! »*Empfangen durch den heiligen Geist, geboren aus der Jungfrau Maria*«, wie wir im Glaubensbekenntnis beten. Es gibt viele, die sagen: »*Was soll dieser verquere Mythos? Göttlicher Same aus Himmelshöhn? Das ist doch wieder mal die Sexualfeindlichkeit der Kirche! Und überhaupt – Parthenogenese! Das gibt's doch gar nicht! Ich hab' keine Lust auf Märchenstunde. Der Sinn dieses Glaubenssatzes bleibt mir verschlossen.*«

Nun, das letztere kann ich gut nachempfinden. In der Tat bereitet uns das naturwissenschaftliche Weltbild, das uns als Kinder unserer Zeit fundamental prägt, erhebliche Schwierigkeiten, nachzuvollziehen, was die Glaubensaussage von der jungfräulichen Geburt Jesu nicht nur theologisch, sondern vor allem existentiell bedeuten könnte. Das Problem ist ja, daß wir solche Glaubensaussagen unwillkürlich mit unserem naturwissenschaftlich geprägten Weltbild in Übereinstimmung zu bringen versuchen – und dann geraten wir in höchste Probleme: »Parthenogenetische Zeugung? Wie soll das denn gehen?« Und weil wir nicht wissen, »wie das gehen soll«, halten wir das Theologoumenon von der Zeugung Jesu »nicht aus dem Willen des Fleisches, nicht aus dem Willen des Mannes, sondern aus Gott« (Joh 1,13) im besten Fall für einen anrührenden, wahrscheinlich aber eher für einen verqueren Mythos. Und so haken wir die Sache ab. Wir sind ja schließlich aufgeklärte Menschen!

Ich kenne dieses Problem nur zu gut. Weder Ihnen noch mir weiß ich es zu lösen.[41] Jedoch könnte man einmal darüber nachdenken, was sich an existentiellen Erfahrungen in der Glaubensaussage von der jungfräulichen Zeugung Jesu und seiner nicht minder wunderbaren jungfräulichen Geburt (*virginitas Mariae ante partum, in partu, post partum*) verdichtet haben mag.

Zunächst folgendes: Wir sagen in unserer religiösen Sprache häufig: »*Gott ist die Liebe!*« (1Joh 4,8.16b) Und doch scheuen wir uns, von Gott erotisch-sexuelle Liebe auszusagen. Selbst wenn wir explizit geschlechtlich konnotierte Bilder von Gott gebrauchen – bspw. wenn wir sagen »Gott, Himmlischer Vater« –, so bedeutet dies gerade nicht, daß wir damit zugleich behaupten wollten, Gott wäre männlich. Alles, was an polaren Spannungen unser Leben prägt – und die Geschlechterpolarität »Männlich/Weiblich« bezeichnet ja nur die extremste Spannung unserer leiblichen Existenz –, ist in Gott überstiegen. Gott ist jenseits unserer Polaritäten. Aber das bedeutet zugleich folgendes: Wenn wir uns scheuen, von Gottes Liebe als einer geschlechtlichen zu sprechen, so nicht deshalb, weil die erotisch-sexuelle Liebe in sich etwas grundsätzlich Fragwürdiges wäre. (Gerade das Animalische hat ja eine tiefe Unschuld; nur sind wir leider nicht reine Animalität.) Vielmehr scheint eine nicht unerhebliche Erfahrung gerade auch des Sexuellen darin zu bestehen, daß die Liebe zwischen den Geschlechtern in all ihrer Schönheit immer auch unüberwindbare Grenzen hat. Wie gerne möchten Menschen, die sich aufrichtig lieben, eins miteinander sein. Manchmal scheint es Augenblicke solcher Einheit zu geben, doch kaum daß sie erlebt sind, sind sie auch schon vorüber. »*Ich bin ich, und du bist du – und je näher wir uns sind, desto mehr wird auch deutlich, wie sehr Du ein Anderer bist.*« Wollten wir wirklich miteinander verschmelzen, wir würden unsere geschöpflichen Grenzen sprengen, wir liefen Gefahr, uns den anderen einzuverleiben, wir vollzögen über kurz oder lang seine Zerstörung.[42] Der andere muß der andere bleiben dürfen, mir in aller Nähe immer auch fremd, will man das Geschenk seiner Nähe nicht beschädigen. So verbinden sich mit jeder menschlichen Liebe in eigenartiger Weise immer auch Fremdheit und Distanz – ein Phänomen, das nicht selten zur Rivalität zwischen den Liebenden führen kann, zu Unverständnis, Verletzung und Schmerz. Das kann sich bis ins Paradox steigern, daß gerade diejenigen, die sich am nächsten sind, über die schreckliche Gabe verfügen, einander auch am meisten weh zu tun.[43] Die Weltliteratur ist voll von Beispielen dieser Art; ich erinnere nur an die griechische Tragödie: etwa Medea, die Königin von Korinth, die aus Schmerz darüber, daß Iason, ihr Geliebter, sie verlassen will, wie von Furien gepackt die grausamste Rache übt.[44] Hoffnungslose Liebe ist der zornigen Hilflosigkeit, die sich im Extremfall bis zum zerstörerischen Haß aufsteigern kann, nahe benachbart; das Phänomen des Stalking (eine moderne Variante der Medea-Tragödie) führt uns das drastisch vor Augen.

Auch wenn solche dramatischen Geschichten gottseidank Ausnahmesituationen bleiben, so verdichtet der griechische Mythos doch nur, was viele Menschen an leidvoller Erfahrung kennen. »Die schmerzliche Seligkeit der Lust«, heißt es bei Gottfried Bachl, »die Mischung aus Schrecken und Freude, die Mann und Frau aneinander haben, die Gier, die sie sich antun, die Freiheit, die sie einander schenken, all die mysteriöse, unentschiedene Zweideutigkeit der Zweiheit deuten darauf hin, daß diese ein Riß ist, Wunde, Entfremdung und Krankheit, die der Heilung bedarf.«[45] *»Un couple qui s'aime vraiment, n'est-ce pas la plus belle chose du monde?«* schreibt dagegen Odile Barras. *Ein Paar, das sich aufrichtig liebt – ist das nicht die schönste Sache von der Welt?*[46] Ja, zweifellos. Aber wie oft mag es diese schönste Sache geben? Die Höhe der Scheidungszahlen (z. Zt. ca. 50 % der pro Jahr geschlossenen Ehen) spricht eine deutliche Sprache; die Zahl der Trennungen vor-, nach- und außerehelicher »Eheverhältnisse« dürfte noch einmal höher sein – irgendwie, so ist man versucht zu sagen, ist da immer schon der Wurm drin (vgl. Gen 3,1). Warum ist das nur so? Woher der latente Zweikampf der Geschlechter? Vielleicht, weil da, wo zwei Menschen sich aufs engste miteinander verbinden, nicht nur das Große, sondern auch das Schwierige des anderen sichtbar wird. – Ich fand ein Gedicht von Peter Altenberg († 1919), diesem merkwürdigen Schriftsteller-Bohémien der Wiener Vorkriegszeit, in welchem das mit trockenen Worten beschrieben wird:

> Die schrecklichsten Abgründe öffnen
> sich, wenn zwei Menschen sich wirk-
> lich gern haben! Denn da merken sie
> erst alles, was trotzdem nicht stimmt!
> Die anderen gleiten darüber hinweg,
> sie haben es sich eh' nie anders erhofft![47]

Die Spannung, die Rivalität, die Verletzlichkeit – all das, was der Liebe zwischen den Geschlechtern mitgegeben ist –,[48] das ist in Gott, den wir »die Liebe selbst« nennen, in einer für uns nicht mehr faßbaren Weise überstiegen. Ein Gott in drei Personen: sie sind jede für sich und doch ganz eins; eine Intimität, die dem anderen nie zu nahe tritt; ein innigliches Ineinander-Sein (*circum-insessio, perichóresis*), das den anderen in die höchste Freiheit bringt.

Es mag Sie vielleicht erstaunen, aber ich vermute in der Tat, daß das dogmatische Bekenntnis zur jungfräulichen Zeugung Jesu die mythobiographische Sehnsucht nach einer Liebe zur Sprache bringt, in welcher vollkommene Einheit in der Differenz, eine intime Nähe ohne Rivalität das Prägende ist; eine Gott-Menschlichkeit, die in der Begegnung kein Zerwürfnis, in der Einwilligung keine Übermächtigung, in der erotischen Annäherung keinen häßlichen Machtkampf mehr kennt. Die »jungfräuliche Gottesmutter« ist deswegen auch kein Idealmensch, sie ist ein archetypisches Bild des Göttlichen. Denn Gott ist jenseits unserer Polaritäten. Gott ist vollkommene

Einheit in der Verschiedenheit, Gleichursprünglichkeit von höchster Hingabe und wirklicher Freiheit. So ist die durch und durch mythische Rede von der »jungfräulichen Zeugung Jesu« ein Zeichen, daß in Gott, der die Liebe ist (1Joh 4,8.16b), uns eine Innigkeit erahnbar wird, wie wir sie selber nur als Sehnsucht kennen.

Daß in der menschlichen Geschichte diese Sehnsucht einmal ihre Erfüllung gefunden habe – und zwar bis ins Leibliche der Inkarnation hinein: das ist den Christen Grund zu der Hoffnung, die biblische Verheißung (Jes 7,14 / Lk 1,31) sei keine Illusion, sondern ein einem jeden Menschen eingeprägtes göttliches Versprechen. Wenn wir in wenigen Tagen die heilige Weihnacht begehen, das Fest der Menschwerdung Christi aus der allzeit jungfräulichen Gottesmutter, feiern wir nichts anderes als die Erfüllung dieser Verheißung.

3. In Wahrheit erfunden*

Es ist wieder so weit! Alle Jahre neu hören wir die Geschichte von Maria und Josef, vom Kind in der Krippe und den Hirten auf dem Felde. Der Weihnachtsbaum erstrahlt in schönstem Licht, Tannen- und Kerzenduft wecken Kindheitserinnerungen. Leises Glück, heimliche Rührung, märchenstilles Entzücken – man braucht nur ein paar solcher poetischen Worte zu nennen, um zu spüren, welch magische Kraft im Weihnachtsfest verborgen liegt: Bilder von Sehnsucht und Erfüllung, und in ihnen die Ahnung, daß unser Leben – wie zerbrochen es im einzelnen auch sein mag – im letzten gut sein könnte und deswegen auch gut enden werde.

Die Macht des Weihnachtsfestes ist in der Tat erstaunlich. Wo gibt es das sonst: Ein ganzes Land gebärdet sich über Wochen wie narrisch, nur weil ein christliches Fest vor der Türe steht, von dessen religiöser Bedeutung immer weniger Menschen etwas ahnen. Auch wer nicht fromm ist, kann sich dem Zauber der Weihnacht nur schwer entziehen; selbst unter jenen, die den christlichen Glauben abgelegt haben und sich »Atheisten« nennen, ist mancher bereit, sich hineinzugeben in die Atmosphäre des Lichterglanzes, der goldenen Kinderträume, der sternenklaren Winternacht.[49]

Aber kann sich der Sinn des Weihnachtsfestes hierin erschöpfen: zu schwelgen in traumverlorenen Kindheitserinnerungen, in wehmütig-lieblichen Bildern, in Kerzenduft und frommem Zauber? Ist nicht gerade umgekehrt es so, daß die unvergleich-

* Christmette 24. Dezember 2013, Kugelkirche Marburg. Als Lesungstexte standen zur Verfügung: Jes 9,1–6; Tit 2,11–14; Lk 2,1–14 (und 15–20).

liche Stimmung dieses Festes überhaupt nur dadurch hat entstehen können, daß auf seinem Grund eine verborgene Quelle sprudelt: die christliche Botschaft, die da lautet: zu einem präzise bestimmbaren Zeitpunkt unserer Geschichte habe sich an einem präzise lokalisierbaren Ort der Himmel auf die Erde gesenkt? Der ewige Gott habe in einem Menschenkind greifbare Gestalt angenommen? Und seitdem habe sich die Sehnsucht der Völker, die menschliche Geschichte könne sich doch noch zum Guten wenden, zumindest anfangshaft erfüllt?

Nur wenn diese Botschaft mehr ist als ein anrührender Mythos, ist auch unser Weihnachtsfest mehr als ein kindheitsverlorener Traum. So möchte ich mit Ihnen heute abend nachdenken über diese eine Frage: *»Was, wenn es wahr wäre?« Was, wenn wahr wäre, was das Weihnachtsfest verkündet?* – Der belgische Liedermacher Jacques Brel (1929–1978) hat in einem seiner Chansons diese Frage aufgeworfen, und seine Antwort erscheint mir so verblüffend, daß ich sie Ihnen nicht vorenthalten möchte. Da schreibt er:[50]

Was, wenn es wirklich wahr wäre …?
Wenn Er wirklich in Bethlehem geboren wäre
In einem Stall?
Was, wenn die Hirten wirklich einen Engel gesehen
Und auf sein Wort hin sich aufgemacht hätten,
Das Kind zu suchen in Windeln?
Wenn die heiligen drei Könige wirklich
Gekommen wären von weit her,
Um Ihm Gold zu bringen und Weihrauch und Myrrhe?
Was, wenn es wahr wäre,
Wenn alles wahr wäre, was sie geschrieben haben:
Lukas, Matthäus und die anderen beiden?

Aber auch dies:
Was, wenn es wahr wäre,
Wenn wahr wäre das Wunder von Kana,
Die Geschichte von Lazarus
Und all den anderen Kranken und Sterbenden?

Wenn wahr wäre, was die kleinen Kinder
Beten am Abend vorm Einschlafen
(Ihr kennt es wohl), wenn sie sagen:
»Vater Unser im Himmel«,
Wenn sie sagen: »Heilige Maria Muttergottes«?

Wenn wahr wäre all das ---
Dann, ja dann würde ich »Ja« sagen,
»Ja«!
O gewiß würde ich »Ja« sagen,
Weil es beglückt,
Weil es das Leben leicht macht, erträglich und schön,
Wenn man glaubt,
Wenn man glaubt, daß alles dies wahr ist.

Ist das nicht ein verblüffendes Gedicht?! Es ist durchzogen von einem einzigen großen Konditionalsatz: »Wenn es wahr wäre« – aber dieser Konditionalis deutet im Grunde auf einen Irrealis: *»Ja, wenn es wahr wäre!« Aber leider ist es nicht wahr!* Denn wäre es wahr, die Welt würde anders aussehen. Trotzdem kann Jacques Brel von seinem Gedankenspiel nicht lassen. Denn wäre es wahr, was geschrieben steht über den Stall von Bethlehem, über die Hirten auf dem Felde und die heiligen drei Könige... und daraus folgt: Wenn wahr wäre, was geschehen ist auf der Hochzeit zu Kana und sich ereignet hat an Lazarus und all den anderen Kranken und Sterbenden... und daraus platzt mitten hinein in unsere Gegenwart mit einem Mal der verstörende Gedanke: Wenn denn wahr wäre, was wir mit unseren Kindern abends vorm Einschlafen beten: *»Müde bin ich, geh zur Ruh ...« »Vater unser im Himmel«*: dann, ja dann wäre ein Grund gelegt, der zu dem Vertrauen berechtigte, diese Welt gehe nicht zum Teufel! Diese Welt sei trotz aller Rätselhaftigkeit, trotz aller Sinnlosigkeit, eben doch eingeborgen in einem liebenden, machtvollen Urgrund, zu dem man vertrauensvoll »Du« sagen könne – und dieses »Du« bliebe nicht unbeantwortet, sondern in unserem »Du«-Sagen käme uns eine Antwort entgegen, die von Ewigkeit her jedem einzelnen von uns gilt.

Dieser tragende Grund, der da in dem Gedankenspiel von Jacques Brel mit einem Mal unmerklich aufscheint, wäre dem fragenden Ich dann auch Anlaß genug, mit einem Federstrich alle skeptische Zurückhaltung aufzugeben und einzustimmen in die große Affirmation, in den Dank und in die Freude darüber, gemeint – und also: gesegnet zu sein. Denn was ist beglückender, was macht das Leben leichter, erträglicher, schöner als das Wissen, daß alles Wesentliche längst schon geschehen ist? Und so wendet sich die skeptische Frage unmerklich ins Sehnsuchtsvolle: *Wenn es doch wahr wäre, Gott, was an Weihnachten geschehen ist! Dann könnte man glauben ...*

Ich möchte an dieser Stelle das Gedicht von Jacques Brel verlassen und mit Ihnen ein wenig darüber nachdenken, was es wohl auf sich hat mit diesem Glauben. Denn daß unser Glaube nur dann gerechtfertigt ist, wenn er auf einem soliden geschichtlichen Fundament ruht, dürfte Konsens sein bei vielen: Nur wenn wahr ist, was damals in Bethlehem geschah, haben wir das Recht, in Weihnachten mehr zu sehen als einen sentimentalen Kindheitszauber.

Jedoch die geschichtlichen Fundamente scheinen wiederum in seltsamer Weise auch erst aus dem Glauben heraus zu entstehen: Denn »Lukas, Matthäus und die anderen beiden«, wie es bei Jacques Brel heißt, waren ja keine objektiven Historiker im modernen Sinn, die nüchtern und unbeteiligt rapportierten, was sich an historischen Tatsachen auflisten ließ; sie waren Christen, die mit ihren Evangelienberichten ein Glaubenszeugnis für ihre Gemeinden ablegen wollten.

So scheint es, daß der Glaube an die Menschwerdung Gottes in Christus die Geschichten von den Hirten auf dem Felde, die Geschichte von den Engeln und den heiligen drei Königen (er)findet. Gerade *als* erfundene entfalten diese Geschichten wiederum aber eine solche Wirkmächtigkeit, daß man sich fragen muß, ob sie (in einem schlechten Sinn des Wortes) einfach nur *er-funden* wurden, oder ob sie nicht längst bereitlagen und in diesem Sinne von »Lukas, Matthäus und den anderen beiden« *ge-funden* wurden.[51] Was also, so muß man eingehender fragen, hat es auf sich mit der Weihnachtsbotschaft und unserem Glauben an sie?

Nun, alles beginnt damit, daß ein Mensch auftritt, Jesus mit Namen, ein galiläischer Rabbi und Wanderprediger, der in einer so vollmächtigen Weise von Gott spricht, dem er sich nahe weiß wie kein anderer, den er auf geradezu bestürzende Weise »Vater« nennt, daß jene, die mit ihm näher zu tun bekommen, dem Himmel sich nahe wähnen. Gab es je einen Menschen, der glaubwürdiger Mensch war, der lauterer, heiliger, konsequenter, wohltuender war als Er, der die Liebe radikaler gelebt hat? Es muß in dem Menschen Jesus etwas aufgeleuchtet sein, was menschlichen Rahmen sprengt, sonst wäre kaum verständlich, weshalb nur wenige Jahrzehnte später Geschichten von ihm aufschrieben werden, Lieder und Hymnen, die erzählen, in diesem Menschen sei zusammengefaßt, was die Welt im Innersten zusammenhält (vgl. etwa Kol 1,12–20; Eph 1,3–14; 2Kor 4,4). Es scheint, als habe Jesus von Nazareth in seiner Menschlichkeit eine solche Tiefe gezeigt, daß die frühen Christen gar nicht anders konnten, als zu sagen: Wer so lebt wie Jesus, barmherzig und gerecht zugleich, friedfertig und doch bis zum Zorn engagiert, voll selbstvergessener Liebe und Wahrhaftigkeit, ist anders als Menschen es normalerweise sind. Wer so lebt wie Jesus, entstammt anderem als menschlichem Ursprung. Denn so menschlich wie Jesus ist kein Mensch. In einer solchen Menschlichkeit strahlt auf – die Präsenz Gottes selbst. (Vgl. Joh 1,1–5.9–14.16.18; 10,10; 10,30; 14,9; 1Joh 1,1–3)

Hat man dies einmal nachvollzogen, dann wird unmittelbar verständlich, weshalb das Leben und Sterben Jesu und (fügen wir hinzu) der Glaube an seine Auferstehung, der seinerseits wieder Rückwirkung hat auf die retrospektive Wahrnehmung seines Lebens und Sterbens, die Phantasie der Menschen auf sich zieht.[52] Denn in der Art und Weise, wie Jesus lebt (ja in ihm selber als Person), scheint mit Händen greifbar, was Himmel und Erde zusammenfaßt (vgl. Mt 16,16 parr; Kol 1,15–20; Joh 1,1–5.9–14.16–18). Und also knüpfen sich Geschichten an ihn: Geschichten von seiner wunderbaren Geburt, Geschichten von seiner schon früh sich bemerkbar machenden Weisheit (Sie kennen alle die Erzählung vom zwölfjährigen Jesus im Tempel), Geschichten schließlich, die ihn zeigen als jenen tief in Gott verwurzelten Menschensohn, in dem sich der Himmel auf die Erde neigt. (Mt 11,25–30; Mk 9,2–10 parr; Joh 3,35; 13,3; 10,15)

Also wieder nur Geschichten? Ich sagte doch vorhin, daß unser Glaube eines soliden geschichtlichen Fundaments bedarf, um mehr zu sein als ein anrührender Mythos (vgl. 2Petr 1,16).

Nun, wir werden an dieser Stelle nur folgendes antworten können: Wenn es im Laufe der Menschheitsgeschichte nicht immer wieder große Gestalten gegeben hätte (Sokrates, Buddha, Konfuzius … und eben auch Jesus), an denen sich unsere Phantasie hat entzünden können: wie vieles wäre unentdeckt geblieben!?[53] Daß jedem Menschen eine unverrechenbare Würde innewohnt, das läßt sich nicht einfach an den Dingen ablesen. Und dennoch stimmt es! Daß die Liebe stärker ist als der Tod, daß in ihr Himmel und Erde sich berühren – ja daß, wer nur einmal begonnen hat, selbstvergessen zu lieben, den Tod überwindet, weil das Gute, das einmal getan worden ist, sich nicht mehr aus der Welt schaffen läßt und deswegen bis in alle Ewigkeit weiterwirkt: auch dies läßt sich empirisch nicht verifizieren. Und dennoch leben wir alle von der Güte derer, die vor uns da waren, obwohl sie durch ihren Tod unserem Blick entschwunden sind.

Und wenn wir also Menschen kennen, deren selbstvergessene Güte uns leben läßt, und wenn an diese Menschen sich Phantasiebilder knüpfen, die bewirken, daß sie uns nahe sind: Ist das nicht Grund genug, eben solchen Phantasien nachzugehen, weil sie viel realistischer sind als unsere sogenannte empirische Welt?[54]

Ohne daß wir uns dessen versehen hätten, sind wir damit wieder ganz nahe herangerückt an das sehnsuchtsvolle Lied von Jacques Brel. Es endete mit dem wehmütigen Ausruf: »*Wenn das alles doch wahr wäre – dann würde ich ›Ja‹ sagen. Oh, gewiß würde ich ›Ja‹ sagen, weil es beglückt, weil es das Leben leicht macht und schön, wenn man glaubt, wenn man glaubt, daß alles dies wahr ist.*« Fast scheint mir, daß man an dieser Stelle sagen darf: Aber es ist doch wahr! Denn wie sollte die Weihnachtsbotschaft nicht wahr sein, wenn die Wirkung, die von ihr ausgeht, über die Jahrhunderte hindurch solche Kraft entfaltet – eine Wirkung zudem, die immer noch am Werk ist und nicht aufhören will, die Welt zu verwandeln!

Von der erhellenden Kraft dieser Wahrheit in diesen Tagen etwas zu verspüren und es hinüberzunehmen ins Neue Jahr, das wünsche ich Ihnen von ganzem Herzen! Ein gesegnetes Weihnachtsfest!

4. Was sich verändert hat*

Was hat sich in unserer Welt verändert durch die Nacht der Geburt Christi? Es gibt nicht wenige Leute, die antworten: Gar nichts! In der Tat: Der Gesang der Engel auf den nächtlichen Feldern, der *»den Menschen den Frieden auf Erden«* verkündete, ist verstummt, und kein Friede trat ein. Die himmlische Verheißung: *»Heute ist euch der Retter geboren«* wird Lügen gestraft dadurch, daß dieser Retter schwach ist und – kaum geboren – schon selber mit dem Tode bedroht wird. Und selbst die Prophetie des greisen Simeon, durch den neugeborenen Christus würden *»die Gedanken vieler Menschen offenbar werden«*, hat noch etwas Zweischneidiges an sich: Denn offenbar geworden ist durch diesen *Friedensfürst* vor allem eins: daß seine Botschaft den herrschenden Verhältnissen diametral zuwiderläuft. Deswegen ist es auch kein Zufall, daß die Ärmlichkeit des Geburtsstalls sich fortsetzt bis hin zum Kreuzesgalgen.

Und dennoch: Die heilige Nacht der Geburt Christi hat zwar die Friedlosigkeit unserer Welt nicht abgeschafft, verändert hat sie gleichwohl unseren Blick auf eben diese Welt – und das ist viel, sehr viel sogar. Denn von unserem Blick hängt ja wesentlich ab, wie wir diese Welt wahrnehmen; und von unserer Wahrnehmung hängt ab, wie wir uns zu dieser Welt verhalten; und von unserem Verhalten hängt ab unser Bemühen, dieser Welt Gestalt zu geben; und von unserem Gestaltungswillen schließlich hängt (zu einem Teil wenigstens) ab, was aus dieser Welt wird.

In welcher Weise also hat sich durch die Geburt Christi unser Blick auf die Welt verändert? Und welche Konsequenzen hat

* Predigt zur Christmette 2011 in der Kugelkirche Marburg. Als Lesungstexte standen zur Verfügung: Jes 9,1–6; Tit 2,11–14; Lk 2,1–14.

das sowohl für uns als auch für eben diese Welt? Das ist die Frage, über die ich mit Ihnen am diesjährigen Weihnachtsfest nachdenken möchte.

Beginnen will ich mit einem Brief, der mir in den letzten Tagen in die Hände fiel und der aus der Feder eines befreundeten Theologen stammt, Johannes Niggemeier. Niggemeier arbeitet seit Jahren in Brasilien. In jenem Brief berichtet er von einem Straßenkinderhaus für Mädchen, das er zusammen mit einer brasilianischen Sozialarbeiterin in einer Favela, einem Elendsviertel am Rande von Rio de Janeiro, gegründet hat – und diesem Brief beigefügt ist ein Foto, von dem Niggemeier sagt, daß es sein Weihnachtsbild sei. Das Foto zeigt ein junges Mädchen, vielleicht 14, vielleicht 15 Jahre alt, mit einem Neugeborenen im Arm. Die Geschichte dieses Mädchens, Maria-Rejana mit Namen, ist schnell erzählt:

Ihre Eltern kamen (da war Maria-Rejana fünf Jahre alt) vom Land in die Stadt in der Hoffnung, Arbeit zu finden und sich einen bescheidenen Wohlstand aufzubauen. Die Arbeit fand sich nicht, das Gesparte war schnell aufgebraucht, man verdingte sich in einer Müllsammlerkolonne, die Altglas, Zeitungspapier, Konservenbüchsen sammelt, sortiert und weiterverkauft; der Verdienst, obgleich hart erarbeitet, reicht nicht, um das Zehnquadratmeterzimmer zu bezahlen, in dem die sechsköpfige Familie lebt – schließlich landet man am Rande der Stadt in einem Elendsviertel, baut sich eine Hütte aus Pappkarton, Lehm und Holzlatten und versucht, zu überleben. Aber auch nur zu überleben, ist in diesen Verhältnissen schon ein unrealistischer Wunsch: Die Mutter stirbt an Typhus, der Vater wird bei einer Polizeirazzia erschossen – und wie das Leben von Maria-Rejana (geprägt von Gewalt, Prostitution, Drogen) in den Jahren danach weitergeht, erspare ich Ihnen hier. Zuguterletzt hat sie Glück, unwahrscheinliches Glück: Schwanger geworden, findet sie in dem schon erwähnten Straßenkinderhaus für Mädchen einen Platz. Dort schenkt sie einem kleinen Jungen, dem sie den Namen Juan-Jesús gibt, das Leben und darf mit ihm in dem Straßenkinderhaus wohnen bleiben. Sie kann die Nähschule der benachbarten Sozialstation besuchen, kommt nach Jahren los von der Straße und verdient mittelerweile soviel, daß sie für sich und ihren Sohn sorgen kann. Das Foto von der fünfzehnjährigen Maria-Rejana, die ihren Erstgeborenen im Arm hält, nennt Johannes Niggemeier *»mein diesjähriges Weihnachtsbild«*.

Warum erzähle ich diese Geschichte? Weil sie anrührend ist und zu Herzen geht? Weil der Hirtenstall von Bethlehem und das Straßenkinderhaus in einer der Favelas am Rande der Millionenstadt Rio de Janeiro irgendwie zusammenpassen? – Das alles wären Gründe, diese Geschichte zu erzählen – zweifellos –, aber sie wären zu schwach. Natürlich ist es bewegend, wenn wir von kindlichem Elend erfahren. Kinder sind Sinnbilder der Hoffnung, sie stehen für eine menschlichere Zukunft, weswegen es unerträglich ist, mit dem Elend auch nur eines einzigen Kindes unmittelbar konfrontiert zu sein. Unser ganzes Gefühl revoltiert dagegen. Und doch reicht es nicht aus, nur die Emotionen anzusprechen (gerade das ist ja das Problematische an Weihnachten: dieses Fest riskiert, uns im Sentimentalen zu belassen). Gefühle kommen und gehen, sie sind schwankend und unbeständig, weswegen unsere Verantwortung für diese Welt auf unseren zufälligen Gefühlszuständen gründen zu wollen, bedeutete, unsere Verantwortung auf Sand zu bauen. Es braucht stärkere Gründe, und der stärkste Grund, in dieser Christnacht die Geschichte von der fünfzehnjährigen Maria-Rejana und ihrem Sohn zu erzählen, ist ein durch und durch religiöser – wenn Sie wollen: ein durch und durch theologischer Grund.

Das Weihnachtsfest und mit ihm der christliche Glaube insgesamt behaupten ja nichts Geringeres, als daß im Jahre 4 vor unserer Zeitrechnung an einem bestimmten geographischen Ort dieser Welt, nämlich in dem judäischen Dorf Bethlehem, der ewige Gott, der Schöpfer von Himmel und Erde, der alles in Händen hält, *»Sichtbares und Unsichtbares, Throne und Herrschaften, Mächte und Gewalten«* (Kol 1,16) – daß dieser Gott in einem kleinen Menschenkind Gestalt angenommen habe, daß dieses Menschenkind *»herangewachsen sei, an Weisheit zugenommen und Gefallen gefunden habe bei Gott und den Menschen«* (Lk 2,52). Es muß in dem Menschen Jesus etwas aufgeleuchtet sein, was menschlichen Rahmen sprengt, sonst wäre kaum verständlich, daß nur wenige Jahrzehnte später Geschichten von ihm aufschrieben werden, die erzählen, in diesem Menschen sei zusammengefaßt, was die Welt im Innersten zusammenhält. Es scheint, als habe der Mensch Jesus in seiner Menschlichkeit eine solche Tiefe gezeigt, daß die frühen Christen gar nicht anders konnten als zu sagen: Wer so lebt wie Jesus, barmherzig und gerecht zugleich, friedfertig und doch bis zum Zorn engagiert, voll tiefer Liebe und Wahrhaftigkeit, ist anders als Menschen es normalerweise sind. Wer so lebt wie Jesus, entstammt anderem als menschlichem Ursprung. Denn so menschlich wie Jesus ist kein Mensch. In einer solchen Menschlichkeit strahlt nichts geringeres auf als – die Präsenz Gottes selbst. (Vgl. Joh 1,1–5.9–14.16.18; 10,10; 10,30; 14,9; 1Joh 1,1–3)

Von dem Augenblick an, da der christliche Glaube behauptet, in dem Menschen Jesus sei auf unüberbietbare Weise Göttliches aufgeleuchtet, ist Gott nicht mehr so sehr in den Mächten der Natur zu finden (wie die altorientalischen Fruchtbarkeitskulte glaubten); er ist nicht mehr so sehr in den ehrwürdigen Überlieferungen der heiligen Ritualgesetze aufzuspüren (wie das römische und griechische Heidentum es meinte); er gibt sich auch nicht mehr so sehr in den großen Schicksalsstunden der Weltgeschichte zu erkennen (wie es die Überzeugung des alttestamentlichen Judentums ist): Sondern zunächst und vor allem ist Gott in und auf dem Antlitz eines jeden Menschen zu finden! Daß eine solche Sichtweise gegenüber den Religionen des Altertums ein grundstürzendes Novum darstellt, ist leicht nachzuvollziehen. Daß diese Sichtweise darüber hinaus aber wenigstens genauso erschütternd ist für unser eigenes Weltverhalten – auch dies liegt auf der Hand. Denn seit der Nacht von Bethlehem können wir gar nicht mehr anders als sagen: *Wer Menschen Unrecht tut, tut niemand Geringerem Unrecht als Gott!* Wer Menschen unterdrückt, wird nicht nur an ihnen schuldig, sondern zunächst und vor allem an Gott! Wer das Antlitz auch nur eines einzigen Menschen bespeit, wer einen Menschen beleidigt oder unaufmerksam ist für ihn, der beleidigt und bespeit das Antlitz jenes Gottes, der sich nicht zu schade war, in einem Menschenkind Gestalt anzunehmen.

Genau dies ist ja das Geheimis des christlichen Glaubens: Der Gott, der sich in und durch Jesus offenbart, ist menschlich! Und genau hierin besteht das Besondere der christlichen Gotteserfahrung: *Seit der Nacht von Bethlehem bedeutet von Gott zu sprechen vom Menschen zu sprechen.* Wie auch umgekehrt gilt: *Seit Weihnachten kann man nicht mehr vom Menschen sprechen, ohne nicht zugleich von Gott zu sprechen. »Denn ein wunderbarer Tausch hat sich vollzogen«*, wie es in der Präfation der ersten Weihnachtsmesse heißt: *»Dein göttliches Wort wurde ein sterblicher Mensch, damit wir sterbliche Menschen in Christus göttliches Leben empfangen«.*[55] Oder wie es nur wenige Jahrzehnte nach den neutestamentlichen Ereignissen Irenäus von Lyon, der große Theologe der zweiten nachbiblischen Generation, formulieren wird: *»Denn des Menschen Ruhm ist Gott«*[56], aber *»der Ruhm Gottes ist der lebendige Mensch«.*[57]

Weihnachten sagt: Gott ist zu uns gekommen, und dies auf eine Weise, daß Er nur mehr *mit uns* zurückkann in den Glanz seiner verborgenen Herrlichkeit. Seit Weihnachten sind das Schicksal Gottes und das Schicksal der Menschen in eigentümlicher Weise aneinander gekettet: Durch die Menschwerdung Christi ist uns ein Weg eröffnet, hinzugelangen zum unergründlich-seligen, dunklen Geheimnis aller Welt: zu Gott! Aber dieser in der Menschwerdung eröffnete Weg ist kein anderer als der lebendige Mensch selbst in all seiner Not, seinem Glück, seiner Schuld und Sündigkeit und seiner enormen, immer wieder staunenswerten, bisweilen verzweifelten Fähigkeit zur Liebe. – Noch einmal anders formuliert: Erst durch die Menschwerdung Christi werden wir in den Stand versetzt, zu erkennen, wer der Mensch ist, zu welcher Würde und Größe er von Anfang an berufen war, wieviel davon im Laufe der Geschichte verschüttet wurde und wieder freigelegt werden mußte.[58] Der Mensch: ein Wesen, das einer Liebe fähig ist, wie sie uns in bestürzender Weise an der Gestalt Jesu aufleuchtet: göttlicher Liebe!

Was haben all diese theologischen Überlegungen zu tun mit dem Foto von der fünfzehnjährigen Maria-Rejana und ihrem Sohn? Viel, wie ich meine. Das Foto von Maria-Rejana mitsamt ihrem Neugeborenen ist nicht irgendein weihnachtliches Motiv – es ist ein Weihnachtsbild schlechthin! Denn in diesem Bild erscheint hier und heute ein Abglanz dessen, was damals in Betlehem geschah. Damit ist zugleich aber auch deutlich, worin sich unsere Welt seit Weihnachten verändert hat. Es ist unser Blick auf den Menschen, der ein anderer geworden ist: *Seit Weihnachten ist es dem Menschen verwehrt, von sich selber gering zu denken, da er dann gering dächte von Gott!*

Schöpfung und Erlösung, Gottebenbildlichkeit des Menschen und Menschwerdung Gottes sind die Grundkoordinaten, in denen verankert ist, was wir die Würde des Menschen nennen.[59] Man mag diese Würde noch so sehr mit Füßen treten, man mag sie bespötteln oder ideologiekritisch dekonstruieren, man mag versuchen, sie naturalistisch zu reduzieren oder auf unsere gesellschaftlichen Gewordenheiten zurückzuführen – seit Weihnachten ist sie nicht mehr aus der Welt zu schaffen. Dies zu feiern, dazu gibt es in diesen Tagen und Wochen Anlaß genug, und zu nichts anderem sind wir heute abend hier zusammengekommen.

Und der Friede Gottes, der aufgeleuchtet ist in den Herzen der Hirten, jener Friede, der höher ist als unsere Vernunft, er überstrahle Euer Antlitz und kräftige Euch zum Guten – heute, morgen und alle Tage bis in Ewigkeit. Amen.

5. Im Anfang war das Wort*

Was für ein Text! – Deklamatorisch von äußerster Wucht. Wie in Stein gemeißelt sitzt da jedes Wort. Denn die Wörter dieses Textes, genannt der Logosprolog, handeln vom Wort selbst:

Im Anfang war das Wort,
und das Wort war bei Gott,
und das Wort war Gott.
Im Anfang war es bei Gott.
Alles ist durch das Wort geworden,
und ohne das Wort wurde nichts, was geworden ist.

Wieso wird dieser Prolog Jahr für Jahr am Morgen des Weihnachtsfestes vorgetragen? Da ist nichts vom Stall zu Bethlehem zu hören, nichts vom Kind in der Krippe, nichts von den Hirten auf den Feldern. Das war gestern nacht. Jetzt, am hellichten Tage, wird uns andere Kost zugemutet – eine begriffliche Reflexion über den Anfang von allem, was ist, nicht eine anrührende Erzählung wie beim Evangelisten Lukas.

Um zu verstehen, weshalb in exakter Begrifflichkeit noch einmal neu verhandelt werden muß, was gestern nacht so eindrücklich *erzählt* wurde, kann es vielleicht hilfreich sein, den Johannestext einmal zu verfremden. Das könnte sich dann womöglich so anhören:

* Predigt zum Festhochamt am Ersten Weihnachtsfeiertag, 25. Dezember 2010, Kugelkirche Marburg. Als Lesungstexte standen neben dem Evangelium Joh 1,1–18 zur Verfügung: Jes 52,7–10; Hebr 1,1–6.

Im Anfang war die Materie,
und die Materie verband sich mit dem Zufall,
und die Materie war der Zufall.
Im Anfang war Materie und Zufall.
Alles ist durch den Zufall geworden,
und ohne den Zufall wurde nichts, was geworden ist.

Aus einer bestimmten Perspektive sind diese Sätze vermutlich richtig. Die Naturwissenschaften, die immer nur nach dem »Wie« fragen, niemals aber nach dem »Warum« und denen das Wort »Gott« deshalb notwendig fremd sein muß, können nicht anders sprechen. Aber erschöpft sich darin das Leben? Ist für unser Empfinden alles, was ist, zuletzt nur eine Ausblühung von Zufall und Materie? – Hören wir, wie der Logosprolog, solcherart verfremdet, weiterginge:

Und die Kunde vom Zufall kam in die Welt,
aber die Welt hat sie nicht erkannt.
Denn die Menschen wollten lieber
an ihren alten Geschichten festhalten,
an den ihnen vertrauten Erzählungen, Mythen, Legenden.
All jenen aber, die die neue Kunde aufnahmen,
gab das Wissen um die Zusammenhänge
von Materie und Zufall
Macht an die Hand.
Mit ihrer Hilfe werden wir uns bescheiden lernen.
Wir werden nicht mehr auf Ewiges Leben hoffen,
auf Gerechtigkeit für die Opfer der Geschichte,
auf ein Wiedersehen derer, die wir lieben,
sondern tun, was in unseren Kräften steht
und im übrigen uns damit abfinden,
daß jenseits dieser zufälligen Welt uns nichts erwartet.

Das hört sich ernüchternd an. Physikalisch bzw. biochemisch gesehen hat es durchaus seine Richtigkeit, daß alles Leben einem Zufall entspringt; daß hinter allem, was ist, sich kein tieferer Sinn verbirgt. – Und trotzdem, die Frage muß gestellt werden: Wovon leben wir eigentlich? Von dem, was die empirischen Wissenschaften uns sagen? Oder wovon sonst?

Im Versuch einer Antwort auf diese Frage lassen Sie uns den gestrigen Abend Revue passieren. Viele von Ihnen mögen unter dem Christbaum gesessen haben. Weihnachtslieder wurden gesungen, Geschenke überreicht, und wenn es ein guter, fröhlicher, friedvoller Abend war, haben Sie eine Ahnung von dem verspürt, was Sie leben läßt: Zuneigung und Freundschaft derer, die Sie lieben. – Bei andere war es möglicherweise ein schlimmer Abend. Sie waren allein, kein Telefonanruf kam, auf den Sie sehnsüchtig gewartet hatten, kein Besuch. Oder es herrschte Streit und Unfriede. Aber selbst dann noch spüren wir, was uns leben läßt, und zwar deswegen, weil wir es schmerzlich vermissen: eben Freundschaft und Zuneigung. Ob da nicht der Logosprolog des Johannesevangeliums die Wirklichkeit eher trifft: *»Im Anfang war das Wort, war eine liebende Verheißung«*? – Die Naturwissenschaften mögen dann auf ihre Weise immer noch recht haben: *»Im Anfang war die Materie, und die Materie verband sich mit dem Zufall …«* – aber wir täten den Menschen, die uns lieben, Unrecht, würden wir sagen: »Im letzten ist alles der genetischen Ausstattung unterworfen, den evolutionsbiologischen Auswahlmechanismen und den psycho-ökonomischen Sozialisationsvorgängen, und deshalb ist auch deine und meine Liebe (ob uns das nun gefällt oder nicht) zuletzt nur Ausdruck von Materialität und Zufall; deine Empfindungen für mich, so sehr ich für sie dankbar bin, sind aufs Ganze der Wirklichkeit gesehen bedeutungslos.« – Ich kenne keinen philosophischen Naturalisten, der sich selber so beim Wort genommen wissen wollte.

Versuchen wir die Überlegungen, die hier ins Spiel kommen, noch einmal zu konkretisieren:

Eine Mutter harrt am Bett ihres kranken Kindes aus, wacht über Tage und Wochen in banger Sorge, ob es sein Leben wohl durchbringen werde – das Kind überlebt und die Mutter mit ihm. Da sind zwei Menschen, die finden Gefallen aneinander, irgendwann gestehen sie sich ihre Liebe, eine Geschichte hebt an und mit ihr eine Zukunft. Oder noch einmal anders: Da sind Menschen, die Wahrhaftigkeit, Gerechtigkeit und Selbstachtung höher einschätzen als ihr eigenes Wohlergehen, weshalb sie in Zeiten politischer Unterdrückung der Bequemlichkeit bzw. der Lüge widerstehen – erinnern wir uns an Alfred Delp, Dietrich Bonhoeffer, Franz Jägerstetter, die Geschwister Scholl und viele andere, etwa an Friedrich Kellner (1885–1970), einen sozialdemokratisch gesonnenen Justizinspektor ganz in der Nähe bei uns, im Landkreis Gießen, der sich seinerzeit beharrlich der nationalsozialistischen Gleichschaltung verweigerte und in seinen Tagebüchern ein erstaunlich waches, nüchternes Gespür für die Dummheit und Selbstverblendung seiner Umgebung an den Tag legte.[60] Gerechtigkeit und Wahrheit sind anscheinend doch mehr als psychosoziale Illusion, in ihnen spiegelt sich etwas wider von der Wahrheitsfähigkeit des Menschen und damit auch etwas vom Urgrund der Welt. – Wenn dem so ist, stimmt es dann, daß »im Anfang«, d. h. prinzipiell, nichts ist als Materie und Zufall und sie das letzte Wort behalten? Könnte man nicht ebenso gut umgekehrt sagen, daß – wenn solche Erfahrungen es sind, die uns das Leben ermöglichen – zu gelten habe: »Im Anfang war das Wort«? Oder besser noch: »Im Anfang *ist* Wort«, denn was »im Anfang« ist (d. h. *in principio*, ἐν ἀρχῇ), vergeht ja nicht; es gilt heute ebenso, wie es gestern galt und morgen gelten wird? So daß man, paraphrasierend, weiter formulieren darf: »Im Anfang von allem (*in principio*) *ist* eine Verheißung, ein Versprechen, eine Zusage, ein gutes, hilfreiches, aufhelfendes Wort«?

Wir feiern heute das Fest der Geburt eines Menschen, der in einer Art lebte, daß anderen durch ihn das Leben möglich wurde: Jesus, genannt der Christus. Schlagen Sie die Evangelien auf, wo immer Sie wollen, Sie finden zuhauf solche Geschichten: An der Zuneigung und Liebe Maria Magdalenens hat er Gefallen, läßt sie gerne an sich geschehen – und so wird dieser Frau ein neues Leben möglich. Den Kranken und Krüppeln begegnet er freundlich, spricht ihnen Mut zu, weckt in ihnen Zutrauen – und sie werden heil. Den Besserwissern widersteht er ins Angesicht – mancher von ihnen wird nachdenklich. Geizkragen erleben sich durch ihn zur Freigiebigkeit befreit, und Besessene beruhigen sich. Gegenüber den Mächtigen tritt er ruhig und souverän auf; wer ihm dumm kommt, den läßt er freundlich-trocken abblitzen. Den Kleinen und Kindern neigt er sich liebevoll zu. Selbst angesichts wachsender Lebensgefahr weigert er sich, leiser zu treten, die Wahrheit zu verschweigen, vor der Macht zu kuschen; er bezahlt diese Aufrichtigkeit sehenden Auges mit dem Tod am Kreuz.

Wenn ein solcher Mensch das letzte Zusammensein mit seinen Freunden dann mit einem sehr ernsten Fest beschließt und ihnen dabei in Wort und Geste zu verstehen gibt: *»Nehmt mich, mein Leib: gegeben für euch!« »Trinkt mich, ich will euch nähren mit meiner Liebe!«* (vgl. Mk 14,17–25 parr; 1Kor 11,23–25; Joh 13,1–20): Ob dann nicht alles noch einmal ganz anders wird? Etwa Ängstlichkeit und Feigheit derer, die mit ihm dieses Mahl begehen, sich wandeln in Mut und Kraft? Und zwar weil sie spüren: In diesem Menschen ist ein Geist am Werk, der will, daß wir leben? Und dies, weil sie zugleich spüren, daß er, ihr Freund, sich selber aus diesem Geist schöpft? Und deshalb lebt? Gerade er, den man um der Verkündigung jener Geistkraft willen, aus welcher er lebte, so schändlich umgebracht hat? Weihnachten ist ja nur möglich aus der österlichen Erfahrung heraus, Jesus sei um jenes Wortes willen, das er selber bis ins Äußerste dargelebt habe, aus dem Tode errettet worden. Am Anfang des christlichen Bekenntnisses steht Ostern, nicht Weihnachten. Weil man wußte: »Der Herr ist wahrhaft auferstanden!« (Lk 24,34a), konnte man irgendwann auch schlußfolgern: »Im Anfang (d. h. im Grunde von allem) ist ein Wort, ein gutes, wahrheitsstiftendes, machtvolles Wort« (der griechische Ausdruck dafür ist »Logos«), denn an der Art, wie Jesus gelebt habe, werde etwas Grundsätzliches über die Welt deutlich: Eben nicht »Im Anfang von allem ist Zufall und Materie«, »ist Eigennutz und Selektionsmechanismus«, sondern: »Im Anfang ist eine Verheißung, die uns trägt und hält und die will, daß wir leben.«

Von dieser Verheißung, liebe Schwestern und Brüder, bekennt das Evangelium, daß sie in der Gestalt Jesu von Nazareth auf irreversible Weise konkret geworden sei (vgl. Röm 6,9), damit wir beginnen, zu leben wie er; damit wir nicht mehr unterworfen wären den blinden Gesetzen von Zufall und Notwendigkeit, den Elementarmächten von Kosmos und Evolution (vgl. Gal 4,9; 2Petr 3,10.12)[61], den Selektionsmechanismen von Eigennutz und Fremdpropaganda, sondern freie Menschen würden. (Gal 5,1)

Die Frage, die das Weihnachtsfest uns stellt, lautet denn auch, worauf wir setzen wollen: Auf den Zufall? Auf den *survival of the fittest*? Auf die Option, im Grunde *(in principio)* sei unser Leben den Launen einer gigantesken Lotteriemaschine zu verdanken, und mehr als dies gebe es nicht? Oder setzen wir darauf, die *raison d'être* unseres Lebens sei ein liebender Urgrund, der uns aus dem Nichtsein ins Dasein rufe (Röm 4,17), ein Gott, der ein unverwechselbares Gesicht für uns bekommen habe in Jesus von Nazareth? (Kol 1,15–20)

Worauf wollen wir setzen? Es ist wichtig, sich darüber klar zu werden. Denn mir scheint, daß es Konsequenzen hat für die Art und Weise, wie wir mit uns und unseresgleichen umgehen, mit ihrer und unserer Schönheit, aber auch mit ihrem und unserem Leid. – Ich wünsche Ihnen und Ihren Lieben ein gesegnetes Weihnachtsfest!

6. Mariä Lichtmeß*

An Gott zu glauben bedeutet, darauf zu vertrauen, daß der letzte Grund dieser Welt ein liebender Wille ist, der uns umfängt, in dem wir gegründet sind und aus dem wir trotz allen Dunkels, aller Schuld und allen Leids niemals herausfallen können. Aber wie ist ein solcher Glaube zu rechtfertigen? Angesichts der Unendlichkeit der monoton verfließenden Zeit; angesichts eines Kosmos, der ein anonym-unauslotbarer Raum ist; angesichts der Zufälligkeit unserer Existenz, der Zufälligkeit von Natur und Geschichte, die herzlich wenig auf uns Rücksicht nehmen, scheint ein solcher Glaube naiv.

So stehen wir mit Hannah und Simeon vor dem Vorhang im Tempel. Wir wissen nicht, was dahinter ist. Ist es ein liebendes Geheimnis, das uns beim Namen ruft? Oder ist es die Anonymität irgendwelcher Naturgesetzlichkeiten, die uns aus der Weite des Raumes herausgespuckt haben und uns mit derselben Teilnahmslosigkeit auch wieder vernichten werden?

Was uns anleitet zu hoffen, daß der letzte Grund unseres Lebens nicht die stumme Dunkelheit ist, das sind die hellen Lichtpunkte des Glücks und der Freude, die uns das Leben bisweilen zuteil werden läßt. Von einem solchen Lichtpunkt erzählt das heutige Fest: Ein alter Mann hält ein kleines Kind im Arm – und plötzlich weiß er: »*Meine Augen haben das Heil gesehen! Jetzt kann ich sterben.*« Es ist eine Hellsichtigkeit, die über diesen Greis kommt und ihn mit einem Mal gewahr werden läßt, was die Bestimmung dieses Kindes ist: »*Ein Zeichen zu sein für die Menschen, daß Gott sich ihrer erbarmt hat; die Niedrigen aufzu-*

* Predigt Kugelkirche, Sonntag, 1. Februar 2015. Zugleich Austeilung des Blasiussegens. – Predigttext war Lk 2, 22–40.

richten, die Hochmütigen aber zu Fall zu bringen.« – Den verheißenen Messias, den dieser jüdische Greis im Arm hält, nennt *unser* Glaube den »Christus«, den Geistgesalbten, den Eckstein, der gerade noch verhindert, daß diese Welt vollends aus den Angeln gerät.

Aber nun stellt sich folgendes Problem: Wenn wir von Christus nur aus der Bibel wüßten, dann dränge er uns nicht tief genug in die Seele; unser Glaube bliebe an der Oberfläche der kühlen Intellektualität; Wandlung des Herzens und also Wandlung der Welt träte gerade nicht ein. Schauen wir also näher hin. Es ist kein Zufall, daß das, was uns die Schrift von Christus erzählt, unsere urtümlichsten Seelenschichten anspricht und gerade darin uns einen Vorgeschmack gibt auf die Nähe Gottes. Und es ist ebenso wenig ein Zufall, daß es vor allem die Episoden aus der Kindheit Jesu und seiner Passion sind, Menschwerdung und Kreuz, die von der Kirche in das Glaubensbekenntnis aufgenommen wurden. Denn Einheit und Trennung, Glück und Leid sind die Erlebnisse, die uns am intensivsten prägen. Gerade von solchen Erlebnissen erzählt das heutige Fest; und damit tritt es in den Kern unseres Lebens hinein.

Ich möchte mit dem Freudigen beginnen, denn nur durch die Erfahrung von Glück wird uns das Leben erträglich. Ein alter Mann hält ein kleines Kind im Arm. – Es galt in Israel als ein schweres Unglück, keine Kinder zu haben, denn nur in den Nachkommen war es einem Menschen möglich, teilzunehmen an der Zeit, da der Messias kommt. (Sie kennen alle den Abschnitt aus dem Markus-Evangelium, da die Sadduzäer zu Jesus kommen und ihm die Geschichte von den sieben Brüdern erzählen, die allesamt ohne Nachkommenschaft blieben [Mk 12,18–27; Mt 22,23–33].) Im fernsten Kindeskind den Messias zu erblicken –: aus dieser Vorstellung ist vermutlich die Hoffnung auf eine leibliche Auferstehung erwachsen.[62] Nicht nur in Israel finden sich solche Vorstellungen. Der griechische Philosoph Platon läßt in einer seiner schönsten Schriften, dem »Symposion«, die Priesterin Diotima erzählen, daß die bloße Zeugung von Nachkommenschaft schon eine allererste Vorstufe zur Sehnsucht nach Unendlichkeit sei. Elterntiere geben ihr Leben hin für ihre Jungen, um in ihnen weiterzuleben. Und je weiter sich das Leben hin zum Geistigen entwickle, umso mehr wachse auch die Sehnsucht, in den eigenen Nachkommen Anteil zu erhalten an der Vollendung im Ur-Schönen und in der Glückseligkeit.[63]

Das heutige Fest verkündet, daß diese Sehnsucht nicht trügt. Ein alter Mann erkennt in einem kleinen Kind, daß sein Warten erfüllt ist und daß er jetzt gehen kann. Sein sehnsüchtiges Harren auf Gott findet seine Vollendung darin, daß Gott im Tempel mit einem Mal seiner harrt. Und im Aufschlag der Augen weiß Simeon sich erkannt. Jetzt kann er sterben.

Ein weiteres erzählt uns die Lichtmeß Mariä. Nicht von ungefähr lautet der eigentliche Name dieses Festes »Darstellung«, genauer noch: »Darbringung des Herrn«: »Opferung Jesu im Tempel«. – Die wohl schmerzhafteste Erfahrung, die uns abverlangt wird, besteht darin, daß wir uns von dem uns Liebsten trennen müssen. Ein Kind gehört nicht seinen Eltern. Nur der Vater und die Mutter, die es loszulassen, ja hinzugeben wissen, dürfen darauf hoffen, es als erwachsenen Menschen wiederzuerhalten. Und vielleicht bleibt ihnen selbst das noch versagt. Jener alte Taufritus, daß nicht die Eltern, sondern die Paten das Kind über den Taufbrunnen halten, bringt das sinnfällig zum Ausdruck: »*Trennt euch von diesem Kind! Es ist euch nur zu Leben gegeben. Letztlich gehört es Gott!*« Wie schwer es ist, durch die Jahre hindurch immer wieder neu loszulassen, der Enteignung auch noch ganzen Herzens zuzustimmen, das wird am radikalsten in jener Stunde deutlich, da uns das Leben selbst abverlangt wird. Wem es gelingt, die Vorboten des Todes – das Älterwerden mit all seinen Einschränkungen und Verlusten – auf Gott hin zu wenden, es in eine liebende Hingabe an ihn zu verwandeln, die sich schließlich im Sterben vollendet, der mag begriffen haben, was im Untergrund dieses jubilierenden Festes dunkel mitschwingt. Die »Lichtmeß Mariä« ist ein altes Opferfest und gleitet hinüber in das Fest der »Sieben Schmerzen«, das ursprünglich am Freitag vor Palmsonntag begangen wurde und in gewisser Weise die Karwoche einläutete. Seit der Liturgiereform hat es am Tag nach Kreuzerhöhung seinen Ort, und so klingt in unserem menschlichen Leid die Passion Christi nach: »*Ein Schwert wird durch deine Seele dringen*«, sagt der alte Simeon zu Maria.

Darstellung, Darreichung, Darbringung …: Opfern heißt, ein Herzstück des eigenen Lebens wegzugeben, damit neues Leben wachsen kann. Betend sich zu vergegenwärtigen, daß diese Urerfahrung unseres Lebens in Christus ihre Erfüllung gefunden hat, bedeutet nichts Geringeres, als vertrauensvoll darauf zu setzen, daß Christus unseren Weg mit uns geht und uns so hinführt zu Gott.

Ich möchte nicht schließen, ohne einen liebenswürdigen Nebenstrang dieses Festes zu erwähnen. Was kann es Trostreicheres geben als einen Menschen, der uns herzlich entgegen kommt, wenn wir in Not sind und uns nicht mehr zu helfen wissen! In meiner ostwestfälischen Heimat gilt der Blasiussegen als das Achte Sakrament, und er wird immer am Ende der Lichtmeß ausgeteilt. Es ist ein urtümlicher, kindlich-naiver Gestus. Da wir Kinder waren und das Halsweh uns quälte, kam die Mutter uns entgegen und legte uns ihre Hand auf. So ist der Blasiussegen in meiner Heimat das begehrteste Sakramentale. Man kann ihn sich einfach so holen, ohne vorher gebeichtet haben zu müssen. Und so mag es sein, daß er wirksamer war als mancher Kommuniongang, der nur unter Zittern und Zagen hatte bewältigt werden können. Wir sind in Not und wissen uns nicht zu helfen. Da kommt uns ein Lichtblick entgegen, eine kühlende Hand legt sich auf unsere heiße Stirn, und wir hören die Worte: »*Sei gesund!*« Könnten wir das Vertrauen haben, daß dieser Lichtblick nicht trügt, daß vielmehr Gott es ist, der sich in menschlichen Gebärden uns zuspricht, wir würden antworten können wie der alte Simeon:

Nun läßt du, Herr, deinen Knecht,
wie du gesagt hast, in Frieden scheiden.
Denn meine Augen haben das Heil gesehen,
und gut ist es jetzt.

7. Tödliche Verwundung – oder: Was ist Erbsünde?*

Was ist es, das den Menschen böse macht? Diese quälendste aller Fragen, liebe Schwestern und Brüder, wird uns gleich am Beginn der Heiligen Vierzig Tage der Fastenzeit gestellt. Diese Frage ist keine ausschließlich biblische; sie beschäftigt die Menschen seit je – man denke etwa an Sophokles († 406/405 v. Chr.), den großen griechischen Tragödiendichter: *»Vielgestaltig ist das Ungeheure, aber nichts ist ungeheurer als der Mensch.«*[64] Ähnlich der spanische Maler Francisco de Goya (1746–1828) in Reaktion auf die Napoleonischen Kriege: *»Ich fürchte keine Kreatur außer einer: den Menschen.«*[65] Man kann die eingangs gestellte Frage nach der Herkunft des Bösen freilich noch drastischer formulieren: *Was eigentlich ist das, »was in uns hurt, lügt, stiehlt und mordet?«*[66] – so Georg Büchner (1813–1837) angesichts der jakobinischen Schreckensherrschaft der Französischen Revolution (hält man sich die beiden Weltkriege mit ihren mehr als 80 Millionen Toten, die Hekatomben der Ermordeten in den Konzentrationslagern und die weiterhin mögliche Gefahr

* Predigt zum Ersten Fastensonntag, Lesejahr A (9. März 2014), Kugelkirche Marburg. Grundlage der Predigt ist die sog. Paradieses- und Sündenfallerzählung Gen 2,4b–3,24; als weitere Texte standen zur Verfügung: Röm 5,12–19 (der todbringende Ungehorsam Adams – der heilbringende Gehorsam Christi); Mt 4,1–11 (Versuchung Jesu in der Wüste). – In meiner Textauslegung orientiere ich mich im wesentlichen an Eugen Drewermann, Strukturen des Bösen. Die jahwistische Urgeschichte in exegetischer, psychoanalytischer und philosophischer Sicht. Teil I: Die jahwistische Urgeschichte in exegetischer Sicht (PThSt 2), Paderborn u. a. ³1982, 9–106. Danach auch Klaus Müller, Gottes ABC. Gedanken und Texte zum Lesejahr A, Münster 2013, 73–79.

eines globalen Atomkrieges vor Augen, kann einem in der Tat alle Hoffnung auf ein friedliches Miteinander vergehen; das Aggressionspotential des Menschen scheint unerschöpflich). Was Sophokles, Goya und Büchner und mit ihnen viele andere hier formulieren, reflektiert ein Entsetzen, das auch die biblischen Autoren immer wieder erfaßt hat: *»Adam, wo bist du?«* (Gen 3,9) *»Kain, wo ist dein Bruder Abel?«* (Gen 4,9) Es ist dieses Erschrekken des Menschen über sich selbst, das am Beginn der Fastenzeit steht. Denn die Fastenzeit als eine Zeit der Umkehr und Erneuerung will ja eine Zeit der Vorbereitung auf das Ostergeheimnis sein, von welchem der christliche Glaube behauptet, daß hier von Gott her das Erschrecken des Menschen über sich selbst in der Wurzel geheilt sei. Wie das?

Um recht begreifen können, was in der Osternacht geschieht, führt uns die Liturgie des Ersten Fastensonntags buchstäblich an den Anfang zurück, also dahin, wo direkt im Kern das ganze Drama zwischen Gott und dem Menschen anhebt. Die Ausgangsfrage in diesem Drama – und damit Ausgangspunkt auch der Fastenzeit – ist eine irritierende Selbsterfahrung: Eigentlich ist doch »alles sehr gut« – so die welteröffnende Zusage Gottes über alles, was er erschaffen hat.[67] Eigentlich sind wir doch hineingesetzt in die Weite und Freiheit einer guten Welt und gehalten von der Hand eines uns segnenden Gottes. Woher dann aber das Böse? Woher die ganze Aggressivität, der Egoismus und die Unfähigkeit, auf selbstverständliche Weise arglos zu sein, freundlich und gut?

Die theologische Tradition antwortet hierauf mit der Rede von der Erbsünde: Sie sei es, die das uranfänglich Gute im Menschen zersetze. Vom ersten Menschenpaar auf uns gekommen, seien wir kraft unserer psychohistorischen Konstitution nur sehr begrenzt in der Lage, das Gute zu tun; hingegen Böses zu tun sei leicht, geradezu kinderleicht (denn dazu genüge es schon, daß man nachgibt, mitspielt und nur weniges hinzutut), wieviel mühsamer hingegen, die Dynamik des Bösen aufzuhalten oder gar rückgängig zu machen, denn dazu müßte man alle guten Kräfte aufbieten und aktiven Widerstand leisten. Mit andern Worten: Obgleich »ursprünglich« »sehr gut« erschaffen, seien wir, ohne daß wir uns dazu hätten entscheiden können, immer schon tief verstrickt in die Unheilszusammenhänge dieser Welt. Und einzig der Gnade Gottes sei es zu verdanken, wenn wir des aufrechten Ganges halberlei fähig seien. – Ist dergleichen glaubhaft oder auch nur verständlich? Hört sich das nicht alles reichlich überspannt an?

Bevor wir uns dieser Frage stellen und zu diesem Zweck unseren alttestamentlichen Lesungstext aus dem Buch Genesis eingehender betrachten – die Erzählung von Adam und Eva, der Schlange und der Vertreibung aus dem Paradies –, möchte ich ein paar Vorbemerkungen zu jener literarischen Gattung machen, die die Religionsgeschichtler als »Ursprungserzählungen« bezeichnen; zu dieser Gattung gehört ja auch unser heutiger Lesungstext.

1. Wir würden die biblische Erzählung vom Sündenfall des ersten Menschenpaares gründlich mißverstehen, glaubten wir, sie wolle uns vor allem etwas Vergangenes berichten. Im Gegenteil: Die Sündenfallgeschichte erzählt von einem Vorgang, der immer wieder vom Menschen Besitz ergreift, wenn er ins Böse fällt. Die biblische Urgeschichte will insofern auch nicht sagen, was sich irgendwann einmal vor Tausenden von Jahren ereignet hat; sie will etwas ins Wort bringen, »was niemals war, aber immer ist.«[68] In genau diesem Sinn gehört die biblische Sündenfallgeschichte in die Sprachgattung des Mythos. Der Mythos erzählt keine historischen Begebenheiten; er erzählt etwas Allgemeines jenseits der historischen Ereignisgeschichte, und gerade deshalb ist er

auf eine sehr bestimmte Weise »wahrer« als die Geschichtsberichte der Historiker. Historiker berichten immer nur von Dingen, die so oder auch anders hätten passieren können (der Sturm auf die Bastille mußte nicht notwendig am 14. Juli 1789 erfolgen; und der Fall der Berliner Mauer am 9. November 1989 und der Zusammenbruch des Ostblocks hätten auch einen ganz anderen Verlauf nehmen können), hingegen der Mythos erzählt etwas Notwendiges bzw. etwas Grundsätzliches vom Menschen.[69]

2. Wenn die alttestamentliche Geschichte von der guten Schöpfung und dem Sündenfall des ersten Menschenpaares nun aber als ein Mythos zu verstehen ist, dann bedeutet dies, daß bestimmte historisierende Auslegungen, wie sie vor allem im 19. Jahrhundert in Auseinandersetzung mit dem neu aufkommenden naturwissenschaftlichen Weltbild üblich geworden sind, den genuin *theologischen* Sinn der biblischen Erzählung (Gen 2+3) geradewegs verfehlen. Es ist sinnlos zu fragen: *»Auf welchem geographischen Längen- und Breitengrad hat sich der Garten Eden befunden?« »An welchem Tag und in welchem Jahr vor unserer Zeitrechnung hat Adam die verbotene Frucht gegessen?«* Jeder Versuch, die biblische Urgeschichte mit den raum-zeitlichen Koordinaten unserer Geschichtsschreibung in Übereinstimmung zu bringen, ist zum Scheitern verurteilt. Was wir als Menschen des 21. Jahrhunderts vom Beginn der Menschheit wissen, läßt keinen Platz für ein solches Urereignis. Das aber bedeutet: Wir haben es bei der Paradieses- und Sündenfallgeschichte nicht mit einer historischen, sondern mit einer symbolischen Erzählung zu tun. Dies anzuerkennen bedeutet nicht nur keinen Verlust, sondern einen großen Gewinn: Die Paradieses- und Sündenfallgeschichte beginnt als Mythos zu uns zu sprechen, d. h. sie sagt uns etwas Grundsätzliches über Gott und den Menschen. Insofern ist es unstatthaft zu sagen, die Geschichte vom Sündenfall

sei *nur* ein Mythos, d. h. sie sei weniger als eine Geschichte. Sie hat, im Gegenteil, die Größe des Mythos, d. h. sie hat mehr Sinn als eine wirkliche Geschichte.[70]

3. So sehr man die biblische Paradieses- und Sündenfallgeschichte im hier skizzierten Sinn als Mythos und nicht als Geschichtsbericht zu verstehen hat, so sehr gibt es freilich einen elementaren Unterschied zu den Mythen der Nachbarkulturen Israels (etwa denen Ägyptens oder Mesopotamiens): Diese erzählen, wie schon erwähnt, »was niemals war, aber immer ist«, und insofern beschreiben sie in einer Art statischem Bild die seit unvordenklichen Zeiten sich repetierende Unerlöstheit des Menschen. Hingegen der biblische Mythos vom Sündenfall und der Vertreibung der Menschen aus dem Paradies ist von einem theologischen, d. h. von einem dezidiert *heilsgeschichtlichen* Interesse gesteuert, und insofern erzählt er zwar, was »immer« (gewesen) ist, nämlich Trennung des Menschen von Gott, Zwist zwischen den Geschlechtern, Kampf gegen die bedrohliche Natur, Bruderhaß und Großmannssucht. Zugleich ist der biblische Autor aber davon überzeugt, daß das, was er da beschreibt, so nicht sein müßte; daß es auch ganz anders sein könnte. Und damit sind wir nach aller Vorrede nun auch angelangt bei unserem heutigen Lesungstext. Er beginnt mit folgenden Worten:

»Die Schlange aber war listiger als alles, was Gott, der Herr, auf Erden geschaffen hatte.« (Gen 3,1a) Gott – so erzählt es das Buch Genesis in der Paradiesesgeschichte (Gen 2) – hat die ganze Welt gut geschaffen. Der Mensch muß sein Daseinsglück nicht höheren Mächten abtrotzen; er muß es sich auch nicht verdienen. Es ist ihm geschenkt – gratis. Ein ganzer Garten steht ihm zur Verfügung, daß er von dessen Früchten genieße. (Gen 2,8f.15) Nur über einen einzigen Baum soll der Mensch nicht verfügen;

dieser steht in der Mitte des Gartens; er markiert das Zentrum. Das soll den Menschen daran erinnern, daß er sich das Leben nicht selbst gegeben hat, sondern sich einem anderen verdankt. Darum wird dieser Baum in der Mitte des Gartens auch »Baum des Lebens« und »Baum der Erkenntnis von Gut und Böse« genannt (Gen 3,9c), weil er diese erste und tiefste Wahrheit des Menschseins verkörpert: Geschöpf zu sein und nicht Gott. In Dankbarkeit und Freude darf der Mensch sein, was er ist: Geschöpf. So hat es der Schöpfer gemeint.

Aber dann – wie aus dem Nichts – die Schlange! Sie ist schlauer als alle anderen Tiere des Feldes (Gen 3,1). Schläue ist eine zwiespältige Eigenschaft; sie steht nicht für Klugheit und schon gar nicht für Weisheit; wer schlau ist, ist eher durchtrieben, gerissen, listig – Schläue hat auch etwas Perfides, man muß vor ihr auf der Hut sein. Mit dem Hinweis, die Schlange sei »schlau«, wird deutlich, wie sehr sie in der biblischen Erzählung Sinnbild des Zweideutigen, Fragwürdigen, Ambivalenten ist. Schon naturmythologisch liegt das auf der Hand: Die Schlange ist durch Mimikry den Erdfarben angeglichen, man erkennt sie auf den ersten Blick nur schwer. Blitzschnell taucht sie auf durch ihre nach vorne schießende Bewegung; genauso schnell ist sie aber auch wieder verschwunden. Ihr Gift ist tödlich; in vorsichtigen Dosen verabreicht, kann es aber auch als Heilmittel wirken. Bei Kälte erstarrt sie zu Tode, wird aber, von der Sonnenwärme berührt, alsbald wieder lebendig[71] – mit anderen Worten: die Schlange ist nicht zu fassen, sie steht für das Schillernde, Fragwürdige, Zweifelhafte des Lebens. Daher die universal verbreitete Schlangensymbolik: Die mittelamerikanischen Indios etwa überliefern, daß die Welt über dem Cipactli-Ungeheuer gelagert ist, das jederzeit seinen Rachen aufreißen und die Welt zerdrücken kann. Unsere Vorfahren, die Germanen, erzählten von der Midgard-Schlange, die die Erde mit ihrem riesigen Leib umringelt, weshalb es, wenn sie ihn zusammenzieht, dem Menschen eng wird. In der Mythologie der australischen Ureinwohner wiederum symbolisiert die große Regenbogenschlange zwar die fruchtbringende Kraft des Monsunregens, aber auch dessen zerstörerische Unberechenbarkeit. Mit andern Worten: Die Schlange steht für das Chaotische, Bedrohliche, Nicht-Beherrschbare des Lebens; sie ist Symbol der radikalen Kontingenz alles Geschaffenen, und damit steht sie für eine Einsicht, die überaus erschreckend ist: Nichts was ist, ist notwendig. Nur Gott ist notwendig, alles andere ist endlich, vergänglich, sterblich. Es müßte die Welt nicht geben! Auch mich müßte es nicht geben. Auch dich nicht! Überhaupt niemanden müßte es geben! Irgendwann überfällt diese Erkenntnis jeden Menschen: Alles, was mir lieb und teuer ist, wird eines Tages nicht mehr sein. Irgendwann tritt diese beklemmende Wahrheit jedem Menschen wie aus dem Nichts ins Bewußtsein – genauso wie die Schlange in der biblischen Paradieseserzählung aus dem Nichts auftaucht.

Von diesem Sinnbild her können wir nun das Gespräch zwischen der Frau und der Schlange in seiner ganzen Ungeheuerlichkeit ermessen: Die Schlange fragt: *»Hat Gott wirklich gesagt: Ihr dürft von keinem Baum des Gartens essen?«* (Gen 3,1b) Was wie eine harmlose Erkundigung klingt, ist in Wirklichkeit ein perfider Anschlag auf des Menschen Bild von Gott. Ganz im Gegenteil hat Gott ausdrücklich alle Bäume freigegeben, daß der Mensch sie genieße, nur einen einzigen ausgenommen: den Baum der Erkenntnis von Gut und Böse. Daß dieser Baum ausgespart blieb, hatte seinen guten Grund: Es scheint, daß Gott den Menschen vor einer bestimmten Erkenntnis bewahren wollte: um den Unterschied von Gut und Böse zu wissen. Denn dieses Wissen ist ein tödliches Wissen. Damit man um den Unterschied von Gut und Böse weiß, muß man sich aus dem Schutzkreis Gottes herausbegeben haben – mit anderen Worten: Man muß, um den Unterschied von Gut und Böse kennenzulernen, wissen, was es heißt, getrennt zu sein von Gott. Ein solches Wissen ist so sinnvoll wie das Wissen, was es heißt, von einem Schwerlaster überfahren worden zu sein, denn dann ist man tot.

Jedoch mit ihrer Frage hat die Schlange bei der Frau ein böses Gegenbild heraufbeschworen: Ob Gott womöglich ein Despot ist, der einen köstlichen Garten anlegt, den Menschen dort hineinsetzt, um ihm dann – die ganze Wonne des Lebens vor Augen – zu verbieten, sich daran zu erfreuen? Die Schlange hat nicht behauptet, daß Gott so sei. Sie hatte nur eine Frage gestellt. Aber eben dies reicht, um das Bild vom gütigen Gönner des Lebens bei der Frau um ein Weniges, aber Entscheidendes zu verändern. Das wird deutlich an der Antwort, die die Frau der Schlange gibt: »*Von den Früchten des Baumes dürfen wir essen; nur von den Früchten des Baumes, der in der Mitte des Gartens steht, hat Gott gesagt: Davon dürft ihr nicht essen und daran dürft ihr nicht rühren, sonst werdet ihr sterben.*« (Gen 3,2f.) – Das aber hat Gott nicht gesagt. Vom Nicht-Berühren-Dürfen des Baumes war nicht die Rede. Daß die Frau das Gebot Gottes nicht nur Wort für Wort wiederholt, sondern es auch noch verschärft, verrät, wie sehr es der Schlange mit ihrer hinterhältigen Frage gelungen ist, der Frau den Bazillus der Angst zu injizieren. An etwas partout nicht rühren wollen heißt ja nichts anderes als: Angst haben, daß man dran rühren könnte. Und das muß man verhindern, weil man mit einem Mal Angst ums eigene Leben hat und damit Angst vor dem Schöpfer des Lebens: Ob Gott es vielleicht doch nicht so gut gemeint hat, wie bisher gedacht?

Damit ist das Entscheidende des Unheils bereits geschehen. Das Gottesbild beginnt, zweideutig zu werden: Der Mensch fängt an, mit der Möglichkeit zu spielen, es gäbe vielleicht noch ein Mehr an Leben, das ihm der scheinbar gütige Schöpfer vorenthält. Genau bei diesem hauchdünnen Haarriß im Gottesbild setzt die Schlange an, um jetzt in wenigen Zügen ein grelles Portrait eines zwielichtigen Schöpfergottes hinzuwerfen: *»Ihr werdet nicht sterben, antwortet die Schlange der Frau. Gott weiß vielmehr: Sobald ihr davon eßt, gehen euch die Augen auf; ihr werdet sein wie Gott, ihr erkennt Gut und Böse.«* (Gen 3,4f.) Schlauer und perfider geht es nicht mehr. Die Schlange insinuiert: *Gott hat euch den Baum verboten, weil er Angst hat, ihr könntet ihm zu Konkurrenten werden. So schwach ist er, der vermeintlich Gute, drum wacht er neidisch über die Mitte des Lebens.*

Die Logik der Schlange besticht. Ist es nicht doch sicherer, alles selber in die Hand zu nehmen als von der Gönnerlaune eines fragwürdigen Gottes abzuhängen? Darum zieht jetzt der Baum die Frau magisch an: *»Da sah die Frau, daß es köstlich wäre, von dem Baum zu essen, daß er eine Augenweide war und dazu verlockte, klug zu werden. Sie nahm von seinen Früchten und aß; sie gab auch ihrem Mann, der bei ihr war, und auch er aß.«* (Gen 3,6)

Und tatsächlich: Das Versprechen der Schlange (*»Da werden euch die Augen aufgehen«*), erfüllt sich. Doch was sehen sie? Es ist dieselbe Wirklichkeit wie vorher. Jedoch außerhalb des Gottvertrauens erscheint alles mit einem Mal wie verkehrt: *»Sie erkannten, daß sie nackt waren.«* (Gen 3,7ab) In der Atmosphäre des angstgeborenen Mißtrauens entdecken sie, wie ungeschützt sie sind, wie verletzlich und armselig. Und was tut man, wenn man erst einmal erkannt hat, wie es um einen steht? *»Sie machen sich Schurze aus Blättern vom Feigenbaum«* (Gen 3,7c), man verdeckt die eigene Blöße vor dem anderen, man macht sich im doppelten Sinn des Wortes etwas vor: Sie schämen sich für das, was sie sind, weil es (abgesondert von Gott) als soviel wie nichts erscheint: ein bißchen Erde und ein unfaßbarer Hauch darüber

(Gen 2,7), mehr ist der Mensch nicht, der doch hatte wie Gott sein wollen, weil er es mit der Angst zu tun bekam, nur Mensch sein zu müssen.

Und damit beginnt der Kreislauf des Bösen; sukzessive vergiftet er die Beziehung des Menschen nicht nur zu Gott und zu sich selbst (*»Ich geriet in Furcht, weil ich nackt bin, und so versteckte ich mich«* [Gen 3,10]), sondern auch die Beziehungen der Menschen untereinander: Zunächst ist es das Verhältnis von Mann und Frau, das sich eintrübt (*»Verlangen hast du nach deinem Mann, er aber wird über dich herrschen«* [Gen 3,19]); wiederum der Mann wälzt die Gründe für das eigene Elend nicht nur auf seine Frau, sondern auch auf Gott ab (*»sie, die du mir beigesellt hast, gab mir zu essen«* [Gen 3,12]). Der Erfolg des einen wird zur gefühlten Bedrohung des anderen (*»Da überlief es Kain ganz heiß, sein Blick senkte sich. Und er griff seinen Bruder Abel an und erschlug ihn«* [Gen 4,5b.8]); man erträgt einander nur noch schwer (*»Bin ich denn der Hüter meines Bruders?«* [Gen 4,9]), fristet sein Leben *»im Schweiße seines Angesichts«* unter Mühsal und Qual (*»Dornen und Disteln«* [Gen 3,18f.]). Jenseits von Eden, d. h. getrennt von Gott, ist nichts mehr, was es hätte sein können. Unterderhand verwandelt sich der Segen (Gen 2,15f.) in Fluch (Gen 3,17b–20), und das Leben gerät zum Jammertal, dem man nur durch Flucht in die Mutlosigkeit oder die Streitsucht glaubt entkommen zu können, in das sinnlose Schaukelspiel von depressivem Minderwertigkeitsgefühl (Gen 3,10) oder aggressivem Überwertigkeitskomplex (Gen 4,23f.).

So, sagt die biblische Sündenfallerzählung, ist unsere Welt; diese Geschichte beschreibt, »was niemals war, aber immer ist.«[72] Was lernen wir aus alledem?

Zunächst und als erstes dies: Ob Menschen dem Bösen verfallen oder nicht, ist nicht vor allem eine Frage des guten Willens und der moralischen Anstrengung. Die Frau möchte ja nur eins: Gottes Gebot halten, nur ja nicht an den Baum rühren! Man sieht daran, daß die Probleme häufig damit beginnen, daß wir Menschen uns aufs Äußerste bemühen, richtig und gut zu sein, daß wir dabei freilich nicht selten von der Angst infiziert sind, es nur ja auch richtig zu machen und genau dadurch das Unheil erst heraufbeschwören. Mit andern Worten: Das Problem von uns Menschen ist nicht, daß wir nicht bekämen, was wir wollen. Das Problem ist, daß wir aufs Wort bekommen, was wir erstreben – und es sieht vollkommen anders aus als wir es uns erträumt hatten. Denn kaum, daß uns die Augen aufgehen, merken wir, was wir sind ohne Gott: vergänglicher Staub, nackte, hilflose, ausgesetzte Wesen, ohnmächtig und ohne Würde. Denn zur Würde kann man sich nicht aus eigener Kraft ermannen; Würde wird einem verliehen. Gott hatte allen Grund, uns den Baum der Erkenntnis von Gut und Böse zu versagen. Denn was hilft es, zu wissen, was wir ohne Gott sind?! Wozu ist es gut, zu wissen, was uns leben läßt und was uns tötet, wenn wir uns zu dieser Erkenntnis allererst aus dem Umkreis unseres Glücks entfernen müssen?

Ein Zweites läßt sich lernen: Die Begegnung mit der Schlange, d. h. die erschütternde Entdeckung der eigenen Kontingenz und das mit ihr einhergehende Überkommenwerden von der Angst bleibt keinem erspart. Genau hier freilich sind wir vor eine elementare Entscheidung gestellt: Die Frage ist, ob wir uns in der Angst verhärten und uns so in der Abwendung von Gott verstricken (nichts anderes meint ja das Wort »Sünde«[73]) oder ob wir gegen alle Angst dem vertrauen, der uns als endliche Wesen geschaffen hat. Alles, was die Bibel nach der Schöpfungsgeschichte noch erzählt – angefangen von Abraham bis hin zur Osternacht –, all das redet einzig von den schier nicht mehr ausdenkbaren Wegen und Umwegen, auf denen Gott uns zieht und lockt, eben dieses Vertrauen in ihn zu wagen. Ostern ist der

Schlußpunkt dieses Ringens. Denn Ostern heißt: daß das Gottvertrauen doch stärker sein kann als die Angst und allein das Gottvertrauen uns deshalb aus der Nacht der Sünde und des Todes rettet. Wenn »Jenseits von Eden« leben zu müssen bedeutet, ständig ankämpfen zu müssen gegen die eigene Erbärmlichkeit, so stellt genau diese Urerfahrung des Menschen die Negativfolie bereit, vor der das Neue Testament das große Szenario der Erlösung malt.

Als Jesus, am Kreuz hängend, in die Unerbittlichkeit des Nichtseins gestoßen wurde und rief: *»Mein Gott, mein Gott, warum hast du mich verlassen?«*[74] – da schrie er nicht seine Verzweiflung heraus (»Es hilft nichts. Da ist kein Gott«[75]), sondern im Angesicht des Abgrundes formulierte er sein Vertrauen, daß auch in dieser bodenlosen Tiefe Gott, der himmlische Vater, ihm entgegenkommen, ihn auffangen und retten werde vor dem Rachen des Urchaos, für das die Schlange steht.[76] So hat Gott durch Jesus in sich selber den Kampf zwischen Angst und Gottvertrauen für uns entschieden. Und in Jesus ist offenbar geworden, daß das vergängliche Leben für immer geborgen ist, wenn es sich vertrauend festmacht in Dem, dem es sich verdankt.

Der Johannesevangelist hat dies auf hinreißende Weise symbolisch verdichtet. Im dritten Kapitel seines Evangeliums, da Nikodemus, der Pharisäer und Ratsherr, eine ganze Nacht lang mit Jesus diskutiert, weiß dieser zuletzt nichts anderes mehr zu sagen als auf sein eigenes mögliches Ende vorzuverweisen: *»Und wie Mose die Schlange in der Wüste erhöht hat, so muß der Menschensohn erhöht werden, damit jeder, der (an ihn) glaubt, das ewige Leben hat.«* (Joh 3,14f.) Die Stelle nimmt Bezug auf eine Geschichte aus dem Erinnerungsschatz Israels: Das Volk hatte auf seiner Wanderung durch die Wüste wieder einmal der Mut verlassen: *»Wozu hast du uns aus Ägypten geführt?«*, beschweren sich die Leute bei Mose, *»Nur damit wir hier in der Freiheit* *wie Vieh sterben?«* Da bricht eine Schlangenplage aus, und die Leute sterben tatsächlich wie Vieh. Das Wehklagen und Jammern ist groß. Da erbarmt sich Gott seines Volkes, er läßt den Mose eine eherne Schlange schmieden, diese auf einer Standarte aufrichten und sie dem Volk präsentieren. Wer nun von denen, die gebissen wurden, jener Schlange ins Antlitz zu blikken weiß, ohne seine Augen angstvoll abzuwenden, ist gerettet. (Num 21,8f.) Eben dieses Motiv nimmt der Johannesevangelist auf, um seiner Gemeinde die Heilsbedeutsamkeit des innigen Gottvertrauens, aus dem Jesus lebte, zu veranschaulichen. Wer auf Jesus blickt und auf die Art, wie er selbst noch sein Sterben in eine vertrauensvolle Hingabe an seinen Vater zu verwandeln wußte, der ist gerettet. Denn hier tritt uns ein Bild vor Augen, das – so man es der eigenen Seele einprägt – dem Tod den Schrecken nimmt:

> Erscheine mir zum Schilde,
> zum Trost in meinem Tod,
> und laß mich sehn dein Bilde
> in deiner Kreuzesnot,

dichtet Paul Gerhardt in der siebenten Strophe seines Karfreitagshymnus »O Haupt voll Blut und Wunden«. Und weiter:

> Da will ich nach dir blicken,
> da will ich glaubensvoll
> dich fest an mein Herz drücken.
> Wer so stirbt, der stirbt wohl.[77]

Das Kreuz, Baum des Todes, um den die Schlange sich windet, wird zum Baum des Lebens; das todbringende Gift hat sich durch Jesus zum Antidotum raffiniert.

Ähnlich und doch noch einmal ganz anders der Evangelist Lukas. Er korreliert die Szene, da Adam und Eva, vom Baum gegessen habend, ihrer Nacktheit gewahr werden, mit der Begegnungsszene der Emmausjünger, die im Moment, da der Auferstandene ihnen das Brot bricht, seiner Errettung aus dem Tod gewahr werden: »Da gingen ihnen die Augen auf und sie erkannten ihn.« (Gen 3,7 ↔ Lk 24,31) Ein zweimaliges Essen, hier vom Baum der Erkenntnis von Gut und Böse, dort vom sich verschenkenden Christus – aber wie anders ist die Wirkung! Das bedeutet: In der alttestamentlichen Sündenfallgeschichte und in den Jesusgeschichten sind uns Urszenen vor Augen gestellt, wie es, geschichtlich gesehen, um uns Menschen steht (eben dies erzählt der Sündenfallmythos) und wie es doch ganz anders sein könnte (eben dies erzählt der »Gegenmythos« der Evangelien). Von dieser wechselseitigen Überkreuzung von Sündenfall und Erlösung reden sämtliche Ostergeschichten. In der Spannung beider Grunderzählungen ist uns vor Augen gestellt, wer wir *de facto* sind und wer wir doch sein könnten, wenn wir es wagten, unser Leben auszurichten an Jesus, dem Neuen Adam. (Vgl. Röm 5,12–19) Denn wo immer ein Mensch demjenigen Vertrauen schenkt, der seinerseits ganz auf Gott vertraut hat: Jesus, dem »Erstgeborenen der Schöpfung« (Kol 1,18), da erlangt er Anteil an der Erlösung von der Urangst um sich selbst.[78] Darauf bereiten wir uns in den vor uns liegenden Vierzig Tagen vor. Denn Gottes Antwort auf das Drama der Schöpfungsgeschichte soll zu unserer eigenen Antwort auf die Fragwürdigkeit unseres Lebens werden. Daß dies geschehe, dazu helfe uns Gott! Amen

8. Schönheit und Verklärung*

Seit alters her wird die Verklärungsgeschichte am zweiten Fastensonntag vorgetragen. Das ist ungewöhnlich, und so muß ein tieferer Sinn darin sein. Warum solch ein gewaltiger Auftakt am Beginn der Fastenzeit: Sprachloses Erstaunen, Schönheit, Verklärung? Wenn wir Antwort geben sollten, was uns spontan einfällt, sobald wir das Wort »Religion« hören oder »Fastenzeit«, sind wir vermutlich schon auf der richtigen Fährte: Wir verbinden mit der Fastenzeit zuallererst Vorschriften der Buße und Regeln der Enthaltsamkeit, die es zu befolgen gilt. Und das ist richtig so. Jeder Religion wohnt neben vielem anderen immer auch eine gewisse Strenge und Rigidität inne, vermutlich weil Religion neben manch anderem eine Art Stützkorsett zu sein hat, um den Fährnissen des Lebens begegnen zu können. Wer jemals so ein Ding hat tragen müssen, weiß, daß es im Zustand der Krankheit zwar Halt gibt, zugleich aber auch ziemlich drücken kann.

Ich vermute, daß hierin der Grund zu finden ist, weshalb wir am heutigen Tag die Geschichte von der Verklärung Jesu hören. Das Rigorose an der Religion wird gemildert durch das Gefühl für die Schönheit, das sie weckt.

Mit dieser Vermutung geraten wir vor ein elementares Problem: Was ist die Ursprungsfrage von Religion? Lautet sie: *Was muß ich tun?* Oder: *Wer darf ich sein?* Man kann die Frage noch weiter ausdehnen: Was steht überhaupt am Beginn eines Lebens? Der Segen oder die Pflicht? Das zuvorkommende Wohl-

* 2. Fastensonntag Lesejahr C (24. Februar 2013) Kugelkirche Marburg. Als Texte standen zur Auswahl: Gen 15,5–12.17–18; Phil 3,17–4,1; Lk 9,28b–36.

wollen oder die Moral? Die ermutigende Affirmation (»Sei, der du bist«) oder die gestrenge Exhortation (»Tu, was ich dir sage«)?

Die Antwort liegt eigentlich auf der Hand: Nur aus Gnade kann der Mensch gut handeln (so war einmal im Katechismusunterricht zu lernen[79]). Die Wahrheit dieses Satzes läßt sich kaum bestreiten. Hätten wir nicht immer schon Gutes erfahren, hätten wir nicht längst schon schöne Dinge erlebt, die uns Geschmack am Leben geben, wir hätten niemals Kraft, auch nur eine einzige gute Tat zu vollbringen. Schönheit und Freude erfahren zu haben, flößt den Wunsch ein, auch anderen davon zukommen zu lassen. Ich würde soweit gehen zu behaupten, daß Religion und Kultur überhaupt nur dadurch haben entstehen können, daß der Mensch der Schönheit fähig ist. Der Glaube an Gott hat seinen Ursprung in Geschichten wie der vom Berg Tabor; alles andere mag nicht unwichtig sein, ist aber zweitrangig.

Eine starke Behauptung! Ich fand vor längerer Zeit in einem der Reisetagebücher eines zu Unrecht vergessenen Schriftstellers, Erhart Kästner (1904–1974) – es trägt den Titel *Stundentrommel vom heiligen Berg Athos*[80] –, einige Bemerkungen über das, was Verklärung ist. Ich möchte Ihnen diesen Abschnitt vorlesen, vielleicht auch als Beleg dafür, daß der Gedanke, Schönheit sei die erste und wichtigste Quelle der Religion, nicht ganz aus der Luft gegriffen ist. Erhart Kästner ist mit Freunden unterwegs in Griechenland, zunächst in Athen, später auf dem Athos, dem berühmten Mönchsberg. Über den Besuch in einer der vielen byzantinischen Kirchen schreibt er:

»Mehr als alles aber entzückte uns ein Mosaik der Verklärungsgeschichte. Das Verklärungsbild war in den Aufschwung eines Gewölbebogens gesetzt, dessen anderer Aufschwung ein Einzug in Jerusalem war. Der Verklärte [Christus], von Lichtausbrüchen umzuckt, stand auf äußerster Bergspitze in Ruhe, während alles um ihn in größter Unruhe war. Moses, rechts und Elias links wie hergebogene Monde. Die Szene war in grünen und silbernen Meerfarben, auch Goldschimmern, überirdisch gehalten. Den einen, den Liebling Johannes, hatte es gleich nach rückwärts geworfen, er lag bergab mit den Füßen nach oben. Auch den Petros fällte es hin, er fiel in den eigenen Mantel, der ihn umzackte, und den Jakobos hatte es vornüber geworfen, so daß er auf allen Vieren dalag, betäubt von dem Ausbruch des schrecklichen Schönen.

Später, auf dem bilderseligen Athos, fand ich oft die Verklärungsgeschichte, und nachdem ich einmal aufmerksam war, merkte ich: die Verklärung wird hier zu Lande mit großen Freuden gemalt. Die Griechen lieben diese Geschichte besonders. Viel öfter als die Auferstehung wird sie geschildert, die man kaum antrifft und die ihr doch so verwandt ist, daß man es wagen kann, die Verklärung eine vorweggenommene Auferstehung zu nennen, denn beides sind Augenblicke, in welchen Christus in seinem Eigentlichen erscheint. [...]

Also, der Auferstandene wird aus der Verklärung verstanden. Wie schön. Dann ist Auferstehung ja eigentlich überhaupt nicht mehr *nicht* zu verstehen. Denn was Verklärung, ganz allgemein, ist, kann in seinen kleinen Verhältnissen Aller und Jeder erfahren. Und erfährt es. Wenn anders Verklärung der Durchbruch des Eigentlichen durchs Schemenhafte, des Lebendigen durch die Schatten, des Geliebten durchs Ungeliebte und die Ankunft des Langerwarteten ist, so weiß jeder, daß solche Momente es sind, um derentwillen wir leben. Verklärung ist Durchschein des Urbilds. Das wird von jedem Geborenen erhofft. Wir leben auf Verklärungen zu, worauf sollten wir sonst, es ist unsere angeborene Hoffnung. Mag es auch nur ein Handgeld, mag es auch nur ein erster, niederer Grad sein, was wir mit unseren beschränkten Organen erfahren: was es heißt, wenn sich uns ein Mensch, eine Heimat, ein Wort, ein im Vertrauen gesprochener Satz, wenn sich uns eine Stunde verklärt, das können wir immerhin wissen. Wo auch sonst knüpften wir an.

Wenn also die Griechen die Verklärungsgeschichte so lieben, so ist das ein lebensvertrauender Zug. Verklärung gehört zu unserer Erfahrung, sie gehört zu unserem Leben. Mit ihr beginnt erst das Leben. Und das weiß auch Jeder, daß nur die Liebesblicke es sind, die die Kraft der Verklärung besitzen. Nur dem Auge, das nicht liebt und nie geliebt hat, ist Verklärung nie widerfahren. Und selbst wenn es sich wieder entzog, was dem Liebesblick aufschien: da darf man sich nicht irr machen lassen, daß es das Eigentliche, daß es *das Wirkliche* war.«[81]

Ist das nicht eine wundervolle Beschreibung dessen, was Verklärung ist und was Schönheit? Es braucht nichts Ungewöhnliches zu sein – und doch ist es das Wunderbarste, was uns widerfahren kann. Es kann im alltäglichsten Gewand daherkommen – und läßt uns als verwandelte Menschen zurück.

Da begrüßt Sie jemand in ungewöhnlich herzlicher Weise: Sie fangen unwillkürlich an zu lächeln, Ihnen wird warm ums Herz. Oder da ist einer mit Leib und Seele bei den Dingen, mit denen er zu tun hat, und dadurch bezaubert er Sie. Ein Beispiel: Sie gehen ins Kaufhaus, wollen – ich weiß nicht was – Gardinen kaufen, und erleben, wie die Verkäuferin ganz bei der Sache ist; ihr Interesse besteht nicht vor allem darin, einen möglichst hohen Umsatz zu machen, sondern die Dinge selber sind es, die im Mittelpunkt stehen. Die Materialien beginnen unter den Händen der Frau zu leben: Tüll, Seidenchiffon, Crêpe und Jacquard, Organza, Satin und Taft – jeder dieser Stoffe fällt anders, jeder hat eine eigene Duftigkeit, Leichtigkeit oder Schwere. Die Dinge finden zu einer ihnen eigenen Sprache, und Sie spüren mit einem Mal, wie Sie fähig werden, diese Sprache zu verstehen.[82]

Ich habe das selber einmal erlebt, als ein flüchtiger Bekannter, Schreinermeister von Beruf, mir abends noch eine Arbeit vorbeibrachte, die ich bestellt hatte: ein Regalbrett, das wegen der schwierigen Maße nicht ganz leicht herzustellen war. Das Ding war wunderschön geworden, es paßte millimetergenau; aber daß dieser Abend mir so in Erinnerung geblieben ist, hatte seinen Grund wohl in der Art und Weise, wie dieser Mann mit den Dingen umging. Es hatte etwas von Andacht an sich. Und plötzlich war das nicht mehr irgendein Regalbrett, was ich da bestellt hatte und der Schreiner montierte: vielmehr dieses Brett und die Regale und schließlich das ganze Zimmer fanden zu einer ihnen eigenen Sprache, und während der halben, dreiviertel Stunde, die er bei mir war, lag so etwas wie eine Ahnung von Verwandlung über den Dingen … und schließlich auch über uns selbst.

Ich glaube, das unserem Sprachgebrauch fremd gewordene Wort »Gnade« ist an dieser Stelle nun wirklich angebracht: »Gratia« im Lateinischen, »Charis« im Griechischen. Da schwingt etwas mit von der Grazie, die den Dingen eigen sein kann; der Charme des Lebens, der uns den Alltag liebens- und lebenswert macht.

Weil aber Charme und Grazie, Schönheit und Verklärung Gnade sind, lassen sie sich nicht dingfest machen. Wenn wir einen Blick auf das heutige Evangelium werfen: Daß Petrus den erfüllten Augenblick festhalten will, hinterläßt einen schalen Geschmack. Sobald sich unsere Hände schließen um das, was sie empfangen haben, rutscht es ihnen auch schon weg. Wo wir aus der Kraft der Verklärung nicht zu handeln beginnen (biblisch gesprochen: wer sich auf dem Berg Tabor niederlassen will, um den Augenblick der Verklärung zu konservieren), dem kippt das wundervoll Erfahrene um in peinlichen Ästhetizismus oder abgeschmackte Gewöhnlichkeit. Es ist denn auch kein Zufall, daß die Geschichte von der Verklärung Jesu genau jenen Punkt markiert, an dem es bitter Ernst wird. Christus steht auf dem Tabor und ist für einen Augenblick ganz in Gott getaucht. Hier schöpft er die nötige Kraft, denn jetzt beginnt der Abstieg in die Ebene, an dessen Ende ein ganz anderer Berg steht: Golgotha.

Damit geraten wir ins Biblisch-Theologische unserer heutigen Geschichte.[83] Wir hatten vorhin gehört, die Verklärung Jesu sei so etwas wie ein vorweggenommenes Ostern: *»Und während er betete, veränderte sich das Aussehen seines Gesichtes, und sein Gewand wurde leuchtend weiß.«* (Lk 9,29) Die gewaltige Lichtmetaphorik in der lukanischen Verklärungsszene erinnert an das Ostergeschehen, beim Evangelisten Matthäus drastisch ausgemalt: *»In der Morgendämmerung des ersten Tages der Woche kamen Maria aus Magdala und die andere Maria, um nach dem Grab zu* *sehen. Plötzlich entstand ein gewaltiges Erdbeben; denn ein Engel des Herrn kam vom Himmel herab, trat an das Grab, wälzte den Stein weg und setzte sich darauf. Seine Gestalt war leuchtend wie ein Blitz, und sein Gewand war weiß wie Schnee.«* (Mt 28,1–3) So wenig sich historisch festmachen läßt, was hier passiert sein soll, so deuten die epiphanischen Lichtmotive, die die Evangelisten verwenden, auf jenes unzerstörbare Licht hin, das Gott selber ist. Verklärung und Auferstehung, Transfiguration und Resurrektion sind Chiffren, die unserer Existenz eingeschrieben sind: Das Taborlicht, so die Intention der Evangelisten, werde auch uns erleuchten und verklären, wie auch wir auferstehen werden zu jenem Leben, in das der verklärte Christus uns vorausgegangen ist.

Die innerbiblischen Bezüge unseres heutigen Sonntagsevangeliums reichen freilich noch weiter. Schaut man sich den Wortlaut genauer an, so fällt auf, daß der Verklärung Christi auch etwas Weihnachtliches anhaftet: *»Noch während Jesus redete, kam eine Wolke und warf ihren Schatten auf sie. Und eine Stimme rief aus der Wolke: Dies ist mein auserwählter Sohn, auf ihn sollt ihr hören.«* (Lk 9,34f.) Dieses Zitat aus der Verklärungsgeschichte verweist auf eine andere Episode im Leben Jesu: *»Zusammen mit dem ganzen Volk ließ auch Jesus sich taufen. Und während er betete, öffnete sich der Himmel, und der Heilige Geist kam sichtbar in Gestalt einer Taube auf ihn herab, und eine Stimme aus dem Himmel sprach: Du bist mein geliebter Sohn, an dir habe ich Gefallen gefunden.«* (Lk 3,21f.) – In seiner Taufe taucht Jesus nicht nur hinab in das Schlammwasser des Jordan; er macht sich in diesem rituellen Akt seine Berufung zu eigen, er läßt sich mit Haut und Haaren in Beschlag nehmen von jenem Gott, dessen Zusage lautet: »Du bist mein geliebter Sohn, an dir habe ich Gefallen gefunden.« Aus dieser Zusage kann er den Auftrag übernehmen, zu welchem der Geist ihn »treibt« (Mt 4,1a; Lk 4,1–13); ab jetzt wird Jesus das Erbarmen Gottes nicht nur verkünden; er wird es darleben »bis ins Äußerste« und »Letzte« (Joh 13,1c; vgl. Phil 2,6–11). – Es fällt auf, daß im Vergleich zur weihnachtlichen Tauferzählung in der Verklärungsgeschichte die Gestalt der Taube zur Wolke heruntermoduliert ist. Der Grund wird folgender sein: Die Wolke steht für jene Atmosphäre, in die hineingenommen wird, wer auf Jesus hört. Mit der Verklärung bekräftigt der Vater die Sohnschaft Christi (2Petr 1,16–19) und gibt an ihr eine Vorahnung dessen, was für alle, die an Christus teilhaben durch die Taufe, vorgesehen ist als Erbschaft: durch Christus und mit ihm und in ihm »teilzuhaben an der göttlichen Natur« (2Petr 1,4c). Gottes Gegenwart selbst soll, wie der Apostel Paulus sagt, »aufstrahlen in unseren Herzen, damit wir erleuchtet werden zur Erkenntnis des göttlichen Glanzes auf dem Antlitz Christi.« (2Kor 4,6) Weihnachten mitsamt der Taufe des Herrn, Verklärung und Ostern – mit anderen Worten: Schönheit, Leiden und Schmerz, Tabor, Golgatha und der Garten der Auferstehung hängen aufs engste zusammen. Hier schürzt sich der Knoten des christlichen Glaubens, dessen Zentrum die Menschwerdung Gottes in Christus ist – *usque ad mortem crucis* um unseres und der ganzen Welt Heil willen.

Ich möchte enden mit einer persönlichen Geschichte. Ich war siebzehn Jahre alt, da ich in den Sommerferien eine Radtour ins Elsaß unternahm. In Straßburg lernte ich einen französischen Medizinstudenten kennen, wir freundeten uns an und verbrachten ein paar Tage miteinander, besuchten die Museen der Stadt, das wundervolle Münster, lasen uns Gedichte vor. Damals hörte ich zum erstenmal jene berühmten Zeilen des romantischen Schriftstellers August von Platen (1796–1835), die mich sogleich faszinierten und doch auch eigentümlich erschreckten:

Wer die Schönheit angeschaut mit Augen,
ist dem Tode schon anheimgegeben.[84]

Vermutlich ist es ja wirklich so, daß Schönheit und Verklärung, weil sie unser menschliches Maß sprengen, uns auch in den Abgrund reißen können.[85] Wer sie einmal geschaut hat, hat in etwas geblickt, was menschlichem Auge nur begrenzt statthaft ist.

Als ich später als junger Geistlicher dann zum ersten Mal erlebte, daß es Menschen gibt, die voll Gelassenheit sterben und dabei zugleich den Glanz einer eigentümlichen Erwartung in ihren Augen haben, da kam mir der Gedanke: Wenn man diese Zeilen des Platen'schen Gedichtes nun im Lichte der Verklärungsgeschichte läse und verstünde – ob sie dann nicht lauten müßten:

Wer die Schönheit angeschaut mit Augen,
hat *die Kraft*, dem Tode sich anheimzugeben?

Loslassen, um sich dem letzten undurchdringlichen Geheimnis anzuvertrauen, kann wohl nur, wer in seinem Leben Gutes und Schönes, Seligkeit und Verklärung erfahren hat. Denn nur dadurch läßt sich die Angst bannen, zu kurz gekommen zu sein. Nur wer dies erfahren hat, kann sich dem Tode anheimgeben – und in ihm dem unfaßbaren Gott.

Fastenzeit beginnt mit Verklärung. Und durchstehen läßt sie sich wohl nur aus der Erfahrung dieser alles verwandelnden Kraft.

9. Christos therapeutes – oder: Der göttliche Arzt*

Einige der schönsten Worte und Gleichnisse Jesu offenbaren Abgründiges: Sie scheinen Göttliches vom Menschen zu verlangen. Oder verlangen sie es vielleicht gar nicht, sondern erzählen es nur? So jedenfalls scheint es beim heutigen Evangelium von Jesus und der Ehebrecherin: *»Wer von euch ohne Sünde ist…«*. (Joh 8,7) So am vergangenen Sonntag im Gleichnis vom Verlorenen Sohn: *»Der Vater sah ihn schon von weitem, hatte Mitleid, lief ihm entgegen, fiel ihm um den Hals und küßte ihn.«* (Lk 15,20b)

Beim Lesen dieser Geschichten fällt folgendes auf: Wenn Jesus Sünden vergibt, handelt es sich fast immer um Vergehen, die den persönlich Betroffenen zwar schwer zu schaffen machen mögen, die wir aber kaum als Verbrechen im echten Sinn des Wortes betrachten würden. Beim Verlorenen Sohn mag man sogar gefühlsmäßig auf dessen Seite stehen, beargwöhnt den älteren Bruder als spießig, bieder, unbeweglich: Der hatte nicht den Schneid, der stickigen Überliebe des Vaters zu entfliehen.[86] Auch Ehebruch erscheint uns nicht gerade als todeswürdige Missetat (es sei denn vielleicht, wir wären selbst betroffen); wir können Jesus in seinem Freispruch jedenfalls gut zustimmen. Die Pharisäer und Schriftgelehrten, denen es ernst ist mit dem Mosaischen Gebot, kommen uns bestenfalls lächerlich vor, im Grunde erscheint ihr Verhalten als skandalös (zu einem Ehebruch gehören immer zwei; wenn die Frau inflagranti ertappt wurde: Wo ist der Kerl, mit dem sie geschlafen hat? Die patriarchale Rechtsprechung der

* Predigt zum 5. Fastensonntag (Passionssonntag) Lesejahr C, Kugelkirche Marburg, 29. März 2010. – Lesungstexte: Phil 3,8–14; Joh 8,1–11.

Thora, die auch von Jesus nicht wirklich angetastet wird, berührt merkwürdig. Aber lassen wir das.)

Um das Abgründige, das in unseren beiden Erzählungen zur Debatte steht, scharf auf den Punkt zu bringen, kann es hilfreich sein, die Fälle einmal zuzuspitzen: Was würden wir sagen, wenn Jesus seinen Freispruch nicht gegenüber einer ehebrüchigen Frau oder einem davongelaufenen Jungspund ausspräche, sondern gegenüber einem wirklichen Verbrecher? Warum spricht das Neue Testament nicht davon? Warum spricht es nicht von Pilatus, der Dutzende von jüdischen Pilgern niedermetzeln läßt, ohne mit der Wimper zu zucken? (Lk 13,1) Warum nicht von Herodes, der keine Hemmungen hatte, die halbe Verwandtschaft samt seiner Lieblingsfrau Mariamne meuchlings hinzumorden?[87] Vergäbe Jesus auch ihnen? Vergäbe er Ludendorff und Eichmann? Vergäbe er Hitler? Vergäbe er Stalin, Mao Tse-tung, Pol Pot und wie sie sonst alle heißen, die politischen Massenmörder und Schweinehunde des 20. Jahrhunderts?

Spitzen wir die Frage ruhig noch weiter zu (die zuletzt genannten Beispiele überfordern ja unser Vorstellungsvermögen): Was wäre, wenn dem barmherzigen Jesus in unserem Evangelium von seiten der Schriftgelehrten nicht eine unglückliche Ehebrecherin zugeführt würde, sondern (die aktuellen Ereignisse legen dies nahe) – ein Kinderschänder? Und wir hörten ihn die Worte sagen: *»Wer von euch ohne Sünde ist…«*? Spätestens hier würde sich alles in uns empören: *»Was bildet der sich ein!«*

Wir merken: Die Frage nach Schuld und Vergebung (Wirklicher Schuld! Wirklicher Vergebung!) ist nichts Harmloses, hier steht alles zur Debatte – menschlich, politisch, theologisch.

Jesus lebte unter einfachen Menschen, Bauern, Handwerkern, Fischern, solchen die einen Acker, ein Boot, ein paar Werkzeuge ihr Eigen nannten. Der Jesuanismus, wie er uns bei Matthäus, Markus und Lukas entgegentritt, ist die Religion der kleinen Leute, des verarmenden Kleinbürgertums und der absteigenden Mittelschicht, der Jesus selber angehörte.[88] In diesem Kontext fällt Jesu Vergebungspraxis nicht aus dem Rahmen dessen, was im Judentum seiner Zeit möglich war. Die Aufforderung, dem schuldig gewordenen Bruder zu vergeben, »sieben mal siebzigmal« (Mt 18,22), ist jüdischen Ursprungs und bei den Rabbinen, insbesondere beim großen Hillel, oft geäußerte Überzeugung.[89] Erst die Botschaft von Kreuz und Auferstehung, wie Paulus sie verkündet, durchbricht diesen Rahmen. Die paulinische Kreuzestheologie führt in die furchtbaren Abgründe menschlicher Not- und Schuldzusammenhänge hinein. Die lukanische Erzählung, Jesus habe am Ölberg vor Angst buchstäblich Blut geschwitzt (Lk 22,44; vgl. Hebr 4,15), gibt vielleicht eine erste Vorstellung davon. Hier ringt ein Mensch mit jenem Gott, der ihm zeitlebens als »Vater« auf gute Weise nahe war und den er jetzt als den Zerschmeißenden, den Keltertreter erfährt. In diese Abgründe der Entfremdung, der Gottesverdunklung, der existentiellen Todesangst, so Paulus im Ersten Korinther-, im Galater- und im Philipperbrief[90], bringt das Ostergeschehen Licht – eben das bewegt ihn, den Apostel, zu seinem emphatischen Wort, im Vergleich zu Christi Kreuz und Auferstehung erachte er alles, was es sonst an religiös Bedenkenswertem gebe, für vernachlässigenswert, für »Dreck«, ja für »Kot«, für »Auswurf«, wie man das vulgärsprachliche Wort *skýbalon* (σκύβαλον) drastisch übersetzen muß (Phil 3,8).[91]

Wie soll man das verstehen? Wie sollen Leid und Kreuz aller Menschen aller Zeiten erlöst sein durch Christi Kreuz und Leiden? Will man sich nicht in abstrakten Spekulationen verlieren,[92] so wird man versuchen müssen, sich dem Abgründigen, Unverrechenbaren des neutestamentlichen Erlösungsdramas so konkret wie möglich zu nähern. Es kann gut sein, daß wir dabei den Mund zu voll nehmen. Die Alternative hieße freilich:

Verstummen. Zwischen Zuviel und Zuwenig, zwischen Überschwang und Stummheit gibt es das vorsichtige, behutsame Stottern. Stottern wir also. Das aber so konkret wie möglich.

Versuchen wir uns ansatzweise zu vergegenwärtigen, was es bedeuten mag, wenn ein Mensch als Kind oder Jugendlicher von Vertrauenspersonen mißbraucht worden ist, über Monate, vielleicht über Jahre. Was da zerstört wird an Vertrauen in die Welt und in die Menschen, an Vertrauen auch und vor allem gegenüber sich selbst! In den Berichten, die wir in den letzten Wochen in Presse und Fernsehen verfolgen konnten, ist immer wieder das Wort »Seelenmord« gefallen. Würgender Ekel, Depression, Apathie, Suizidwünsche, Selbstverletzungen und -verstümmelungen – was uns die Psychologinnen und Psychologen schildern, übersteigt das Vorstellbare. Wie soll man solches vergeben? Kann man solches vergeben? Darf man es?

Über die letzte Frage möchte ich nicht spekulieren. Hier geht es um Versöhnung (mit) der eigenen Vergangenheit. Versöhnung heißt zunächst einmal Abschied nehmen zu können von den traumatisierenden Erinnerungen und den Blick auf anderes, Neues richten. So etwas ist freilich nur möglich, wo man aus dem Vertrauen zu anderen Menschen (Freunden, Therapeuten) dahin gelangt, langsam auch wieder Vertrauen zu schöpfen zu sich selbst: *»Ich bin all meinen Verletzungen, meiner Beschämung und meinem Selbsthaß zum Trotz liebenswert und schön. Was mir passiert ist, bin nicht ich. Ich bin anders, größer, schöner.«*

Um einen solchen oft Jahre in Anspruch nehmenden Heilungsprozeß nicht nur in Gang zu setzen, sondern ihn zu einem halbwegs guten Ende zu führen, bedarf es, ich sagte es schon, der guten Freunde und kompetenten Therapeuten, die einen solchen verstörten, verletzten, traumatisierten Menschen begleiten – behutsam, verläßlich, liebevoll, und dies in der rechten Mischung von Nähe und Distanz. Aber wieviel Kraft erfordert nicht ein solcher Prozeß! Wie oft überfordert er die Betroffenen! Wer je einen Freund begleitet hat, dem schlimmes Unrecht widerfahren ist, weiß, wie mühselig ein solcher Prozeß sein kann. Man gerät, ob man will oder nicht, mit in die Geschichte hinein, muß den Freund in seinen Belastungen, Verletzungen, Traumatisierungen aushalten, man muß ihn über lange Zeit in einem wörtlichen Sinne »er-tragen«, damit er sich selber wieder erträglich werde.

Dasselbe gilt (wenngleich natürlich in anderer Hinsicht) auch für den Schuldiggewordenen. Auch diesen muß man in seiner Unerträglichkeit »aus-halten«, man muß ihn »er-tragen«, damit er erkennen kann, was er da angerichtet hat, damit der Teufelskreis von Verleugnung, Selbstrechtfertigung und narzißtischer Selbstverdammung durchbrochen werden kann. Welcher Reife bedarf es da von seiten der Seelsorgerin oder Therapeutin, des Beichtvaters oder der Beichtmutter! Welcher Geistesgegenwart, lauteren Ichstärke und reflektierten Selbstvergessenheit!

Ohne daß wir uns dessen versehen hätten, geraten wir mit solchen Überlegungen an den Saum des österlichen Geheimnisses: *»Er hat für uns genug getan, er ist der Mittler worden«*[93], singen wir in diesen Tagen. *»Christus ist erstanden, der hat unsere Schuld getragen«.*[94] *»Durch sein heil'ges Kreuz sind wir erlöst«.*[95] Wie soll man diese Sätze verstehen?

Ein kleiner Ausflug in die Geschichte der Psychoanalyse mag hier hilfreich sein. In einem erstaunlichen Briefwechsel spricht Sigmund Freud gegenüber Oskar Pfister, dem reformierten Pfarrer und Analytikerkollegen aus Zürich, von einer »schrankenlosen Übertragung«, die nötig sei, damit Versöhnung möglich werde. Kann der Therapeut wirklich (d.h. nicht mit einem »Suggestionserfolg« sich begnügend) das Leid, die Not, die Schuld seines Klienten auf sich nehmen? *»Wie soll ich, der ordentliche Titular-Professor Sigmund Freud, zu einem Kranken* *sagen: ›Ich vergebe Ihnen Ihre Sünden‹? Welche Blamage in meinem Falle!«*[96] Für Freud ist der Fall klar: Erlösung gibt es nicht. Mit seiner Schuld bleibt jeder allein; bestenfalls von Schuld*gefühlen* kann der Therapeut befreien.

Pfisters Reaktion ist nicht minder erstaunlich. In seiner Antwort an Freud weist er auf ein therapeutisches »Priestertum«[97] hin, das einzig Jesus von Nazareth habe ausüben können. Was Menschen radikal überfordere, nämlich füreinander so einzustehen, daß die Not des Freundes meine Not werde, seine Schuld meine Schuld (nichts anderes meint ja »schrankenlose Übertragung«), sei dem möglich gewesen, der als der ganz aus Gott sich Schöpfende vollständig über sich selber habe verfügen können. Ein solcher verfüge, weil selbstvergessen »bis ins Äußerste«[98], über die Kraft, sich in die letzten Dunkelheiten und Verstiegenheiten der menschlichen Seele hineinzubegeben. Wenn ein solcher dann auch noch selber »in Versuchung geführt« worden sei (Hebr 2,18), die Gottesverlassenheit selber kennengelernt habe (Mk 15,34 par), dann treffe für diesen zu, was der altkirchliche Hoheitstitel des »verwundeten Arztes«[99] ausdrücken wolle: Heilen im echten Sinn des Wortes könne nur, wer das Leid der Menschen von innen her kenne und zugleich stark genug sei, sich von ihm nicht erschlagen zu lassen. Ein solcher Therapeut wäre in der Tat ein göttlicher Therapeut. – Es ist ja so: Wer wir im letzten sind und was uns im letzten not tut, weiß niemand als Gott. Wir leben auf merkwürdige Weise im Toten Winkel unserer selbst. Keiner kann den Tonfall der eigenen Stimme hören; niemand sieht sich selber gucken; jeder ist mehr oder weniger blind für die eigenen Schrullen, Merkwürdigkeiten, Ticks. Wir wissen selber kaum, wer wir sind. Und deshalb könne, so Oskar Pfister, nur ein göttlicher Arzt Angst, Not und Gottverlassenheit seiner Freunde tragen, da nur er über das hierzu nötige Einsichtsvermögen und die hierzu nötige Kraft verfüge. Nur er, der

Christos therapeutes, der mich aus der Tiefe kennt, könne sich mir vollständig einschmiegen, nur er könne mein Innerstes ausfüllen (Gal 2,20), nur er den heilbringenden Tausch (das *salutare commercium*) vollziehen: Indem er mir seine Lebenskraft einflöße nehme er mir zugleich meine Armut ab. (2Kor 8,9) Und insofern habe der *Christos therapeutes* (anders als menschliche Ärzte) das Recht zu sagen: »Deine Sünden sind dir vergeben.«[100] Denn dazu sei es nötig, das zerstörte Leben des anderen nicht nur von außen zu betrachten, sondern es sich ganz zu eigen zu machen, es von innen her zu »er-tragen« und solcherart zu heilen.

Ob uns ein solcher Glaube noch erschwinglich ist? Ich weiß es nicht. Die christliche Botschaft spricht von einem Gott, der die Verlorenheit des Menschen nicht nur unterfängt (Apg 17,28), sondern von innen her trägt (Gal 2,20); von einem Gott, der sich das Verschattende, Gottwidrige des Menschen zu eigen macht. Mit einem Wort: von einem Gott, der uns leiden mag. Und so sind wir Gemochte und Gelittene zugleich.

Wir stehen hier an der Schwelle jenes Mysteriums, das man einmal »Erlösung« nannte. Es ist uns in unserer politischen Überkorrektheit, unserer reflexartigen Religionskritik kaum noch zugänglich. Es ist ja in der Tat auch kaum zu glauben. Stellen wir uns vor, wir träten wirklich ein in das Licht Gottes und sähen dort nicht nur Hitler, Stalin, Mao und ihre Schergen, sondern auch den gewalttätigen Lehrer, der uns die Schulzeit versaut hat – sähen neben ihm … uns selbst! Ob man mit einer solchen Mischpoke zusammen sein möchte? Auf ewig versöhnt und vereint? Und ob umgekehrt jene, denen wir Böses taten oder denen wir einfach nur auf die Nerven gingen, gerne zusammen wären mit uns? Auf ewig versöhnt und vereint?[101]

Wenn Erlösung nicht zu billiger Gnade verkommen soll oder zu einem bigotten Horrorszenario, müssen die Rechnungen beglichen werden, muß sowohl den Forderungen der Gerechtigkeit entsprochen werden als auch der Notwendigkeit, Barmherzigkeit walten zu lassen.[102] Eine doppelte Schubumkehr muß stattfinden: Gott muß sich bekehren zu uns (sein Herz muß sich wider ihn selbst wenden, wie es beim Propheten Hosea heißt)[103], und wir müssen uns bekehren zu Gott (unser narzißtisches Selbstmitleid, unsere trotzige Verstocktheit, unsere gelangweilte Indolenz müssen sich wandeln in erwachsene Nüchternheit angesichts der wenig erbaulichen Seiten unseres Lebens; ein heilsames Erschrecken über uns selbst ist nötig).

Damit stehen wir im Zentrum des christlichen Glaubens. Es lautet: Im eschatologischen Gericht würden sich die verlorenen Söhne und Töchter auf heilsame Weise konfrontieren lassen mit dem Schmerz, den sie ihren Vätern und Müttern, ihren jüngeren Schwestern, älteren Brüdern oder wem auch immer zugefügt haben. Wie auch umgekehrt: Die Opfer – auch sie verlorene Söhne und Töchter – könnten sich lösen von dem, was ihnen angetan wurde von Vätern und Müttern, Lehrern und Nachbarn oder wem auch immer: Die Wunden könnten heilen. All dies aber sei möglich, weil Christus unser Therapeut sei, Er, der *»für uns hat genug getan«*, Er, *»der unser Mittler ist worden.«* Er sei für uns in die Bresche gesprungen, er habe für uns die Kastanien aus dem Feuer geholt (Hebr 10,10), und so könnten wir mit seiner Hilfe den trennenden Graben der Feindschaft überwinden (Eph 2,14), wir könnten uns mit Gott und dem Leben, wir könnten uns mit uns selbst und den anderen versöhnen. Und dies habe nicht nur etwas Beglückendes, es habe etwas geradezu Atemberaubendes: Denn durch jenes große Versöhnungsgeschehen gehörten wir auf immer Christus an, unsere Schuld sei auf eine geradezu widersinnige Weise als »glücklich« zu bezeichnen *(felix culpa)*, denn in Christus seien wir neugeborene Menschen. Das österliche Sakrament der Taufe behauptet nichts Geringeres als dies. (Röm 6,3–11)[104]

Erneut fragen wir: Ist uns dieser Glaube noch erschwinglich? – Ich erinnere mich gut, wie mich vor Jahren einmal ein Universitätskollege mit der Frage konfrontierte: »*Wie können Sie angesichts des Unheils dieser Welt eigentlich an einen allmächtig-gütigen Gott glauben?*« Ich wußte keine Antwort. Wie auch?! Ich konnte ihm nur folgende Gegenfrage stellen: »*Wie können eigentlich Sie angesichts der Vorstellung, für all die Opfer von Natur und Geschichte gebe es keinerlei Hoffnung, sich noch des Lebens freuen?*« Er stutzte, auf eine solche Gegenfrage war er nicht vorbereitet, und so erläuterte ich sie ein wenig: *Wenn es Gott nicht gibt*, sagte ich ihm, *dann gibt es auch keine Versöhnung und keine Wiedergutmachung. Die Leidtragenden der Hunger- und Naturkatastrophen, die Opfer der menschlichen Gewaltgeschichte, alle jene, die vom Leben nichts hatten als Unbill und Schmerz, sind dann verraten und verkauft. Ihr Tod ist das letzte Wort. Die Verbrecher triumphieren über die Opfer. Damit kann und will ich mich nicht abfinden. Dagegen protestiere ich bis ins Letzte. Und so hoffe ich auf Gott. Daß in seinem liebenden Gedächtnis die Erschlagenen leben. Hoffe, daß es ein Gericht geben möge, das uns allen zum Heil, d. h. zur Heilung gereiche. Hoffe auf Christus.*

Wie das Gespräch damals weiterging, weiß ich nicht mehr. Ich weiß nur eins: Jenes heilsame Gericht[105] hat in Jesu Kreuz und Auferstehung seinen Anfang und sein Ende. Das ist die Botschaft der drei österlichen Tage, die vor uns liegen: »*Christus heri et hodie, Alpha et Omega, ipse idem et in saecula.*«[106] Und so habe ich am Ende dieser langen Predigt nur eine Bitte – an Sie und an mich: Begehen wir die Heiligen Drei Tage doch bitte so, daß unser Schweigen und Beten, Zagen und Hoffen jenem Gott gemäß sei, der sich in ihnen als der uns Auf-Richtende zeigt und verbirgt. Denn nur dann begehen wir sie so, daß sie auch uns, die wir unheil sind, heilsam sind und gemäß.

10. Wer sagt denn ihr, daß ich sei?*

Für wen halten mich die Menschen?« (Mk 8,27) – bei dieser Art des Fragens, liebe Schwestern und Brüder, war mir als Kind immer etwas unheimlich zumute. Sollte man sich vorstellen müssen, Jesus wolle seine Freunde auf die Probe stellen? »Na, Petrus, nun mal raus mit der Sprache. Was sagen denn die Leute?« Ich kann so nicht denken.

Jesus steht am Wendepunkt seines Lebens. Bislang hat er in Galiläa gewirkt, hat viele Freunde gewonnen, sich aber durch seine Art, von Gott als einem barmherzigen Vater zu sprechen und dessen voraussetzungslose Liebe für alle Menschen in Anspruch zu nehmen, bedeutende Feinde gemacht. Die ersten Auseinandersetzungen mit den Pharisäern und Schriftgelehrten haben stattgefunden. Jetzt ist es soweit, daß Jesus aufbrechen will, um seine Botschaft vom nahenden Reich auch ins religiöse Zentrum des Landes zu tragen, nach Jerusalem. Bisher hat er sich im obergaliläischen Bergland aufgehalten, bei einfachen Leuten, Bauern, Tagelöhnern, Fischern, weit entfernt von den geistlichen und politischen Führern des Landes, weit entfernt auch von der römischen Besatzungsmacht. Ab sofort gelten andere Regeln; die Bandagen werden härter.

Jesus weiß, was auf dem Spiel steht. Die Feindseligkeiten werden sich verstärken. Es wird nicht leicht werden für ihn. Wir wissen zwar nur wenig von Jesu innerem Leben[107], aber ist es ver-

* Predigt in der Kugelkirche Marburg am 24. Sonntag im Jahreskreis B (16. September 2012), Textgrundlage Mk 8,27–35. – Später auch Predigt im Dankgottesdienst eines wissenschaftlichen Symposions anläßlich des 75. Geburtstages von Josef Wohlmuth auf Burg Rothenfels (12. Sonntag im Jahreskreis C = 23. Juni 2013), Textgrundlage Mt 16,13–20 // Mk 8,27–35 // Lk 9,18–24.

wunderlich, daß er in dieser Stunde seine Freunde um Beistand bittet, um sich seiner selbst zu vergewissern? Wir kennen das ja aus eigenem Erleben: An den entscheidenden Wendepunkten unseres Lebens stellen wir ganz ähnliche Fragen:

Jemand ist mit seiner Firma Pleite gegangen, die Ehe ist zerbrochen, und plötzlich kommt es über ihn, alle bisherigen Selbstverständlichkeiten und Gewißheiten sind dahin, und er klammert sich an einen seiner Freunde und fleht ihn an: »Nun sag mir doch einmal: Wer bin ich eigentlich?«

Wem so etwas je passiert ist, der weiß, wie schwer es ist, auf eine solche Frage eine wirklich hilfreiche Antwort zu geben. Vielleicht ist das überhaupt die schwerste Frage, die man einem Freund stellen kann: »Ich flehe dich an, wer bin ich eigentlich?«

Wie gerne zieht man sich dann erst einmal zurück auf ein Terrain, wo unsere Meinung nicht sofort herausgefordert ist: »Nun, die einen halten dich für ...« Wir kennen das, so unverbindliches Gerede aus sicherer Position heraus. Nichts anders tun die Jünger in dieser für sie peinlichen Situation. »Nun, die einen halten dich für Johannes den Täufer, andere halten dich für Elija ...« (Mk 8,28) – Aber was sollen solche Antworten? Sie helfen dem Betroffenen wenig. Wenn ich in einer entscheidenden, gefährlichen Situation stehe, möchte ich nicht wissen, was die Leute von mir halten. Ich möchte wissen, was du, mein Freund, mit dem ich lange zusammen bin, was du von mir hältst. Wer bin ich für dich? Von deiner Antwort hängt viel ab. Sie mag mir helfen, zu mir selber zu finden, die Wegstrecke, die jetzt vor mir liegt, zu meistern.

Sie sehen, liebe Schwestern und Brüder, ich interpretiere; ich versuche, mich in diese Situation, wie sie uns der Evangelist Markus erzählt, einzufühlen.[108] Warum soll Jesus nicht seiner Jünger bedürfen, um tiefer in seine Sendung hineinzufinden? Wenn Jesus voller Mensch ist, dürfen wir auch solche Verunsicherungen nicht ausschließen. Wie wichtig kann in entscheidender Stunde das richtige Wort eines uns nahestehenden Menschen sein!

Petrus antwortet: *»Du bist der Messias Gottes!«* (Mk 8,29b) Wir können das etwa so übersetzen: Du bist der, auf den wir all unsere Erwartungen setzen; du bist der, von dem wir wissen, daß er all unsere Sehnsüchte, unsere kühnsten Hoffnungen erfüllt. – Das klingt überschwenglich, anrührend naiv. In einer Stunde lebensgefährlicher Entscheidung können wir verstehen, daß Jesus Petrus so schwer anfährt: *»Hinweg mir dir, Satan, du hast nicht das im Sinn, was Gott will; du denkst nach Menschenart.«* (Mk 8,33) – Wir können wiederum übersetzen: Ist dir eigentlich klar, was du da sagst? Ahnst du, daß es bei dem jetzigen Weg um Leben und Tod geht, daß sie mich umbringen werden? Und wenn du schon so vollmundig daherredest: Würdest du mir folgen? Wärest du bereit, zu mir zu stehen, auch wenn es dir dabei selber ans Leder geht?

Wenn uns der Evangelist Matthäus diesen Abschnitt aus dem Leben Jesu erzählt, so tut er dies nicht, um uns darüber zu informieren, wie das damals war. Die Evangelien sind aufgeschrieben worden von Menschen, die ein Glaubenszeugnis geben wollten. Wenn wir deshalb hier in der Heiligen Messe diese Frage Jesu hören, wenn wir uns nachher im Eucharistischen Hochgebet seinen Lebenseinsatz vergegenwärtigen, wenn wir ihn dann empfangen in der Heiligen Kommunion, so ist es im Grunde, als fragte uns Jesus selbst: »Du aber, wer sagst du, daß ich sei?« »Wer bin ich für Dich?« – Wie werden wir darauf antworten?

Leider darf nur ich hier predigen; denn recht eigentlich müßten jetzt wenigstens ein paar von uns hier an den Ambo treten, um für ihre Person Antwort zu geben auf die Frage »Ihr aber, wer sagt Ihr, daß ich sei?«

Es nützte nur wenig, zu sagen, Jesus sei der Sohn Gottes, er sei der Messias Israels oder ähnliches. So richtig solche Antworten sind, so können sie doch zu Formeln erstarren, von denen wir nicht einmal ahnen, was sich hinter ihnen verbirgt. Hinter theologischen Richtigkeiten kann man sich wunderbar verstekken.

Deshalb will ich einmal versuchen, Antwort zu geben auf Jesu Frage, auch wenn jeder von Ihnen zuguterletzt selber seine Antwort finden muß. Aber vielleicht kann meine Antwort dem einen oder anderen ja eine Hilfe sein. Vielleicht würde ich folgendermaßen reden:[109]

Jesus,
für Dich begegnet dir Gott in allen Dingen.
In allem begegnet Dir ein liebender Wille,
der Dich kennt, Dich sieht, Dich hält,
und folglich kann keine Macht der Welt Dir etwas anhaben.
Gott ist Dir wirklicher als die Dinge, die dich umgeben.
In der Arbeit, in der Natur, in den Gerätschaften,
in den Menschen,
in allem und in allen begegnet Dir Gott,
alles ist Dir Gleichnis und Anruf Gottes an Dich.
Getragen von Ihm,
öffnest du Dich jedem Menschen,
siehst im Lichte Gottes alles neu wie am ersten Tag,
löst die Verstrickungen, hellst auf die unseligen Schatten,
linderst das Leid, ißt mit den Menschen,
läßt Dir von Dirnen die Füße waschen,
berührst die Leprosen,
gehst um mit den Armen,
hast keine Angst vor den Reichen.
Du willst, daß alle Menschen so Kinder Gottes sind,
wie Du selber es bist,
willst uns locken, uns in Gott geborgen zu wissen wie Du.

»Macht euch keine Sorgen«, hast Du gesagt.

»Sucht zuerst das Reich Gottes, alles andere kommt von alleine dazu.«

»Seht die Lilien auf dem Felde: Sie säen nicht, sie ernten nicht, sie spinnen und schneidern nicht, und doch sind sie schöner gekleidet als Salomo in all seiner Pracht.«

Das gilt immer, willst Du sagen,
selbst wenn unsere Augen es nicht sehen.
Gerade unsere Armut, unsere Ohnmacht preist Du selig,
denn sie sind es, die uns spüren lassen können,
daß wir nur aus dem allmächtigen, liebenden Willen
des himmlischen Vaters,
aus dem göttlichen Urgrund der Welt werden leben können.

Weil Du so von Gott getragen bist, so unerbittlich und doch liebevoll offen allen Menschen in Gott begegnest, deshalb ist Dir alles Ungerade, alle Heuchelei, alle Heimlichtuerei, alles Protzen, alle Gewalttätigkeit zuwider.

»Eure Rede sei ja – ja und nein – nein, alles andere ist vom Bösen«, hast Du gesagt. Aber Du hast es nicht nur gesagt, Du hast es gelebt, und so stehe ich fassungslos vor Dir.

Du bist der Menschensohn.

Alles, was ich mir an Menschlichkeit, an souveräner Größe und Weite, an Barmherzigkeit und Wärme, aber auch an Geradlinigkeit und Wahrhaftigkeit mir selbst gegenüber ersehnen kann – Du lebst es.

So erzählt es die Schrift.

Wenn Jesus mich dann anherrschte, mir drohte, so etwas zu sagen, wenn er mir vorhielte: »Weißt du nicht, daß ein Mensch, der so lebt, wie du es gerade beschreibst, über kurz oder lang zwischen die Fronten gerät? Ist dir nicht klar, daß in einer Welt, in der es auf die Wählermehrheit, auf Geld und Einfluß und die harten Ellenbogen ankommt, ein Mensch, wie du ihn schilderst, sich bestenfalls lächerlich macht, schlimmerenfalls aber zwischen die Räder gerät und sterben wird« (vgl. Mk 8,31) – dann müßte ich antworten:

Ja, das meine ich zu wissen.
Aber gerade deswegen weiß ich ja auch nicht,
wie ich es machen soll, so zu leben wie Du.
Du lebst auf übermenschliche Weise menschlich.
Bist Du mehr als ein Mensch?
Bist Du vielleicht – Gott?
Nimm mich an die Hand,
laß mich Gott, Deinen Vater, so schmecken,
wie Du ihn schmeckst,
laß mich Ihn so spüren wie Du Ihn spürst,
damit ich mich von Ihm getragen weiß
und wenigstens beginne, Dir zu folgen.

So würde möglicherweise ich antworten auf Jesu Frage: »Du aber, wer sagst du, daß ich sei?« Sie würden anders antworten. Aber wie? Ob Sie nicht jetzt in der Stille und später dann nach der Heiligen Kommunion darüber nachsinnen wollen?

11. Abendmahl und Fußwaschung*

Vielleicht ist es ja richtig, liebe Schwestern und Brüder, daß wir auch in diesem Jahr auf die Fußwaschung verzichten – grundsätzlich wäre es möglich, dieses liturgische Spiel zu vollziehen, aber da sind so viele Widerstände, innere wie äußere, so viele Peinlichkeitsgefühle, so viele Hemmschwellen zu überwinden. Warum eigentlich? Die Fußwaschung führt uns doch nur drastisch vor Augen, was wir in jeder Heiligen Messe begehen: Jesu Liebesdienst an uns, den Jüngerinnen und Jüngern; sein Hinübergang zum Vater; das Pascha des Herrn. Warum also diese Abwehr, diese instinktive Scheu? Ob es mit dem zu tun hat, was die Messe in ihrem innersten Kern ist und darstellt? Und ob dieser Kern, einem Glutkern ähnlich, uns verbrennen würde, wenn man ihm zu nahe käme?

Was ist der Glutkern der Messe? – Die Antworten wandeln sich im Laufe der Generationen: »Gemeinschaft mit Jesus und untereinander«, lernen unsere Kinder im Kommunionunterricht. Gemeinschaft ist etwas Schönes: *»Wo zwei oder drei in meinem Namen versammelt sind, da bin ich mitten unter ihnen«* (Mt 18,20), keine Erstkommunionfeier ohne diesen eingängigen Kanon. Dagegen hatte, wer bis vor etwa 40 Jahren zur Erstkommunion ging, im Religionsunterricht den Satz auswendig zu lernen: *»Die Heilige Messe ist die unblutige Vergegenwärtigung des Kreuzesopfers Christi auf dem Altar.«*[110] Worte von unheimlicher Wucht. Ob je ein Kommunionkind sie verstanden hat? Wahrscheinlich nicht, aber man ahnte wohl doch ihre Bedeutsam-

* Predigt zur Gründonnerstagsliturgie in der Kugelkirche Marburg, 21. April 2011. – Lesungstexte: Ex 12,1–8 + 11–14; 1Kor 11,23–26; Joh 13,1–15.

keit, und die war groß und schwer. Dazu paßte das Setting von kirchlichem Gebot und liturgischer Gestalt: Beichte und strenge Nüchternheit waren die Einlaßbedingungen, um »würdig« zum »Tisch des Herrn« zu gehen. Die alte Messe war klerikal gesettelt und vertikal ausgerichtet; die harten Themen des Christlichen, Schuld und Sühne, Gnade und Erlösung, Kreuz und Auferstehung standen im Zentrum. Heute ist es dagegen eher das Weisheitliche, Menschenfreundliche der jesuanischen Lebenspraxis, was uns anzieht; die dunklen Themen sind merklich in den Hintergrund getreten. Und das ist ein Gewinn. Wer wollte ernsthaft zu den alten Zeiten zurück!

Jedoch – kein Gewinn ohne Verlust. Sind wir auf der Höhe der Lebenspraxis Jesu? Sind wir einander liebevoll zugewandt und sozial engagiert? Entdecken wir im Nächsten das Antlitz Christi? (Mt 25,31–46) Man kann die Frage auch umkehren: Sind die Gebete der alten Messe, die vor allem von der Erlösungsbedürftigkeit des Menschen und dem heilbringenden Opfer Christi sprachen, wirklich passé? Alles Lebenschaffende muß sich ja immer erst durchsetzen gegen das Schwierige, Widerwärtige des Lebens. Man merkt dies nicht zuletzt an dem reflexhaften Widerstand, der einem entgegenbrandet, sobald das Gespräch, und sei es noch so zaghaft, auf die Fußwaschung kommt: *»Sollen wir in diesem Jahr nicht vielleicht doch einmal …?«* Und die Reaktion, wie in jedem Jahr: *»Um Gottes willen. Bloß nicht!«* – Warum?

Vielleicht, weil wir merken, daß die liturgische Fußwaschung ein Spiel ist und Gefahr läuft, Spiel zu bleiben. Und gerade dadurch unsere Unfähigkeit zum selbstvergessenen Liebesdienst decouvriert.

Wofür steht denn die Fußwaschung? Sie steht für eine Hingabe, die etwas Beschämendes hat. Da kniet sich jemand vor mir nieder und vollzieht eine Arbeit, die im östlichen Mittelmeerraum bis ins 19. Jahrhundert den Sklaven, Domestiken, Dienern vorbehalten war. Einem Menschen die kotverschmutzten Stiefel abzuziehen, ihm die verschwitzten Füße zu waschen, konnte zwar auch Zeichen der zuvorkommenden Gastfreundschaft seitens des Hausherrn sein, war in der Regel aber Zeichen der Subalternität. Niemand will subaltern sein, unterwürfig, demütig, devot. Im Gegenteil: Wenn ein Mächtiger für einen Moment die Rolle wechselt und sich in die Subalternität begibt, merkt man erst recht, daß er und niemand sonst der Herr ist. (Die bayerischen Könige und die Habsburger Kaiser, ähnlich wie der Papst in Rom heute noch, vollführten bis ins Jahr 1918 am Gründonnerstag die Fußwaschung an ausgewählten Untertanen; damit wurde erst recht deutlich, wer hier die Macht hat.)[111] Es spricht in der Tat manches dagegen, dieses Spiel mitzumachen. Die Dialektiken der Macht sind viel zu subtil und viel zu wenig durchschaubar, als daß man sie unbesehen liturgisch in Szene setzen dürfte. »Wer sich selbst erniedrigt, *will* erhöht werden«, sagte dazu Nietzsche.[112] Da hat der Gewißheitszertrümmerer viel Wahres gesehen.

Und doch spräche manches auch für unser liturgisches Spiel. Was spricht dafür? Vielleicht dies: Die liturgische Fußwaschung antizipiert, was wir nicht oder jedenfalls nur selten leben. *»Wo zwei oder drei in meinem Namen versammelt sind…«* (Mt 18,20): Die Präsenz Christi in solch einem geschwisterlichen Mitsammen realisiert sich ja nur dann, wenn jene, die da versammelt sind, nicht nur dem Namen nach in Jesu Namen versammelt sind (Name ist bekanntlich Schall und Rauch), sondern »in der Tat und in der Wahrheit«. (1Joh 3,18) Wo aber wären wir wirklich einmal wahrhaftig in Jesu Namen beisammen? Wo realisieren wir durch unser Leben und Tun, daß wir einander zuvorkommend sind, selbstvergessen dem anderen zugewandt, liebevoll und gütig? Wir wären Heilige. Wir wären Menschen, in deren Gegenwart etwas von Jesus spürbar wird.

Und eben da hebt das Problem an: Wir sind keine Heiligen. Und ob Jesu Gegenwart unter uns spürbar ist … – darüber müßte man Außenstehende befragen. Offensichtlich ist nur eines: Wir sind fragwürdig, anfechtbar, wankelmütig, nicht selten mehr- und doppeldeutig. Wie oft werden wir uns selber zum Rätsel! Schauen wir uns doch nur um: Wenn ich mit jemandem an einem Tisch sitze oder in derselben Kirchenbank, der erfolgreicher ist als ich, der so vieles besser kann … Er braucht gar nicht überheblich zu tun; die Tatsache, daß er ist, wie er ist, reicht oft schon aus, um sich hintangesetzt zu fühlen. Wie oft stechen und bohren solche Empfindungen, wie oft quälen sie uns: nicht hinreichend anerkannt und wertgeschätzt zu sein, der fatale Zirkel von Minderwertigkeitsempfinden und Überwertigkeitsgefühl. Das hellsichtige und zugleich wunderbar skurrile Buch von Paul Watzlawick *»Anleitung zum Unglücklichsein«* beschreibt diese überflüssigen und doch nur schwer abzustellenden Mechanismen, mit denen wir uns und anderen im Wege stehen. *»Wenn nur die anderen nicht wären, wie schön könnte das Leben sein!«*[113]

Wenn man sich dann noch einmal den volltönenden Satz vornimmt »Wo zwei oder drei in meinem Namen versammelt sind …« (nicht einfach nur nominell, sondern »in Tat und Wahrheit«), dann möchte man sich manchmal am Kopf kratzen und murmeln: Wenn dieser Satz stimmt, dann ist Jesus – nirgendwo. Denn wo wären wir je so in seinem Namen versammelt, daß sein Geist unter uns vollgültig zu wirken begänne?! (Das ist, nebenbei bemerkt, ja auch der Grund, daß viele Menschen nicht wissen, ob es einen liebenden Gott gibt, einen gewaltig-zuvorkommenden Urgrund, der uns trägt und hält, weil sie, erstens, nie eine solche geisterfüllte Gemeinschaft unter Menschen erfahren haben und sich, zweitens, selber gut genug kennen, um zu wissen, daß auch sie nicht selbstlos lieben können.)

Ich vermute, daß es solche Gedanken sind, die uns hindern, unbefangen mit dem liturgischen Spiel der Fußwaschung umzugehen. Man bekommt die eigene Peinlichkeit zu sehr vor Augen geführt. Und so könnte man mit Fug und Recht sagen: Das Zurückschrecken vor einer solchen Inszenierung zeugt von einem echten evangelischen Instinkt. Es gibt Inszenierungen, die, so gut sie gemeint sind, nicht nur ans Bigotte, sondern ans Blasphemische rühren.

Aber gehen wir noch einmal zurück zum heutigen Evangelium: Wie war es denn, als Jesus seinen Jüngern die Füße wusch? War es da anders? Da ist Judas, der ihn verraten wird; Petrus, der ihn verleugnet; die übrigen Apostel, die fortlaufen, als es ernst wird. Täten wir es anders? Und haben sie, die Apostel, es anders getan, als wir es tun? – Vielleicht ahnen wir jetzt, was es heißt, Jesus habe am Abend des Gründonnerstags nicht nur seinen Leib ausgeteilt; er habe darüber hinaus auch Blut geschwitzt vor Angst. Er kannte seine Freunde und wußte, woran er mit ihnen war. *»Konntet ihr nicht eine Stunde mit mir wachen?«* (Mk 14,37 parr) – Und vielleicht ahnen wir jetzt auch, was es heißt, daß wir heute abend und überhaupt in jeder heiligen Messe nicht nur ein einfaches Mahl feiern, um Gemeinschaft mit Jesus und untereinander zu haben, sondern daß es das Gedächtnis der Liebeshingabe Christi ist »usque ad mortem crucis« (Phil 2,8c), das wir begehen. *»Denn in der Nacht, da er verraten wurde …«*

Was unsere Gemeinschafts- und Liebesfähigkeit angeht, da leben wir von Hoffnungen, Sehnsüchten, Illusionen. Morgen werden wir wieder beginnen, übereinander zu reden, mal ungnädig, mal bissig, mal herablassend, mal spitz oder scharf. Und deshalb spüren wir instinktiv, wie peinlich es ist, wenn wir im liturgischen Spiel so täten, als ob. – Aber wenn wir bedenken, was die Messe auch ist: Gedächtnis der Selbsthingabe Jesu bis in den Tod, dann ahnen wir vielleicht, was es heißt, wir seien durch das Kreuz erlöst. Es heißt: Gott weiß, wie wenig wir auf erlöste Weise gemeinschaftlich leben können. Er sagt uns nicht: »Ihr müßt aber und sollt«, sondern: *»Ich nehme euch so an, wie ihr seid und trage es, ertrage euch in eurer Unfähigkeit, in eurem Neid, eurem Geltungsdrang, euren Verletztheiten. Denn ich kenne euch und habe euch trotzdem die Füße gewaschen.«* (Vielleicht dürfen wir sogar glauben, er könnte sagen: *»Ich habe euch deswegen die Füße gewaschen.«* Weil wir selber dazu unfähig sind.)

Wenn wir im Exsultet der Osternacht den geradezu widersinnigen Satz hören, es gebe eine »glückliche Schuld«, eine »felix culpa,« d.h. wir sollten uns unserer Unfähigkeit zur Gemeinschaft nachgerade glücklich preisen, dann steckt wohl genau dieser Gedanke dahinter: Gott liebe uns so sehr, daß es geradezu unsere Unfähigkeit zu erlöster Gemeinschaftlichkeit sei, die ihn dazu treibe, uns bis in unsere äußersten Verstiegenheiten nachzugehen. Ein paradoxer, widersinniger Gedanke! Und gerade darin groß. Göttlich groß!

Wo immer wir beginnen, diesen Zusammenhängen Glauben zu schenken, da brauchen wir uns über unser eigenes Gemeinschaftsvermögen keinen Illusionen mehr hinzugeben und können dennoch immer wieder den ersten Schritt aufeinander zu wagen. Denn Gott ist in Christus längst den ersten Schritt auf uns zugegangen. Das Vertrauen, daß Er uns in unserem Neid, unseren Minderwertigkeitsgefühlen, unseren Verletztheiten annimmt und aushält, gibt uns die Hoffnung, es werde möglich, daß auch in unserer Mitte ein Fünklein Güte und Mitleid aufleuchte: daß Er *»mitten unter uns«* sei. – Ohne den Ernst der Lebenshingabe Christi ist dieser Satz blauer Dunst, ohne sie wäre das liturgische Spiel der Fußwaschung Heuchelei, denn eine solche Liebe gibt es unter Menschen nicht. Aber wenn es zuallernächst die Hingabe Christi ist, derer wir in der Heiligen Messe eingedenk sind, und nicht so sehr unsere eigene Gemeinschaftlichkeit, dann wird vielleicht doch deutlich, daß es nicht mehr vor allem von uns abhängt, ob uns das Leben gelingt, sondern von Ihm, dem Heiligen, denn Er ist es, der uns längst schon trägt. Und so werden wir uns erträglich, ein-ander verträglich. Und so kann Gemeinschaft möglich werden – wirklich und im echten Sinne des Wortes. Das laßt uns heute, an diesem Abend, feiern.

12. Hinabgestiegen in das Reich des Todes*

Christi Kreuz: Wie vielen Menschen mag es nicht Trost gewesen sein in den Stunden der Einsamkeit, mag ihnen ermöglicht haben zu glauben und zu hoffen: Da ist einer, der meine Nöte kennt, der mir treu zur Seite steht und mich nicht verläßt.

Aber es gibt auch andere Erfahrungen. – Als junger Kaplan brachte ich einer alten Ordensfrau über längere Zeit wöchentlich die Krankenkommunion. Sie litt seit zwanzig Jahren an Multipler Sklerose, ging zunächst noch an Krücken, dann kam der Rollstuhl, die letzten vier Jahre war sie bettlägerig, konnte schließlich nur noch den Kopf bewegen. Bei meinem letzten Besuch, wenige Tage vor ihrem Tod, verweigert sie die Kommunion. Ihr Blick ist starr auf den Kruzifixus gerichtet, der am Fußende ihres Bettes an der Wand hängt. Und plötzlich flüstert sie deutlich und bestimmt die Worte: »Ich habe mehr gelitten.«

Was für ein furchtbarer Satz.

Und wie wahr.

Mein Gott, was sind schon sechs, zwölf oder auch vierundzwanzig Stunden peinlichen Verhörs, schroffer Behandlung, ungerechter Verurteilung, relativ rasch vollzogener Hinrichtung gegenüber zwanzig Jahren, in denen der eigene Körper sich langsam in eine Gefängniszelle verwandelt, aus der es kein Entrinnen gibt?! Und die alte Frau hatte das Glück, medizinisch gut versorgt zu sein. Man hört dagegen von so vielen anderen Schicksalen, um ein Vielfaches furchtbarer als dieses. Was ist mit

* Predigt am Karfreitag 2012, Kugelkirche Marburg. – Als Texte standen zur Verfügung: Jes 52,1.3–53,12; Hebr 4,14–16; 5,7–9; Phil 2,5–11; Joh 18,1–19,42.

ihnen? Was mit den Insassen der indonesischen Foltergefängnisse, von denen uns Amnesty International berichtet? Monatelang bis zu den Hüften unbeweglich in Wasser zu stehen (der Leib verfault in seinem eigenen Kot und Urin). Was mit den Eltern, die gezwungen werden, der Hinrichtung ihrer Kinder zuzuschauen, um sie dann eigenhändig in die Verbrennungsöfen zu schieben?[114] Was mit den zu lebenslanger Zwangsarbeit in Steinbruch und Bergwerk verurteilten Gefangenen, von denen uns Alexander Solschenizyn im »Archipel Gulag« erzählt?[115]

Aber damit ist das Drama ja noch lange nicht zuende. Denn was ich hier aufliste, ist ja »nur« das Leid, das Menschen einander antun. Was hingegen ist mit dem Leid der Tiere, die eine unbarmherzige Natur einander zum Fraß bestimmt? Haben wir uns je eine Vorstellung gemacht von der panischen Angst der Gazelle, wenn ein Leopard sie zu Tode hetzt? Eine Vorstellung von der dumpfen Verzweiflung der Languste, die, umschlungen von einem Oktopus, von diesem aufgeknackt wird, um dann bei lebendigem Leibe aus der Schale gesogen zu werden? Reinhold Schneider, der große Dichter der Kriegs- und Nachkriegszeit, hat in seinem letzten, unmittelbar vor seinem Tod veröffentlichten Buch »Winter in Wien« (1956) diese beklemmenden Zusammenhänge bis zum Überdruß beschrieben:

»Leben ist immer Tod des Lebens. Verdammnis zum Dasein, eine rotierende Hölle, das Nichts in der Erscheinungsform der Qual. Die Bewunderung der Zweckmäßigkeit, mit der ein Tier zur Vernichtung des anderen ausgestattet ist, grenzt an Verzweiflung. Wenn man die Visionen des Hieronymus Bosch im Irdischen beläßt, woher sie stammen, sind sie unwiderlegbar.«[116]

Wie bedrückend wahr! – Und gegen die Autorität dieser Wahrheit wagt das christliche Glaubensbekenntnis die Behauptung, das alles sei ge- und ertragen auf Golgatha? Das alles sei hineingenommen in das Kreuz Christi, um zusammen mit ihm in der österlichen Auferstehung hineinverwandelt zu werden ins unvergängliche Leben? Und deswegen seien die Myriaden von Toden der Menschheits- und Naturgeschichte, deswegen seien auch die noch vor uns stehenden Kaskaden nicht-enden-wollenden Leids bis in alle Zukunft hinein überwunden, geheilt, erlöst?

Ist das nicht maßlos?

Ja, es ist maßlos.

Es sprengt menschliches Maß.

»Die Nacht von Golgatha«, schreibt Albert Camus, »hat nur darum für die Geschichte der Menschen soviel Bedeutung, weil in ihrem Dunkel die Gottheit, sichtbar auf alle hergebrachten Privilegien verzichtend, bis zu ihrem Ende, alle Verzweiflung eingeschlossen, die Todesangst durchlebt.«[117] Nur wenn das Menschengeschick bis in seine Tödlichkeit hinein von der Gottheit übernommen und unterfangen ist, ist dem Tod der Stachel gebrochen. (Das meint zwar nicht mehr Camus; aber andere meinen es mit ihm und gegen ihn.)

Ausgehend von dieser Überzeugung haben denn auch die Evangelisten ihre Passionserzählungen gestaltet. Alles Leid, das Israel im Laufe seiner langen Geschichte erlitten hat, wird übertragen auf Jesus und in ihm wie in einem Brennglas zusammengefaßt: Verlassen zu sein nicht nur von den eigenen Freunden (Mk 14,32–41 ← Jes 50,5f.; Ijob 6,14–30), sondern auch von jenem Gott, in dessen Liebe man sich ein Leben lang geborgen wußte (Mk 15,34 ← Ps 22; 88; Ijob 9–10; Jes 52,13–53,12). Verraten und verleugnet zu werden von den nächsten Angehörigen, mit denen man alles geteilt hatte (Mt 26,48–50; Lk 22,54–62 ← Ps 41,10). Verhöhnt zu werden von der Menge, die gestern noch »Hosianna« schrie und heute »Kreuzige ihn« (Mk 11,9f. + 15,13.15 ← Ex 17,1–4; Ijob 16,10f.). Zum Spielball politischer Intrige zu werden (Lk 23,12), zynisch behandelt von den Mächtigen (Joh

18,38 ← Weish 2,12–20), gedemütigt, bespieen und gepeinigt von einer sadistischen Soldateska (Mk 15,16–20a; Lk 22,63–65 ← Ps 22,17–19.21f.); quälenden Durst zu leiden (Joh 19,28f. ← Ps 22,16; 69,22), körperlichen Schmerz der furchtbarsten Art; schließlich ein qualvoller Tod. Das alles habe Christus erlitten und ertragen – und in ihm Gott. Und damit habe er das Schicksal Israels zur Gänze unterfangen und getragen.

Sie sehen, liebe Schwestern und Brüder, es reicht nicht aus, in Jesus einen guten Menschen vor Augen zu haben, einen Wunderrabbi, einen religiösen Revolutionär. So sympathisch das alles sein mag, sein Tod wäre nur ein weiterer Tod in der unaufhörlichen Reihe des Geborenwerdens und Sterbens. Wenn in Jesu Sterben das Leid nicht nur des Menschengeschlechts, sondern der Naturgeschichte insgesamt soll getragen sein (und eben das behauptet der Karfreitag), dann muß Jesus mehr sein als ein Mensch. Dann muß er Mittler sein zwischen Natur und Geschichte, Geschichte und Gott, Gott und Mensch. Ein solcher Mittler kann Jesus aber nur sein, wenn in ihm die qualitativ unendliche Kluft zwischen dem Ewigen und dem Zeitlichen, dem Sterblichen und dem Unsterblichen überbrückt ist – mit andern Worten: wenn in ihm als dem menschgewordenen Logos der Ewige Gott den allerletzten Schritt in sein Geschöpf vollzieht, in die Erdennacht.[118] Wie soll man das verstehen?

Begrifflich läßt sich das gar nicht verstehen, denn diese Zusammenhänge sprengen alle Begrifflichkeit.[119] Und so haben die Kirchenväter des dritten und vierten Jahrhunderts auf ein Bild zurückgegriffen, das sie aus ihrer griechischen Umwelt kannten und das ihnen höchst geeignet erschien, diese Zusammenhänge zu veranschaulichen.[120] Sie kennen es alle, wir sprechen es an jedem Sonntag im Apostolischen Glaubensbekenntnis: *passus sub Pontio Pilato, crucifixus, mortuus, et sepultus est, descendit ad inferos*, wie es im lateinischen Original heißt: *»gelitten unter Pontius*

Pilatus, gekreuzigt, gestorben und begraben, hinabgestiegen in das Reich des Todes«. Das Bild, das hier herbeigerufen wird, ist das Bild vom Höllenabstieg Christi. Was hat es damit auf sich?

In der griechischen Mythologie war man der Überzeugung, daß Helios, der Sonnengott, wenn er abends im Westen in den Fluten des Okeanos untergehe, an der Unterseite der Erde entlanglaufe, um den Toten, die im Dunkel des Hades sind, das Licht zu bringen. Wenn er dies vollbracht habe, dürfe er am Morgen im Osten wieder auferstehen. (Vgl. Ps 19,5–7)

Diesen griechischen Mythos haben sich die Kirchenväter zu eigen gemacht, um zu beschreiben, was in jenem Moment geschehen sei, da der sterbende Christus seinen Kreuzesschrei ausgestoßen habe (Mt 27,45–54; Mk 15,33–39 ← Ps 22,2): In seinem Sterben am Kreuz, so die Kirchenväter, habe sich Christus den Menschen der vor ihm lebenden Generationen dermaßen gleichgemacht, daß ihr Schicksal sein Schicksal geworden sei. Auch Christus habe die Reise in die Unterwelt antreten müssen. In seinem Sterben sei er in das Reich der Toten geradezu eingebrochen, er sei »zur Hölle gefahren«[121], um deren Pforten zu zerbrechen und die Toten zu befreien.[122] Denn Christus als der Herr über Leben und Tod sei in der Totenwelt nicht einfach Schatten unter den vielen Schattengestalten; sein Einbruch in die Welt des Todes sei vielmehr das Signal für die dort versammelten Toten, aufzubrechen in das Reich des Neuen Österlichen Lebens.

Was hier so mythisch daherkommt, findet in der Osterikone der Orthodoxen Kirche seinen theologisch sinnfälligen Ausdruck.[123] Da sieht man das Höllenloch, über dem die beiden Kreuzesbalken liegen; auf diesen steht Christus. Er neigt sich herab und packt, stellvertretend für das ganze Menschengeschlecht, Adam und Eva bei den Handgelenken, um ihnen aus der Finsternis des Todes herauszuhelfen. Beide machen einen etwas benommenen Eindruck, so als trauten sie dem, was da an ihnen geschieht, nicht so recht über den Weg. Wie auch! Das Wunder, das sich an ihnen vollzieht, ist ja auch kaum zu glauben.

Was gibt uns das mytho-poetische Bild vom Höllenabstieg Christi zu denken? Zunächst sicherlich dies: Wenn Ostern nicht irgendeine enthusiasmierte Behauptung sein soll, so muß in diesem Geschehen die ganze Dramatik der unerlösten Schöpfung, das Unheil nicht nur der Menschen-, sondern auch der Naturgeschichte zur Sprache kommen. Alles andere wäre »billige Gnade« (Dietrich Bonhoeffer). Billige Gnade ist Zuckerwasser, ist Vertröstung, ist das Gegenteil wirklichen Trostes. Vertröstung ist bigott. Trost hingegen ist Gott. Das Bild vom *Descensus Christi ad inferos* stellt uns vor Augen, was Erlösung im starken Sinn des Wortes meint: Alles Unheil dieser Welt, so sehr es auch vergessen sein mag, komme noch einmal heilsam zur Sprache; es sei eingelagert in Gottes Gedächtnis, denn in Christi Tod und Auferstehung sei es unterfangen von Ihm, der sich uns bis ins Äußerste gleichgemacht habe. Und so gebe es nichts mehr, was uns scheiden könne von Ihm, dem Ewigen: weder Vergangenes noch Gegenwärtiges noch Zukünftiges; denn alles sei unterfangen von Christus, in dem uns Gott selber entgegenkomme. (Vgl. Röm 8,35)

Im Bild vom *Descensus* wird anschaulich, was jenseits aller Anschaulichkeit ist. Wenn wir uns morgen Nacht zur Ostervigil versammeln, so feiern wir die helle Seite dessen, was wir heute und hier in der Karfreitagsliturgie begehen: daß die Pforten der Hölle durch Christi Hölleneinbruch gesprengt sind und die Mächte des Todes ihre definitive Macht verloren haben (1Kor 15,55), mögen sie vordergründig bis auf weiteres auch noch so sehr am Werk sein. Denn wo Christus ist, ist Gott, und wo Gott ist, ist nicht Tod, sondern Leben (vgl. Röm 4,17). Karfreitag sagt: Seitdem Christus sich unseren Toten gemein gemacht hat, leben sie »durch Ihn und mit Ihm und in Ihm«. Das aber heißt: Auch wir, die wir zu leben vermeinen, werden »durch Ihn und mit Ihm und in Ihm« leben mit ihnen – und sie mit uns. Wenn wir dieser unglaublichen Botschaft doch Glauben schenken könnten – wie anders wäre das Leben!

13. Neunmal dasselbe: »O Licht der wunderbaren Nacht«*

In dieser Nacht schürzt sich der Knoten. In den Stunden der Ostervigil kommt zu seiner äußersten Verdichtung, was wir in den vergangenen drei Tagen und Nächten bedacht und begangen, beweint und betrauert haben:

In den Abendstunden des Gründonnerstags die Hingabe Christi an seine Jünger bis in die intime Berührung der Fußwaschung, um der einmal übernommenen Sendung die Treue zu halten. – In der nächtlichen Stunde am Ölberg dann das Grauen der Gottverlassenheit, das Stunden später im Kreuzesschrei aufgipfelt: *»Eli, eli, lama sabachthani«*, ein Abgrund, in den beide Seiten gleichermaßen involviert sind: der Sohn, der nach dem Vater schreit nicht minder als der Vater, der sein Eigenstes, den Sohn, in die Finsternis stürzen sieht, um auch die untergründigste Gottverlassenheit des Menschen, die des Todes, noch unterfangen sein zu lassen von Ihm, Gott. – Schließlich die unheimliche Stille der Grabesruhe am Karsamstag, die umso lauter dröhnt, je mehr man sie mit Geschäftigkeit zu übertönen versucht.

Doch in all dem war immer schon präsent, was wir jetzt in dieser österlichen Morgenstunde begehen, auch wenn wir es nur selten zu sehen vermögen: Daß wir zur Lebendigkeit berufen sind, weil Gott ein Gott der Lebenden ist, nicht der Toten! Die Liturgie der Osternacht will uns nichts anderes zu Bewußtsein bringen als dies. Und sie tut es, indem sie den Bogen so weit wie nur irgend möglich spannt: Indem sie uns erinnert an das

* Predigt zur Osternachtliturgie in der Pfarrkirche Heilig Kreuz, Fronhausen-Lohra, 4. April 2015.

Wunder der Schöpfung, das den Chaosmächten Einhalt gebietet (Gen 1). Indem sie uns teilhaben läßt am Drama Abrahams, den man den Vater aller Glaubenden nennt, denn dessen schmerzhafte Erfahrung, im Angesichte Gottes alles lassen zu müssen, ist auch uns nicht unbekannt (Gen 22). Indem sie uns die Heilstaten Gottes mit Israel vor Augen führt: *Befreiung aus dem Sklavenhaus Ägypten und Errettung aus der tödlichen Bedrohung am Schilfmeer.* (Ex 14) Indem sie uns in allen nur erdenklichen Farben (Jes 54) die Freigiebigkeit Gottes ausmalt: *»Auf ihr Durstigen, kommt alle zum Wasser. Auch wer kein Geld hat, soll kommen! Eßt und trinkt. Labt euch an Gottes mütterlichem Reichtum!«* (Jes 55) Indem sie uns mit dem Propheten Baruch an die Weisheit erinnert, diese erste und schönste der Gottesgaben (Bar 3–4), um uns schließlich hineinzuführen in die große Vision des Propheten Ezechiel: *»Ich schenke euch ein neues Herz und einen neuen Geist. Ich lege meinen Geist in euch, und ihr werdet frei sein. Denn ihr seid mein Volk, und ich bin euer Gott.«* (Ez 36)

Dies alles, so die Liturgie der Osternacht: die Gaben von Leben, Freiheit, Reichtum, Weisheit und Gotteskindschaft – dies alles habe sich vereindeutigt und über die Maßen versichtbart in Jesus, dem Christus, in welchem Gottes Liebe für uns unverbrüchlich geworden sei. Von nun an könnten weder Sünde noch Tod noch Teufel uns scheiden von der Liebe Gottes. Der Apostel Paulus beschreibt dies eindringlich im sechsten Kapitel seines Römerbriefes, wenn er an jene göttliche Communio erinnert, die empfängt, wer sich taufen läßt hinein in den Tod und die Auferstehung Christi (Röm 6,3–11). – Erst das Osterevangelium läßt nach all dem Überschwang dann einen behutsameren, nachdenklicheren Ton anklingen, wenn es von der Ratlosigkeit und Verwirrung erzählt, die die Jünger befällt, als sie konfrontiert werden mit der Botschaft, daß angesichts der Auferstehung Christi selbst die Tödlichkeit des Todes nicht mehr sicher sei.

(Lk 24,1–12) Wie auch sollte man nicht in Verwirrung geraten angesichts des Wunderbaren, Unglaublichen?!

Sie sehen, liebe Brüder und Schwestern: Die Liturgie der Osternacht sieht sich genötigt, neunmal sagen zu müssen, was nur einmal zu sagen unmöglich ist. Aber reicht das aus? Müssen wir Heutigen uns die neun Lesungen der Osternacht nicht mehr als nur einmal sagen lassen? Müssen wir sie uns nicht immer wieder neu ausdeuten lassen, um von Ferne wenigstens zu erahnen, was uns hier und heute verheißen ist?

Ich möchte versuchen, mit Ihnen in knapper Raffung zu bedenken, was uns die Texte der Osternacht zu denken geben. Und beginnen möchte ich hierzu mit der ersten Lesung, dem priesterlichen Schöpfungsbericht, denn schon dieser Bericht ist eine österliche Geschichte durch und durch:

»Und Gott sah alles, was er gemacht hatte …« (Gen 1,31) – Schöpfung ist Ordnung, ist Gegensatz von Chaos. Wo Schöpfung ist, sind die todbringenden Mächte in geordnete Bahnen gelenkt: Abend und Morgen, Herbst und Frühling, Aussaat und Ernte, Tag und Nacht. Und so ist es kein Zufall, daß Ostern seit alters immer auch als Schöpfungsfest begangen wird, denn wo Schöpfung ist, ist Leben. Daran erinnert schon der Zeitpunkt des Osterfestes: nach dem Frühlingsvollmond richtet sich der Ostertermin. Die liturgische Ordnung schreibt sich ein in die kosmischen Rhythmen der Natur. Das Austreiben der Bäume und Blumen, das pulsierende Leben nach einem langen Winter – sie gehören zu Ostern ebenso hinzu wie die Schlachtung der Lämmer: Pessach als Ritual von Kleintierzüchtern und das dem Leben von Ackerbauern entstammende Fest der ungesäuerten Brote, das Mazzot-Fest. Der alte Sauerteig wird vernichtet und neuer Teig zum Frühjahr angesetzt. Schon ehe Ostern ein Fest der Israeliten war, war es ein Fest der Neuschöpfung der Welt nach einem langen Winter.

Auch die Osterkerze ist ein Bild frühlingshafter Schöpfung. Sie ist bereitet vom Wachs, das uns die Bienen in nimmermüdem Fleiß zur Verfügung stellen. Jetzt verzehrt sie sich, um Licht zu spenden, sie läßt sich verbrauchen, um die Chaosmächte der Dunkelheit zu vertreiben. Ohne Opfer und Hingabe gibt es kein neues Leben: *»In dieser gesegneten Nacht, heiliger Vater, nimm an als Abendopfer unseres Lobes, nimm diese Kerze entgegen als unsere festliche Gabe. Aus dem köstlichen Wachs der Bienen bereitet, wird sie dir dargebracht von deiner heiligen Kirche. [...] Denn die Flamme wird genährt vom schmelzenden Wachs, das der Fleiß der Bienen bereitet hat.«* Schauen wir auf die Liturgie unserer Osternacht, so entdecken wir, wie sehr sie erfüllt ist vom Gedanken aufbrechenden Lebens. Nicht zufällig hörten wir gleich zu Beginn in der ersten Lesung den immer wiederkehrenden Refrain: *»Und Gott sah, daß es gut war!«* Im Frühling sprechen wir diesen Satz gerne mit.

Reichen Schöpfungsfreude und Frühlingsfest aber wirklich aus, um uns das Leben sinnvoll zu gestalten? Brauchen wir zu Ostern nicht mehr als blühende Bäume, warme Sonne und sprossende Natur? Ich erinnere mich an die Erzählungen meiner Eltern, wenn sie uns Kindern vom Kriegsende im April 1945 berichteten. Über den zerstörten Städten brach ein blühender Frühling aus, wie man ihn selten gesehen hatte. Trost zu spenden vermochte er nicht. – Wohl deshalb feierten die Israeliten schon früh das Osterfest auch als ein Fest der Befreiung. Denn Schöpfungslieder und Frühlingssonne – sie helfen nicht weiter, ja müssen wie ein Hohn erscheinen, wenn ich im Gefängnis sitze oder vor den Trümmern der geliebten Stadt, vor den Leichen meiner erschlagenen Angehörigen, oder wenn ich versklavt bin, oder Mord und Totschlag herrschen um mich herum. Sollen wir uns wirklich der Schöpfung erfreuen, dann dürfen uns Gewalt, Unfreiheit, Verbrechen, Schuld und Tod nicht so sehr bedrängen. Deswegen hören wir in den Lesungen der Osternacht nicht nur ergreifende Schöpfungslieder, sondern lassen uns berichten von der Befreiung aus irdischer Gewalt. Wir hören die Lesung vom Auszug Israels aus Ägypten, von der Befreiung aus der Sklaverei.

Doch wieder stoßen wir an eine schmerzliche Grenze. Wir brauchen nur die Lesung vom Auszug aus Ägypten zu hören, die Freude über den Tod der Soldaten Pharaos in den Fluten des Roten Meeres: Endlich ersaufen sie, die verruchten und verhaßten Feinde! Es gibt Liturgen, die wegen solcher Rachegefühle diese Lesung kürzen. Die idealistischen Motive mag man verstehen, doch die Wirklichkeit sieht anders aus. Die Bibel ist kein ideales, sondern ein realistisches Buch. Sie schildert nicht, wie wir sein sollen (das tut sie auch); sie schildert zunächst und vor allem, wie wir sind. Wir erleben das erneut in diesem Jahr angesichts des siebzigsten Jahrestages des Endes des Zweiten Weltkriegs. Keine Frage, der Tag ist für Unzählige ein Tag der Befreiung, ein Tag der lang ersehnten Niederlage einer furchtbaren Diktatur, das Ende brutaler Gewalt. Aber für wie viele unschuldige Menschen ist es nicht auch ein Tag, da die Vertreibungen beginnen. Zwölf Millionen Ostpreußen, Schlesier, Pommern, Menschen aus den deutschsprachigen Teilen Böhmens, Mährens, Sloweniens, aus der Zips und dem Banat verloren ihre angestammte Heimat. Und für die russischen und ukrainischen Fremd- und Zwangsarbeiter, für die sowjetischen Kriegsgefangenen, die endlich in ihre Heimat zurückkehren konnten, begann nicht selten neues Leid. Denn sie wurden verdächtigt, mit dem Feind kollaboriert zu haben. Wieviele unter ihnen wanderten von den deutschen Konzentrations- und Arbeitslagern gleich weiter in den sowjetischen Gulag.

So zieht sich ein blutiger Faden durch die Menschheitsgeschichte: Jeder Sieg, jede Befreiung, jede Revolution (selbst wenn sie notwendig erscheinen mögen) sind selbst wie oft wieder rachsüchtig und ungerecht und fordern neue Opfer der Gewalt. Deswegen schildert uns die Osternacht die Bosheit der Menschen sowohl in den symbolischen Bildern der Sintflut (*»Es reute Gott, den Menschen geschaffen zu haben«*, so im Weihegebet über dem Osterwasser) als auch in den Anklagereden der Propheten. Es genügt eben nicht, an Ostern nur die Schöpfung, das junge Leben der Natur und die Linderung unserer irdischen Nöte zu feiern. Schuldzusammenhänge, die so drastisch sind, daß sie auch nach Generationen noch weiterwirken – sie verdunkeln jedem nachdenklichen Menschen die noch so berechtigte Freude an menschlichen Befreiungskriegen oder revolutionären Erfolgen.

Selbst wenn es gelänge, die Schatten menschlicher Befreiungstaten klein zu halten, es blieben trotz heller Frühlingsfreude und glücklichem Siegerjubel immer noch Krankheit und Tod. *»Unser Leben währet siebzig Jahre, und wenn es hoch kommt, sind es achtzig«*, heißt es beim Psalmisten. *»Das meiste daran ist Mühsal und Beschwer«* (Ps 90,10). Deswegen erschöpft sich die Osternachtsliturgie auch nicht in der Feier von Frühjahr und Natur bzw. in der Kommemoration geschichtlicher Befreiungserfahrung. In der Liturgie der Tauferneuerung, die im Zentrum der Osternacht steht, gedenken wir, daß der ewige Gott in Christus sich uns gleichgemacht hat, daß er so sehr eins wird mit uns, daß unsere Lasten seine Lasten werden, unsere Schuld seine Schuld, unser Sterben sein Sterben. Wir erinnern uns, daß Christus in unsere Abgründe hinabgestiegen ist (*»descendit ad inferos«*, wie es im lateinischen Glaubensbekenntnis heißt), daß Gott uns in Christus ewiges Leben schenkt, unsere Wunden durch seine Wunden geheilt werden (Jes 53,3 / 1Petr 2,24), das Leid, das man uns angetan hat und das wir anderen antun, verklärt sein wird durch die Errettung Christi aus dem Tod. Nichts anderes meint der Zusammenhang von Karfreitag und Ostern, der heute Nacht zum Schwur kommt.

Freilich bleiben Glück, Befreiung, Rettung durch Christus äußerlich weithin unsichtbar, sie zielen auf ein »Dann und Dort«, das unserer Seele eingeschrieben ist wie eine stille Melodie. Die Osterlieder, die wir heute Nacht und in den kommenden sieben Wochen der Osterzeit singen, sind ein hörbarer Aufklang jener stillen Melodie. Sie rufen uns das »Hier und Jetzt« jenes »Dann und Dort« ins Gedächtnis, und so können wir erahnen, was »kein Auge gesehen, kein Ohr gehört« und keine Hand berührt hat (1Joh 1,1–3): »Das Große, das Gott denen bereitet hat, die ihn lieben« (1Kor 2,9). Aus dieser Kraft können wir uns freuen an der Schönheit der in diesen Tagen aufblühenden Natur, können tun, was wir vermögen, können unsere Kräfte einsetzen für Frieden und Gerechtigkeit, ohne uns naiven Illusionen hinzugeben (denn unsere Kräfte sind begrenzt, und alles, was die Sterblichen anrichten, bleibt ambivalent), freilich auch ohne schwermütig zu werden, weil wir uns mit dem Unerreichbaren abfinden müssen. Denn jedes Ostern weckt neu die Sehnsucht nach Gott, der alles vollendet – dereinst.

14. Weg, Wahrheit, Leben*

Es fällt schwer, einem Evangelientext wie dem soeben gehörten standzuhalten. Noch dazu an einem Tag wie dem heutigen. Denn so sehr uns hier Trost zugesprochen wird (*»Euer Herz lasse sich nicht verwirren«*), so sehr unser Blick geweitet wird über den Alltag hinaus (*»Ich gehe, um einen Platz für euch vorzubereiten«*), so sehr verrätselt sich hier alles: *»Herr, wir wissen nicht, wohin du gehst. Wie sollen wir da den Weg kennen?«*

Ob das Evangelium uns mit dieser Frage nicht mitten in unsere eigenen Glaubens- und Unglaubensgeschichten versetzt? Schon die Jünger haben ja nur wenig vom Geheimnis Jesu verstanden: *»Schon so lange bin ich bei euch, und du hast mich nicht erkannt, Philippus?«*

Genau da hebt das Problem an: Wie soll man einem Menschen ernstlich nahekommen, wie sein innerstes Geheimnis ertasten, wie (durch alle Projektionen hindurch) ihn als den erkennen, der er ist, wo wir uns doch selber kaum kennen? Noch dazu wenn man instinktiv spürt, daß jener Mensch, der da spricht, aus entlegener Ferne kommt, aus einer Tiefe sich schöpft, die mir unzugänglich bleibt?

Ein Geheimnis umwittert Jesus. In den johanneischen Abschiedsreden strahlt es vielleicht am eindringlichsten auf; souverän und hoheitlich erscheint er da. Oder denken Sie an die Streitreden mit den Pharisäern und Schriftgelehrten: *»Und niemand wagte mehr, ihm eine Frage zu stellen«* (Mk 12,24/Mt 22,46); denken Sie an Jesu Begegnung mit Pilatus und Herodes

* 5. Sonntag der Osterzeit, Lesejahr A, Kugelkirche Marburg. – Festhochamt anläßlich der Silberprimiz des Predigers (18. Mai 2014). Lesungstexte waren Apg 6,1–7; 1Petr 2,4–9; Joh 14,1–12.

(Mt 27,11–14 par; Lk 23,9; Joh 18,19–23; 18,33–38; 19,8–11) oder mit den Ältesten, die ihn zu einer Verurteilung der Ehebrecherin nötigen wollen (Joh 8,1–11): sie alle müssen zuguterletzt vor ihm verstummen. Gleichwohl ist dieser Mensch nichts weniger als auftrumpfend, vielmehr »von Herzen demütig« (Mt 11,29), dem Geheimnis, aus welchem er sich schöpft, anheimgegeben: *»Ich tue nur, was der Vater mich heißt.« »Ich und der Vater sind eins.«* (Joh 8,28; 10,30) Wer dürfte es wagen, so zu reden! Wer könnte das auch nur von Ferne!

Wiederum in den anderen Evangelien, insbesondere bei Lukas, erscheint er den Menschen zugewandt bis ins Äußerste: Wie breit ist da das einfache Volk präsent, Fischer, Bauern, Tagelöhner, wie sehr füllt es den gesamten Raum um Jesus aus, wie sehr läßt er sich stören vom Bedürfen der Menge, den Fragen der Jünger, den Nöten der Armen und Kranken – ohne sich darin zu verlieren. Jesus setzt sich den Menschen aus, ohne sich gemein zu machen, er gibt sich selber preis, ohne zu taktieren. Jesus ist nicht der Caritas-Manager, er ist nicht der beflissene Gutmensch und auch nicht Weltverbesserer oder Revolutionär; er ist nicht der Kämpfer für das Selbstbestimmungsrecht Israels, nicht der Gründer einer Sekte oder Kirche – und schon gar nicht ist er Priester oder Theologe. Alle unsere Ideologien, alle unsere Erwartungen zerschellen an ihm. Es fällt schwer, ihn auf den Begriff zu bringen, dazu ist er uns viel zu nah und viel zu ferne zugleich. Aus seinen ersten dreißig Lebensjahren ist uns nur ein einziges Wort überliefert: *»Wußtet ihr nicht, daß ich in dem sein muß, was meines Vaters ist?«* (Lk 2,49) Dreißig Jahre – und nur ein Wort. Mehr war im Grunde bis zum Schluß nicht zu sagen.

Wenn man sich das alles vor Augen hält – muten die drei Worte, die der Johannesevangelist Jesus in den Mund legt, dann nicht seltsam großspurig an: *»Ich bin der Weg, die Wahrheit und das Leben; niemand kommt zu Vater außer durch mich«*? (Joh

14,6) – Die Zusammenhänge, denen diese Worte entnommen sind, mögen uns fremd erscheinen, und doch sind sie uns tief vertraut. Schauen wir sie uns etwas näher an:

1. *»Ich bin der Weg…«* Mag sein. Aber wohin führt er? – Sie alle kennen die Redensart »Der Weg ist das Ziel«. Für eine Bergwanderung mag das gelten. Wer in den dunklen Morgenstunden aufbricht, um etwa im Hochgebirge des Süd-Sinai den knapp 2500 Meter hohen Sirbal zu besteigen, wird schon unterwegs reich belohnt: Immer neue Aussichten bieten sich dem Auge dar. Ich habe das in meinen fünf Jerusalemer Jahren oft erleben dürfen: Wenn über der Oase Ein Aleyat die Sonne aufgeht; die Ränder der Sandsteinfelsen sich erst dunkellila, dann langsam rosa und schließlich goldgelb färben; wenn man in der Hochsenke von Farsch Losza angekommen ist, im Schatten der Krüppel-Tamarisken den Mittag verbringt, um dann in den Nachmittagsstunden den Dschebel Abu Rutschum zu besteigen, von wo aus man im Osten den Golf von Aqaba und im Westen den Golf von Suez sehen kann, um dann im verdämmernden Abendlicht im Eilmarsch wieder ins Biwak-Lager zurückzulaufen: dann ist klar, daß man nicht dieses eines Ausblicks wegen die Strapazen des Tages auf sich genommen hat, sondern der vielen großartigen Eindrücke wegen, die unterwegs immer wieder neue Befriedigung boten. Jeder Bergsteiger kennt das. – Aber geht es dem Johannesevangelisten um solches? Geht es ihm um die vielen schönen Erfahrungen, die im glücklichen Fall dieses endliche Leben uns bietet? Ich zweifle.

Es gab einmal eine Zeit, da galt nicht der Weg, sondern das Ziel als das Ziel. *»Wozu sind wir auf Erden?«*, lautet bekanntlich die erste Frage im Katechismus, den noch vor zwei Generationen jedes Kommunionkind auswendig zu lernen hatte. Und die Antwort auf die Frage war ebenso klar: *»Wir sind auf Erden, um*

Gott zu erkennen, ihn zu lieben, seinen heiligen Willen zu erfüllen und dadurch in den Himmel zu kommen.« Das ist doch einmal eine klare Aussage. Das Leben des Menschen ist zielgerichtet. Denn es entstammt nicht einem blinden Zufall, es entstammt einer liebenden Zusage von Ewigkeit her: *»Ich will, daß Du bist! Eingeschrieben ist Dein Name in meine Hand, und so wird Dein Leben im letzten nicht scheitern, mag es sich im Vorletzten auch noch so schwierig gestalten!«*

Wir haben uns angewöhnt, solche Zusagen als »Vertröstung« zu beargwöhnen. Der Sinn des Lebens müsse im Leben selber zu finden sein. Aber wie kann etwas Endliches, Sterbliches und insofern immer auch Fragwürdiges die großen Fragen beantworten? *»Woher bin ich?« »Wohin gehe ich?« »Was ist mit den Toten?« »Was mit denen, die mit dem Leben nicht zu Rande kommen?« »Was ist mit den Gescheiterten?« »Was ist mit mir selber?« »Wer bin ich eigentlich?«* Wer für solche Fragen kein Sensorium hat, wird auch mit dem Evangelium nichts anfangen können. Drastischer formuliert: Wer nicht der eigenen Unmöglichkeit ins Auge geblickt hat, hat für die Möglichkeiten Gottes keinen Blick. Ich bezweifle mit meinem stärksten Gefühl die bei vielen Leuten anzutreffende Behauptung, wir hätten schon deshalb mehr hiesige Lebensfreude gewonnen, weil wir nicht mehr in den Himmel kommen wollen. Unser Leben mag bunter geworden sein, interessanter, zerstreuter, keine Frage: Wir fahren an Ostern in die Toskana und fliegen an Weihnachten auf die Malediven. Ob es deswegen aber schon sinnvoller geworden ist? Was die großen Fragen anlangt, ist nicht der Weg das Ziel, sondern das Ziel das Ziel. Und das Ziel heißt Gott. Denn nur in ihm lösen sich die Fragen, nur in ihm wird das Zerschlagene zusammengefügt, nur in ihm bewahrheitet sich, wer ich bin und sein kann. Insofern ist es tatsächlich statthaft, Jesus als *den* »Weg« zu bezeichnen – als Weg auf dieses eine, alles entscheidende Ziel hin.

2. Damit sind wir angekommen bei dem zweiten unserer Jesus-Worte: *»Ich bin die Wahrheit.«* – Wahrheit? Wahrheiten gibt es viele, Wahrheiten gibt es zu Tausenden, an jeder Straßenecke werden sie feilgeboten. *»Was ist Wahrheit?«*, fragt Pilatus den gefesselten Jesus (Joh 18,38), und man weiß nicht recht, welchen Tonfall man seiner Frage unterlegen soll: Meint er das agnostisch-bekümmert? Meint er es gelangweilt achselzuckend? Meint er es zynisch?

In gewisser Weise hat Pilatus natürlich recht: Für eine Wahrheit, die sich ein für allemal definieren ließe, sind wir viel zu widersprüchlich und doppelbödig. Was habe ich nicht in meinem Leben alles schon geglaubt! Wenn ich auf die hinter mir liegenden 25 Jahre zurückblicke, gibt es da neben allem Schönen und Großen eben auch manches Fragwürdige, von dem ich einmal tief überzeugt war. Und wieviel Unheil hat man nicht im Namen der Wahrheit angerichtet: der Wahrheit nicht nur Gottes und der Kirche, sondern auch der Partei, der Politik, der Wissenschaft, des Fortschritts usw.

Aber darf man deswegen die Frage nach der Wahrheit vergessen? Dürfte man von ihr lassen? Denn daß sich etwas bewahrheitet in meinem Leben; daß es zu einer ihm angemessenen Gestalt finde, daß es sich öffne auf das ihm Zugemessene, Zugedachte: ... Was wäre schöner als dies?!

Wir sind auf Wahrheit angelegt, denn jeder Mensch ist eine Frage, jeder ist ein einziges großes »Warum«, und doch können wir dieses »Warum« aus eigener Kraft nicht beantworten. Wie soll man auch je einen Menschen ausschöpfen? Wie erschöpfend beschreiben, wer ich bin, wer du bist? Jeder Mensch ist absolut und doch zutiefst relativ – d. h. bezogen auf etwas, das größer ist als er selbst. Jeder Mensch ist ein Wort, das ausschließlich an ihn und niemanden sonst gerichtet ist – und zugleich ist ein jeder hineingenommen in ein unvordenkliches Gespräch, und nur dort kann er sich entfalten. Damit wird deutlich, wie sehr wir alle Widerhall des dreifaltigen Gottes sind. Denn Gott selber ist ein unvordenkliches, liebendes Gespräch: Der Ewige Vater spricht sich ganz aus in seinem Ewigen Wort, dem Logos, durch den alles geworden ist. – Jeder Mensch ist ein Gedanke Gottes, jeder ist ein einmaliger Abglanz des Logos, und insofern leben wir immer schon in Gott, sind Teil des liebenden Gespräches, das Er von Ewigkeit her ist (mögen wir uns dessen bewußt sein oder nicht). Das sind nicht irgendwelche spekulativen Ideen im Elfenbeinturm der Theologie, das ist der Versuch zu beschreiben, was in jedem wirklichen Gespräch und in jeder Freundschaftsbeziehung geschieht: Wie Jesus sich ausschließlich aus der Beziehung zu seinem Gott und Vater versteht und genau darin *wird*, der er *ist*: der Sohn, so schöpfen auch wir unsere Identität nicht solipsistisch aus uns selbst, sondern gewinnen sie aus den Beziehungen, in denen wir leben: *»Ich will mich nicht mehr nur von mir her verstehen; ich will mich vielmehr von dir her verstehen – mehr noch, ich will mich und dich und uns aus dem Geist unserer Beziehung heraus verstehen!«* – Voilà, nichts anderes als dies meint die Trinitätstheologie, die deshalb auch nicht höhere theologische Mathematik ist, aus der sich fürs praktische Leben nichts machen ließe, sondern so etwas wie die Tiefengrammatik aller menschlichen Beziehung – Beziehung zu meinen Freunden, zu mir selbst und zu Gott, und zwar weil Gott von Ewigkeit her Liebe *ist* (das heißt Beziehung) und nicht nur Liebe hat – und in diese Beziehung hineingenommen zu sein, ist die Wahrheit, auf die unser Leben angelegt ist.

3. Damit sind wir bei unserem dritten Jesus-Wort angelangt: *»Ich bin das Leben.«* – Leben? Auch dies ein merkwürdiges Wort. Zunächst wird man sagen müssen, daß das Wort »Leben« etwas höchst Zweifelhaftes beschreibt. Leben lebt vom Leben; Leben,

wie wir es kennen, kann nur leben, indem es anderes Leben verzehrt. Auf Kosten von wie vielen habe ich nicht gelebt, um meinen Weg zu finden? Wem bin ich nicht fatales Schicksal geworden? Auch eine Krebsgeschwulst ist Leben – für den Menschen, in welchem sie wuchert, freilich ein höchst parasitäres, weshalb wir es chemotherapeutisch bekämpfen. *»Omnis vita bellum«*, alles Leben ist Kampf – Nietzsche und Schopenhauer haben es eindringlich ausgesprochen, und seine Kräfte zu erproben, hat ja immer auch etwas Fatal-Reizvolles, nicht zuletzt der Sport, nicht zuletzt der Kapitalismus leben aus diesem Prinzip.

Dem johanneischen Jesus steht etwas anderes vor Augen. Nicht das pralle Leben, das alle Möglichkeiten ausreizt (ein solches Leben hat neben allem Schönen, das es im geglückten Falle bieten mag, nicht nur immer auch etwas Schales an sich – es endet zuletzt mit tödlicher Sicherheit tödlich), sondern ein »Leben in Fülle« (Joh 10,10), das kein Ende kennt und deswegen die eigene Endlichkeit bejahen kann als Weg zu Gott. Es ist ja so: In aller Aktivität, mit der wir unser Leben gestalten, gibt es eine grundlegende Passivität des Lebens sich selbst gegenüber: Nicht wir haben uns ins Leben gerufen, wir sind gerufen worden. Wie aber antworten wir auf diesen Ruf? Indem wir menschlich leben? *Nur-menschlich* leben wir alle. Aber da ist etwas in uns, das größer ist als wir selbst. Etwas Anonymes, einerseits Humanes, uns mit der Erde, dem Humus, dem Vegetativen Verbindendes, das zugleich aber auch einen Goldgrund, ein Unberührbares, ein Heiliges erahnen läßt. So wie jeder von uns Person ist und doch mehr ist als Person, so ist auch Gott mehr als Person. Gott umfaßt alles: *»In ihm leben wir, bewegen wir uns und sind wir«*, sagt Paulus in seiner Rede auf dem Areopag, einen hellenistischen Stoiker zitierend (Apg 17,28). Und doch steht uns Gott gegenüber, er läßt sich ansprechen: *»Vater unser im Himmel …«* Dies beides, Gott als der alles Umfassende, der kein Außen hat und deswegen mir inniglicher ist, als ich mir selber je zu sein vermag, und Gott, der uns zugleich auf schneidende Weise gegenübersteht, jeden einzelnen zu sich ruft, fordernd, herausfordernd – auch diese merkwürdige Dialektik wird im Leben Jesu auf unüberbietbare Weise offenbar. Gott ist größer als alles, was wir für groß halten, und deshalb hat er die auf heilsame Weise uns beschämende und zugleich beglückende Größe, sich umschließen zu lassen von dem, was im Vergleich zu ihm gesehen klein und unansehnlich ist: von uns selbst. Und so gewinnen wir Größe, so gewinnen wir Ansehen. Indem Gott uns in Christus ansieht, gewinnen wir Ansehen. Indem er in Christus uns trägt, werden wir uns erträglich. *»Vom Größten nicht bezwungen zu werden und doch vom Kleinsten sich umschließen zu lassen: das ist göttlich«*, sagt Ignatius von Loyola. Diese merkwürdige, alle unsere Begriffe von Göttlichkeit auf den Kopf stellende Göttlichkeit Gottes wird uns in Jesus offenbar.

* * *

Vielleicht mag der ein oder andere unter Ihnen jetzt denken: *»Naja … ! Geht es nicht vielleicht ein bißchen konkreter?«* – Wie unmittelbar konkret die Gedanken, die ich vor Ihnen hier ausgebreitet habe, sein können, habe ich auf merkwürdige Weise vor zehn Tagen erlebt. Ich fahre zur Zeit wöchentlich für einen Tag nach Münster, um dort eine Lehrstuhlvertretung wahrzunehmen. Und da Marburg *»in the middle of nowhere«* liegt, muß man mit der Bahn manchmal ziemliche Umwege in Kauf nehmen. Es war ein Mittwochabend, der ICE von Frankfurt nach Hamburg war voll besetzt, und da ich ziemlichen Hunger hatte, ging ich gleich in den Speisewagen. An einem Vierertisch saß ein Mann, so um die Vierzig, er gefiel mir, er hatte ein offenes Gesicht, war braungebrannt, machte einen sportlichen Eindruck, und meine Frage, ob ich mich zu ihm setzen dürfe, beantwortete er mit einer freundlichen Geste, stand zugleich aber auf, bat mich, auf sein Smartphone aufzupassen (den Geldbeutel ließ er daneben liegen), denn er wolle auf dem Bahnsteig noch eine rauchen. *»Na«*, dachte ich, *»der ist aber vertrauensselig.«* Und zugleich gefiel mir das.

Ich packte eine Reihe von Klausuren aus, die ich auf der Fahrt korrigieren wollte; als er wiederkam, war ich schon in die Arbeit vertieft, aber der Duft seiner Zigarette kam zu mir herüber, so was gefällt mir ja. Und so fingen wir an zu plaudern, waren uns sehr bald einig über die Unsinnigkeit der deutschen Rauchverbote; dann kam der Ober, brachte mir mein Essen, ich ließ mir's schmecken, und machte mich wieder an die Klausuren.

Er schaute mir eine Zeitlang zu, dann fragte er: *»Ich möchte Sie ja nicht stören, aber – sind Sie Hochschullehrer?«* Ich bejahte, er wollte das Fach wissen, ich antwortete *»Katholische Theologie«*, und dann waren wir auch schon mitten im Gespräch. Er sei auch katholisch, d. h. er sei es gewesen, jetzt sei er Atheist. *»Ah ja«*, antwortete ich, *»was verstehen Sie denn darunter«*, und dann erzählte er mir seine Lebensgeschichte (die ich, um die Diskretion zu wahren, jetzt ein wenig verfremde). Er könne nicht an einen Gott glauben, der sein Leben lenke. Er stamme aus Belgien, habe lange Jahre in Brasilien in der Sport- und Tourismusbranche gearbeitet, sich dort in eine Deutsche verliebt, und das habe ihn nach Dortmund verschlagen, die Beziehung sei in die Brüche gegangen, nur wegen seiner Tochter lebe er noch im Ruhrgebiet, aber glücklich fühle er sich dort nicht. Wo denn da Gott in seinem Leben sei? Das Leben, das er führe, sei eine einzige Ansammlung von Zufällen, und man müsse halt das Beste draus machen, mehr gebe es nicht.

Das Ganze trug er nicht verbittert vor, sondern eher melancholisch, und so wagte ich einzuwenden: *»Vielleicht fällt uns ja* *immer nur das zu, was fällig ist.«* Er schaute verblüfft auf, meine Bemerkung war wohl ein Treffer, und dann sagte ich, daß das Erstaunliche jedes Zufalls doch darin bestehe, daß ich in ihm mein eigenes Gesicht erkennen könne. Der Zufall zeige mir, wofür ich zur Zeit ein Auge hätte, will sagen, daß es vielleicht noch manche andere Zufälle gäbe, die wir aber übersehen oder überhören, obschon sie zu uns gehören. Von Gott bekämen wir immer nur das zu sehen, wofür wir gerade aufmerksam seien, die Welt sei voll von ihm, aber ob ich ihn sehen könne, dafür trüge ich eine ebenso große Verantwortung wie er. In allem sog. Zufall sei mehr am Werk als ein dumpfes, gleichgültiges Geschick, deshalb spreche man in der Religion auch von Fügung, und wenn mir das Leben zerfalle, dann vielleicht deshalb, weil ich mir selber zerfallen sei, wie ja auch umgekehrt im Positiven uns nicht selten eben genau das zufalle, was fällig sei.

Der ICE war mittlerweile in Köln angelangt, wir hatten uns längst einander vorgestellt und begonnnen, uns mit dem Vornamen anzusprechen. Da begann er, mir seine Träume der letzten Wochen zu erzählen, sehe sich in Dortmund in dem Viertel, wo er wohne, im Traum immer wieder an einer bestimmten Kirche vorbeigehen, er wisse, er müsse da rein, aber sein Arm sei wie gelähmt, er könne die Klinke der Eingangstür nicht herunterdrücken, er habe vielmehr den Eindruck, sie werde von innen zugehalten. Ich versuchte den Traum zu deuten, darüber verschob sich unser Gespräch mehr und mehr auf die Gottesfrage; er sagte, vielleicht sei ja wirklich alles vorherbestimmt, aber er wolle einfach nicht an einen so fürchterlichen Gott glauben: ein Absolutum, das alles erdrückt, weil es alles lenkt und vorherbestimmt. Da sagte ich: *»An den Gott, an den Sie nicht glauben, glaube ich auch nicht.«* Wieder Verblüffung auf seiner Seite, und da er am Beginn unseres Gespräches die Bemerkung hatte fallen lassen, daß er auf einer Jesuitenschule sein Abitur gemacht habe, zitierte ich ihm Karl Rahner, den großen Jesuitentheologen: *»Gott sei Dank gibt es nicht das, was sich etwa 90 Prozent der Leute unter Gott vorstellen.« – »Aber was stellen Sie sich denn unter ihm vor?«*, platzte es aus ihm heraus.

Und dann, liebe Schwestern und Brüder, begann ich ihm ungefähr so von Gott zu reden, wie ich es vorhin im Versuch einer Auslegung des Evangeliums getan habe: Daß Gott größer sei als alles, was es gibt, und er deswegen kleiner werden könne als alles; und daß er mich deswegen sowohl überwölbe als auch unterfange. Daß er, weil er größer sei als alles, was ich für groß halte, mir inniglicher sei als ich mir selber, weshalb er der Grund meiner Seele sei. Aber als der Grund meiner Seele sei er keineswegs identisch mit mir, sondern als mein *Grund* wieder auch jenseits von mir. Daß dieser Gott in Christus den Abgrund des Lebens durchschritten habe und mir deshalb festen Grund unter die Füße gebe, meinem eigenen Leben standzuhalten. Ein Gott, der in der Tat »absolut« ist, absolut aber nicht im Sinne des Monströsen, Fixierenden, sondern weil er uns »ab-solviert«, losspricht von den Verstrickungen des Lebens und uns so zu unserer Freiheit befreit – einer Freiheit, die in ihm ihren Halt findet.

Wir hatten mittlerweile Duisburg hinter uns gelassen, waren knapp vor Essen Hauptbahnhof, und dann, ich weiß nicht, wie es geschah, habe ich ihn gefragt, ob er sich absolvieren, freisprechen lassen wolle. Er nickte nur, und mitten im Speisewagen eines ICE auf der Fahrt zwischen Essen und Bochum geschah dann, was sonst nur im Beichtstuhl geschieht: *»Ego te absolvo in nomine Patris et Filii et Spiritus Sancti.«*

Der ICE rollte in Bochum Hauptbahnhof ein. Das Gespräch hatte uns beide erschöpft. Stumm saßen wir in unseren Sitzen. Der Ober kam und fragte ganz vorsichtig: *»Alles in Ordnung, meine Herren?« – »Und ob alles in Ordnung ist!«*, rief mein Gegenüber, *»Ja, alles ist in Ordnung! Wein, Herr Ober, bringen Sie uns Wein! Wir wollen trinken!«*

Und jener Ober war ein Ober alter Schule, so etwas gibt es ja kaum noch: weißhaarig, zuvorkommend, diskret – und so fragte er gar nicht mehr, was für einen Wein wir denn wollten, sondern machte auf dem Absatz kehrt und kam nach einer Minute zurück mit zwei Gläsern und einer großen Flasche Grauburgunder. Mein Gegenüber und ich, wir lachten uns an, tranken uns zu und sagten auf den letzten zehn Minuten der Fahrt nichts mehr.

Der Zug erreichte Dortmund Hauptbahnhof. Mein Gegenüber packte seine Sachen, bedankte und verabschiedete sich, und ich war allein. Ich schloß die Augen und dachte nur: *»Was hast du da eigentlich gerade erlebt? Hast du das geträumt, oder war das jetzt wahr?«* Aber auf dem Tisch stand immer noch der Grauburgunder, und den hatte nicht ich bestellt. Ich goß mir ein zweites Glas ein – da spricht mich jemand vom Tisch auf der anderen Seite des Ganges an und sagt: *»Entschuldigung, ich möchte Sie ja nicht stören, aber dürfte ich mich für ein paar Minuten mal zu Ihnen setzen? Ich hätte da ein paar Fragen.«* – Und dann begann das Ganze von vorn, aber die Fahrt von Dortmund nach Münster ist kurz, nur eine halbe Stunde, jedoch Gespräche wie das von mir eben geschilderte brauchen ihre Zeit, und so gab ich dem Menschen meine Telefonnummer, er könne mich anrufen, wenn er wolle.

Dann fuhr der Zug in Münster ein, ich packte meine Sachen zusammen und bat den Ober um die Rechnung. Er brachte sie, ich bemerkte, daß der Wein gar nicht auf der Rechnung stehe, aber der Ober sagte nur: *»Der geht auf Rechnung des Hauses.«* – Kann man das glauben?!

Warum erzähle ich Ihnen diese verrückte Geschichte? Aus drei Gründen, und die haben alle mit dem Tag zu tun, da ich vor 25 Jahren meine Priesterweihe hatte:

Erstens: Die Welt ist voller Wunder, sie ist voll der Wunder Gottes, nur unsere blöden Augen sehen das meistens nicht. Wenn wir doch Gott und seiner Gnade ein bißchen mehr zutrauen würden, selbst die Deutsche Bahn würde sich dran beteiligen wie auf jener Fahrt im ICE von Frankfurt nach Münster. Ist das nicht ein schlagender Beweis für das Wirken des Geistes?!

Zweitens: »Die Mysterien finden im Hauptbahnhof statt!« Dieser Satz stammt von Joseph Beuys, und er ist wahr. Überall kann sich das Mysterium der Gegenwart Gottes ereignen, nicht nur im Hauptbahnhof, sondern auch am Tresen einer Kneipe, im Vorlesungssaal der Universität, und manchmal im Speisewagen eines ICE.

Jedoch, und damit bin ich bei meinem *Drittens* angelangt: Damit wir um die Mysterien wissen, bedarf es der Kirchen und Pfarrgemeinden wie dieser hier. Denn nur, wo man Sonntag für Sonntag zusammenkommt, um das Geheimnis von Tod und Auferstehung Christi zu begehen, hält man in sich die Ahnung wach, daß unser Leben größer und weiter ist als die siebzig, achtzig Jahre, die uns gestundet sind. Und damit bin ich bei meinem Dank an Sie, die Kugelkirchengemeinde samt ihrem Pfarrer Franz Langstein, angelangt: Daß Sie mich seit fünf Jahren hier unter sich aufnehmen, Woche für Woche meine etwas verschrobenen Gedanken ertragen und der eine oder andere unter Ihnen, so will mir scheinen, mich auch noch ganz gern hat – das empfinde ich als ein riesengroßes Geschenk. Und dafür möchte ich Ihnen heute von Herzen danken.

15. Himmelfahrt, platonisch*

G*ott habe ich nicht gesehen! Der Himmel war leer, Genossen!«* Die Älteren unter Ihnen werden sich vielleicht noch an diesen Ausspruch erinnern, den der russische Kosmonaut Juri Gagarin (angeblich) im April 1961 tat, als er nach erfolgreicher Erdumkreisung mit seiner Raumkapsel wieder sicher auf der Erde gelandet war. »Der Himmel war leer.« Dieser Spott klingt billig. Kann man den Himmel, in welchen Christus aufgefahren ist, sehen? Hätte man Jesu Himmelfahrt photographieren können? Und wenn man es nicht gekonnt hätte: Wäre damit bewiesen, daß es den Himmel nicht gibt und damit auch die Himmelfahrt Christi nichts anderes ist als ein etwas merkwürdiger Mythos?[124]

Im Englischen findet sich bekanntlich die Unterscheidung zwischen *Heaven* und *Sky*. Sehen kann man den *Sky*, so wie man in New York die Skyscrapers sehen kann, die Wolkenkratzer. *Sky*, das ist Stratosphäre; dahin fliegen die Astro- und Kosmonauten. Aber *Heaven*? Wo oder was ist diese Art von Himmel?

Ein Merkvers des schlesischen Barockmystikers Johann Scheffler, genannt Angelus Silesius (1624–1677), kann uns vielleicht auf eine erste Spur bringen:

Halt an, wo läufst du hin? Der Himmel ist in dir.
Suchst du Gott anderswo, du fehlst ihn für und für.[125]

* Predigt am Himmelfahrtstag, 13. Mai 2015, Kugelkirche Marburg. – Als Lesungstexte standen zur Verfügung Apg 1,1–11; Eph 1,17–23; Joh 17,1–26.

Anscheinend ist, was das Wort »Himmel« meint, eine Wirklichkeit, die elementar zu tun hat mit dem, was man »Seele« nennt. – »Seele«, das ist auch so ein Wort. Was haben Seele, Himmel, Gott miteinander zu tun? Wo begegnet uns unsere Seele? Wo Gott? Wo der Himmel?

Wir können auch anders fragen: Wo begegnet uns Freiheit? Wo Wahrheit? Wo begegnen uns Gerechtigkeit, Schönheit, Liebe? (Keine dieser Wirklichkeiten läßt sich ja empirisch ausschöpfen.) – Nun, die Antwort liegt auf der Hand: Sie begegnen uns zunächst einmal in uns selbst, wo sonst! Freiheit leuchtet uns auf in den schwierigen Momenten ethischer oder politischer Herausforderung, wo wir spüren: »Du mußt dich entscheiden, ob du so oder so handeln willst.« Schönheit erfahren wir, wo uns etwas entzückt oder begeistert. Liebe begegnet uns, wo wir uns zu einem Menschen hingezogen fühlen. Erfahrungen solcher Art haben etwas Unableitbares. Wahrheit, Schönheit, Liebe lassen sich nicht reduzieren auf diese oder jene Intention. Ein Mensch ist liebenswert, weil er liebenswert ist. Jede nachgeschobene Erklärung, liebenswert sei er, weil ..., würde das Selbstevidente der Liebe zu ihm zerstören. Ähnlich verhält es sich mit dem, was wir Freiheit nennen. Auch sie hat etwas Selbstevidentes. Noch wer ihre Wirklichkeit bestreitet, macht von ihr Gebrauch. Und auch, was wir Gerechtigkeit nennen, hat einen selbstevidenten Kern. Seelsorger im Strafvollzug berichten, daß noch die hartgesottensten Knastbrüder ein unbestechliches Empfinden dafür haben, wenn ihnen evidentes Unrecht seitens der Anstaltsleitung widerfährt. Da scheint etwas Ursprüngliches im Menschen zu leben, ein unverstellter Instinkt für das Gute, Wahre, Gerechte. Und so bleiben alle naturalistischen oder psychologischen Erklärungen von Erfahrungen wie den genannten eindimensional, unterkomplex, reduktionistisch. Begegnungen der Schönheit, der Freiheit, der ethischen Herausforderung sind

Transzendenzerfahrungen; in ihnen überschreiten wir uns selbst. Gerade darin aber berühren wir unser Eigenstes, denn »unruhig ist unser Herz«, wie der Kirchenvater Augustinus sagt; unserem Herzen ist die Signatur des Unendlichen eingeschrieben.[126] Wo immer wir uns auf dieses Eigenste, Innigste unserer selbst überschreiten, berühren wir, was wir *unsere Seele* nennen und berühren darin zugleich, was größer ist als unsere Seele: den *Himmel in uns*, der seinerseits Abglanz eines ganz anderen Himmels ist.

In diesem Innenraum unserer selbst ereignet sich nun bisweilen etwas Eigenartiges. Da gibt es eine Ruhe, eine Stille, einen Trost, in dem wir ganz bei uns sind. Die Mutter sagt zum Kind, das weinend in ihrem Schoß liegt: *»Es wird alles wieder gut!«* und etabliert damit neu die gestörte Weltordnung.[127] Als Erwachsene erfahren wir solche Geborgenheit manchmal in Momenten, wo wir einem geliebten Menschen nahe sind: ein langer, inniger Blick; kein Wort vermag einzuholen, was hier geschieht.[128] Oder die Stunden, da eine Musik tief verborgene Saiten in uns zum Schwingen bringt: Wir werden wehmütig, und doch spricht sich uns in dieser Wehmut eine leise Zutraulichkeit im Blick auf das Leben zu.[129] Oder jene unberührte Landschaft damals im Urlaub, in deren Weite wir versanken; man wollte gar nicht mehr fort; alles war gut und klar, es hätte nicht besser sein können.[130] In solchen kostbaren Momenten leuchtet etwas in uns auf, das, empirisch betrachtet, unwirklich ist. Man kann es nicht festhalten. Und dennoch täuschen uns solche Momente nicht. Sie lassen sich nicht reduzieren auf Hormonausschüttungen, evolutiv verankerte Verhaltensschemata, psychologisch beschreibbare Illusions- oder Projektionsbildung; sie sind unser Eigenstes und gerade darin zeugen sie von einer Wirklichkeit, die größer ist als wir selbst.

Ob in solchen Erfahrungen der Selbstüberschreitung, in solchen Transzendenzen des Alltags nicht etwas von dem aufblitzt, was das Wort »Gott« meint – der Himmel in uns? Für einen

Augenblick ahnen wir, daß es etwas geben könnte, das größer ist als wir: Eine universale Ordnung, in die wir hineingenommen sind; Liebe, die alles gut werden läßt; Wahrheit, die nicht mehr intentional konstruiert ist, sondern in der sich zeigt, was ist; ein Gesamtzusammenhang, der uns »unbedingt angeht«, weil in ihm »das Unabgegoltene«, »das Unverrechenbare«, »das gnadenhaft Umfassende« des Lebens aufleuchtet.

Freilich, der Zauber solcher Stunden dauert nie an. Unversehens stehen wir wieder im Alltag. Ob es wohl denkbar ist, solche seltenen Augenblicke zu sammeln und zu verdichten, bis sie das Leben eines Menschen ganz durchdringen? Vielleicht meint das mythisch anmutende Wort »Himmelfahrt« ja vor allem dies: Der Himmel in einem Menschen macht ihn strahlend, so daß er, weil er ganz darin »eingeht«, ganz darin »aufgeht«. Vielleicht kann man das Hohpriesterliche Gebet Jesu, wie es wir es vorhin als Evangelienlesung gehört haben, nach Art einer solchen existentiellen Himmelfahrt verstehen: *»Wie ich Vater in dir bin und du in mir bist, sollen auch sie [die Jünger] in uns sein, damit die Liebe, mit der du mich geliebt hast, in ihnen ist und wir in ihnen sind.«* Der Sohn ist ganz im Vater, und der Vater ist ganz im Sohn, so wie zwei Liebende ganz bei- und miteinander sind: *»Ich in dir und du in mir.«* (Joh 17)

Ich möchte versuchen, diese Zusammenhänge an drei Beispielen zu veranschaulichen: Selbstverausgabung in der Erfahrung von Schönheit, Selbstverausgabung in der Suche nach Wahrheit, Selbstverausgabung im liebenden, kontemplativen Gebet. Wer weiß, vielleicht verstehen wir dann etwas genauer, was das merkwürdige Wort »Himmelfahrt« meint. Womöglich entdecken wir uns anhand dieser Beispiele gar selber als himmelfahrtssüchtig – so hat sich nämlich der Apostel Paulus einmal bezeichnet: als einen Menschen, der »sehnsüchtig ist, aufzubrechen, um bei Christus zu sein.« (Phil 1,23)

Schönheit

Beginnen wir mit Michelangelo Buonarroti (1475–1564), jenem selten vielseitig begabten Künstler. Michelangelo war Bildhauer, Maler, Dichter, Baumeister in einem. Berühmt seine Freskengemälde in der Sixtinischen Kapelle, berühmt auch seine Mamorplastiken: die Pietà im Petersdom, das Grabmonument für Papst Julius II. mit der großartigen Mosefigur in San Pietro in Vinculo oder der David in den Florentiner Uffizien. Wenn man einmal ein Auge gefunden hat für seine Werke, kann man sich nicht mehr sattsehen an ihnen. Wie sehr Michelangelo seinerseits empfänglich war für das Schöne, wird in seinen Gedichten deutlich. Hören Sie einmal her:

Wer ist's, der mit Gewalt mich zu dir führt,
O wehe, wehe, wehe!
Mich Freien, der nun seine Ketten spürt?
Wenn du mich ohne Fesseln eingeschnürt
Und ohne Händ' und Arme zu benützen,
Wer wird mich vor dem schönen Antlitz schützen?

Das Gedicht ist Michelangelos wesentlich jüngerem Schüler und Freund Tommaso de' Cavalieri (* 1510) gewidmet; ob er sein Geliebter war, darüber streiten sich die Biographen.[131] In jedem Fall aber handelte es sich hier um eine ungewöhnliche Freundschaft; Michelangelo war von Tommaso einfach nur entzückt:

Wie kann es sein, daß ich nicht mehr der Meine bin?
Gott, Gott! Wo soll das hin?
Wer hat mich mir genommen,
Ist näher mir gekommen,
Ist meiner mächt'ger als ich's selber bin?
Rührt' mich nicht an und ging

Mir doch ins Herz hinein?
O Liebe, welch ein Ding
Drang durch das Auge mein
Ins Herz mir, wo es schwillt und sich ergießt
Und strömend überfließt?[132]

Man spürt in diesen und manch anderen der Gedichte Michelangelos zweierlei: einerseits eine Begeisterung für den Eros, jene Kraft, die uns lockt, uns dem Schönen, dem Hinreißenden, dem Entzückenden zu überlassen; zugleich aber auch eine Furcht, ja eine Beklemmung angesichts dieser Macht. Denn Eros ist nichts Harmloses; die Heftigkeit, mit der das Schöne einen sensiblen Menschen in Bann schlägt, hat auch etwas Gewalttätiges. Solche Erfahrungen sind in der Philosophie des sog. Neuplatonismus auf vielfältige Weise reflektiert worden; in Florenz war sie zu Lebzeiten Michelangelos die herrschende intellektuelle Strömung.

Dem Florentiner Neuplatonismus zufolge ist Liebe ein ergreifendes Ergriffenwerden. Liebe hat »ihren Ursprung im Anblick«. Der Charme eines berückenden Lächelns, die Grazie einer vollkommenen Geste, der Glanz eines strahlenden Augenpaares ruft in dem Menschen, der sich davon treffen läßt, Liebe hervor. Liebe ist ein Affekt, für die Florentiner Neuplatoniker allerdings nicht ein verstörender, sondern ein in höchstem Maße erkenntniserhellender Affekt.[133] Wo ein Mensch sich ergreifen läßt von der Macht des Schönen, da ist er auf die Bahn dessen gesetzt, was wahr ist und gut, gerecht und barmherzig zugleich. Denn Schönheit ist das Gegenteil von Häßlichkeit, wie ja auch Liebe das Gegenteil von Egoismus und Gemeinheit ist. Wer in der Freude über einen erhellenden Gedanken, ein gelungenes Kunstwerk, die Liebenswürdigkeit eines Menschen Anteil gewinnt an der Liebe, der gewinnt Anteil am Göttlichen.

Denn die Liebe ist eine den Kosmos durchwaltende Macht. Das griechische Wort »Kosmos« meint (im Gegensatz zum griechischen Wort »Chaos«) »Ordnung«, »Schönheit«. »Chaos« (das Wort spricht für sich selbst) ist Unordnung und insofern das Häßliche, Ungeschlachte, Verunklarende. Hingegen Gott ist schön, und seine Schönheit ist Ur- und Grundgesetz des Kosmos. In Gott ist nichts Häßliches, Unwahres, Gemeines. Und so ist alles Schöne, Liebe und Feine ein sinnlich erfahrbarer Abglanz Gottes.[134]

Michelangelo war von dieser Art nicht nur des Denkens, sondern mehr noch des Empfindens tief geprägt. Wo immer das Schöne ihn traf, konnte er förmlich außer sich geraten, ein tiefer seelischer Schmerz; sein Inneres schien ihm zu zerspringen, denn die Erfahrung des Schönen riß ihn über sich hinaus; es war ihm Abglanz des Göttlichen; es lockte ihn, immer weiter zu gehen, nicht stehen zu bleiben bei der Erfahrung dieses einen Schönen, nicht stehen zu bleiben bei der Schönheit seines Schülers Tommaso de' Cavalieri, der Grazie seiner lieben Freundin Vittoria Colonna und so vieler anderer. Darin erweist er sich als genuiner Erbe des platonischen Eros (der, nebenbei bemerkt, nichts zu tun hat mit der Karikatur einer lendenlahmen Lebenshaltung gleichnamigen Typs). Platonischer Eros ist ästhetische Ekstase, ist Suche nach Gott als dem Schönen, und so ist Eros der innerste Herzschlag aller leidenschaftlichen Religiosität, er ist Suche nach der kostbaren Perle (vgl. Mt 13,45f.), für die man alles läßt:

> »Und so ruhten alle, denen der göttliche Durst einmal ins Tiefste gedrungen war, nie mehr aus von ihrem Begehren, indem sie alles, was von Gott her als Stillung der Begierde ihnen zugeschickt wurde, in Stoff und Brennholz eines höher lodernden Verlangens verwandelten«,[135]

heißt es in den Hohelied-Homilien des Gregor von Nyssa († nach 394), eines der großen Kirchenlehrer der christlich-griechischen Spätantike (Gregor war Neuplatoniker und später auch Bischof). Ganz ähnlich Michelangelo:

> Reiß aus der Glut mich, und von ihr getrennt,
> Muß an des Lebens Bächen ich verderben;
> Ich nähr' mich nur von dem, was glüht und brennt
> und leb' von dem, an dem die andern sterben.[136]

Denn »immer voller das Schöne besitzen zu wollen, dies ist wohl die Vollendung der menschlichen Natur.«[137] Dieser letzte Satz stammt zwar von Gregor, könnte aber problemlos der Feder Michelangelos entschlüpft sein. – Können Sie mit solchen Überlegungen etwas anfangen? Kennen Sie so etwas zumindest im Ansatz? Wenn ja, dann ahnen Sie etwas vom Geheimnis unseres heutigen Festes: Himmelfahrt.

Wahrheit

Aber schauen wir ruhig noch weiter. Es muß nicht nur die Sehnsucht nach Schönheit, es kann der Hunger nach Wahrheit sein, der uns himmelfahrtssüchtig werden läßt. Einer meiner Lehrer erzählte uns Studenten einmal, wie ihm als Zwanzigjähriger (es war Anfang der 1950er Jahre) am Heiligabend im Priesterseminar in Münster ein theologischer Kommentar zum Hebräerbrief in die Hände fiel. Nach ein paar Seiten hatte er Feuer gefangen, das Buch schlug ihn regelrecht in Bann, nur unwillig unterbrach er nach mehreren Stunden die Lektüre, um mit den Kommilitonen im Dom der Christmette beizuwohnen. Kaum heimgekehrt (es war schon nach Mitternacht), stürzte er sich sofort wieder auf das Buch, Neues ging ihm auf, das Werk war nicht nur erhellend, es hatte etwas Erleuchtendes; am folgenden Abend, dem Ersten Weihnachtstag, hatte er die 500 Seiten durchgearbeitet – ein einziger Rausch. Aber wie das beim Rausch so ist, er begeistert, hat aber auch seinen Preis. Zu den Kopfschmerzen, die sich schon während der Lektüre bemerkbar machten, gesellte sich in den Tagen danach eine handfeste Migräne, so sehr hatte ihn die Gier nach Erkenntnis ergriffen.

Das Erleben von Schönheit, die leidenschaftliche Suche nach Wahrheit, der Kampf für eine bessere Welt, für mehr Gerechtigkeit, für Frieden – all dies kann ein Menschenherz restlos ausfüllen. Und da solcher Selbsteinsatz und solche Selbstverausgabung etwas Beglückendes haben; da sie darüber hinaus nie einfach reduzierbar sind auf dieses oder jenes Verhaltensschema, dieses oder jenes Erziehungsmuster, da in ihnen vielmehr ein Transzendenzmoment aufleuchtet, das uns über uns hinausweist – deshalb sind solche ekstatischen Momente gottesaffin. Können Sie sich vorstellen, liebe Brüder und Schwestern, daß es Menschen gibt, die in solchen Situationen sich danach sehnen, einmal alles hinter sich zu lassen, sich restlos zu verausgaben, sich nachgerade verglühen zu lassen, um anzulangen bei dem, was sie da ersehnen?[138]

Was ich hier zu formulieren versuche, grenzt natürlich ans Gefährliche. Aber Himmelfahrt ist nichts Harmloses. Himmelfahrt ist gefährlich. Da gerät ein Mensch mit Haut und Haaren ins Andere, Größere seiner selbst. Da wächst ein Mensch über sich hinaus, wird groß und schön, da läßt sich einer durchstrahlen, durchdringen, verwandeln, um ins Eigenste zu finden. Ins Eigenste findet nur, wer alles Uneigentliche, Kalte, Verhärtete, Rigid-Gewordene hinter sich läßt. *»Flecte, quod est rigidum«* heißt es in der Sequenz von Pfingsten: *Löse, was in sich erstarrt* – Himmelfahrt ist ja eine Art Vorwegnahme von Pfingsten, wie ja auch das Fest der Verklärung Christi so etwas wie ein vorweggenommenes Ostern ist.[139] Vielleicht muß man von all dem ansatzweise etwas erfahren haben, um zu verstehen, was das Fest der Himmelfahrt Christi meint. Hingerissensein zum Schönen, zum Wahren, zum wahrhaft Liebenswerten, sich als verführt erleben zur Gerechtigkeit, ohne die es keine Wahrheit gibt, zur Wahrheit, ohne die unsere Liebe blind bliebe. Da ist etwas, das uns hinausverweist ins Größere unserer selbst. Was ist das Größere unserer selbst?

Gebet

Mit dieser Frage, liebe Schwestern und Brüder, sind wir angelangt bei unserem heutigen Festtagsevangelium: dem Hohpriesterlichen Gebet Jesu; es bildet den Abschluß der sog. Abschiedsreden im Johannesevangelium. Da ist die Rede von einer Heiligung des Sohnes *durch* den Vater (Joh 17,17. 19), einer Einswerdung des Sohnes *mit* dem Vater (17,23) und wiederum einer Verherrlichung des Sohnes *im* Vater, damit umgekehrt der Vater *in* seinem Sohn verherrlicht werde. (17,1.4f.22.24) In diese wechselseitige Beziehung von Vater und Sohn sollen die Freunde Jesu miteinbezogen werden. Christ ist ja nicht schon jener, der irgendwie monotheistisch an Gott glaubt (das tun viele); Christsein heißt, hineingenommen zu sein in die wechselseitige Liebe von Vater und Sohn, die *Heiliger Geist* ist. Mit andern Worten: Christsein heißt, ein geistbegabter Mensch zu sein.

Im Heiligen Geist leben, ein geistbegabter Mensch sein ...: Wenn ich ehrlich bin, weiß ich nicht recht, wie das gehen soll. Wie soll man sich zur Gottesliebe ermannen? Wie sich zur Erfahrung des Heiligen Geistes als der persongewordenen Liebe von Vater und Sohn entschließen? (Allein die Vorstellung mutet merkwürdig an.) Es gibt Formen charismatischer Frömmigkeit, die so etwas versuchen – und genau deshalb auf den Außenstehenden befremdlich wirken: »Happy Clappy«, »Jesus loves you«, »God's love the energizer« – hier scheint man eher von der eigenen Begeisterung begeistert zu sein als von Gott. Religion hat ja oft auch etwas Komisches, da soll man etwas lieben, was man nicht sehen, hören, riechen schmecken kann; da soll man sich mit jemanden befreunden, der sich nicht berühren und nicht umarmen läßt. *»Du sollst den Herrn, deinen Gott, lieben mit ganzem Herzen, ganzer Seele und mit ganzer Kraft…«* heißt es an zentraler Stelle im Alten wie im Neuen Testament (Dt 6,4f.; Mk 12,30; Lk 10,27). Nur: Wie soll das gehen?

Nun, es geht wohl nur, wenn man nicht auf Gott, sondern auf das Leben schaut. Von Gott kann nicht anders geredet werden als in der Sprache der Welt. Was Bibel und Frömmigkeit »Gottesliebe« nennen, schöpft aus unseren Erfahrungen mit der Welt. Deshalb trifft Simone Weil (1909–1943) den Nagel auf den Kopf, wenn sie schreibt: *»Nicht durch die Art, wie ein Mensch von Gott spricht, sondern durch die Art, wie er von irdischen Dingen spricht, kann man am besten erkennen, ob seine Seele im Feuer der Liebe zu Gott gewesen ist.«*[140] Irdische Dinge sind die einzigen, die wir haben. Deshalb läßt sich an der Art unseres Umgangs mit den Dingen ablesen, ob unsere Seele gottesberührt ist oder aber unerfahren und tumb. Gottesberührt ist eine Seele, die inniglich die Welt liebt, ohne sich an sie zu verlieren. Denn die Welt (so wenig sie Gott ist) ist das Medium der Nähe Gottes zu uns; der ewige Gott kann sich nicht anders mitteilen als vermittels der Welt, ein urkatholischer Gedanke – es braucht die Dinge, es braucht die Sakramente, es braucht Brot und Wein, Erde, Wasser, Feuer, Atem, Wind, es braucht den Schlaf, die Liebe, das Licht, es braucht den menschlichen Leib, damit Gott für uns berührbar werde. Menschwerdung Gottes in Jesus ist ja das sakramentale Urgeschehen schlechthin. Berührbar wird Gott im Berühren der Dinge und im Berühren der Menschen um uns herum – Gott macht sich in Jesus berührbar, wie ja Jesus der berührbare Mensch schlechthin ist: Er läßt sich nicht nur berühren (Joh 12,1–3.7; Lk 7,37f.; 8,44 parr), er selber berührt

(Joh 13,5; 9,6; Mk 7,33; 10,16), rührt an – und dies in der ganzen Doppeldeutigkeit des Wortes.

Verhält sich dies so, dann ist uns vielleicht ein Weg geebnet, um noch einmal konkreter zu verstehen, was »Himmelfahrt« meint: Himmelfahrt geschieht überall dort, wo die Grenze zwischen Gott und Mensch durchlässig wird, wo wir ins Größere unserer selbst geraten und darin eine Innigkeit aufstrahlt, von welcher uns das heutige Evangelium erzählt: *»Alle sollen eins sein. Wie Du, Vater, in mir bist, und ich in Dir bin, sollen auch sie [die Jünger] in uns sein, […] denn sie sollen eins sein, wie wir eins sind, ich in ihnen und du in mir.«* (Joh 17,21a.22b)

Gibt es einen Ort, wo uns eine solche Intimität der Gottesnähe erfahrbar wird? Neben der innigen Begegnung mit den Dingen und den Freunden scheint ein weiterer, zentraler Ort solcher Begegnung das Gebet zu sein. *»Gott, du bist in mir. Deine Gegenwart erfüllt mich. ›Wie das Kind still ist bei der Mutter, so ist meine Seele still in dir.‹«* (Vgl. Ps 131,2) Wo solche Gebete der Herzensruhe und des Vertrauens regelmäßig, täglich, stündlich geübt werden (das geht auch bei der Arbeit, das geht beim Auto- oder Bahnfahren, das geht zuletzt, wo immer man will), da verändert sich unmerklich unsere Seele und mit ihr unser Blick auf die Welt. Und irgendwann merken wir: Der Himmel spiegelt sich in jeder Pfütze, weshalb noch die kleinste Pfütze zum Himmelsspiegel werden kann. Nichts anderes, so will mir scheinen, meint das Fest der »Himmelfahrt Christi«: Noch die banalsten Dinge geben dem, der zu sehen weiß, eine Tiefe zu erkennen, die die Dinge schön werden läßt und gut. Himmelfahrt – das ist Durchbruch der Welt ins Eigentliche.

Hier angelangt, liebe Schwestern und Brüder, stellt sich uns nun freilich genau jene Frage, vor die sich (dem Zeugnis des Evangelisten Lukas in der Apostelgeschichte zufolge) auch die Jünger am Ölberg gestellt sahen: *»Ihr Männer von Galiläa, was* *steht ihr da und schaut zum Himmel empor? Dieser Jesus, der von euch ging und in den Himmel aufgenommen wurde, wird ebenso wiederkommen, wie ihr ihn habt zum Himmel hingehen sehen.«* (Apg 1,11) In unsere eigenen Lebenszusammenhänge übersetzt könnte man diese Frage vielleicht folgendermaßen umformulieren: *»Ihr Leute von Marburg, wo mag Euch in den letzten Jahren ein Widerschein dessen aufgegangen sein, was hier als ›Himmelfahrt‹ beschrieben wurde? Und was bedeutet das für Euer Leben?«* – Ob Sie nicht, wenn jetzt die Orgel zwei, drei Minuten lang eine leise Musik spielt, darüber ein wenig nachsinnen wollen?

16. Veni creator spiritus*

Geben wir es ruhig zu, liebe Schwestern und Brüder: Wenn man uns fragte, was es auf sich habe mit dem Pfingstfest, wir kämen vermutlich ins Stottern. Irgendwie mutet, was man »Heiliger Geist« nennt, seltsam farblos an, merkwürdig blaß und diffus. Heiliger Geist …? Ist das ein Gespenst? Ein Phantom? Eine Einbildung?

Das Wunder von Pfingsten versteht man wohl am ehesten, wenn man sich vor Augen hält, wie unsere Wahrnehmung funktioniert. Wie die Welt wirklich ist, kann niemand sagen; wie wir sie wahrnehmen, so scheint sie zu sein. Natürlich müssen unsere Vorstellungen von der Welt sich am Umgang mit den Dingen bewähren. Und doch läßt sich der Satz, die Welt entstehe in unserem Kopf, nicht von der Hand weisen.

Ein paar Alltagsbeispiele: Zwei Freunde machen einen Waldspaziergang. Der eine von beiden ist ein wandelndes Naturlexikon, seit Kindertagen lebt er draußen im Freien, kennt die Namen der Blumen, Pflanzen und Tiere, kann die verschiedenen Vogelstimmen unterscheiden, weiß zu jeder Wildspur eine Geschichte zu erzählen. Wie lebendig ist für ihn, was er da sieht, hört, riecht! Hingegen der andere ist ein trockener Stadtmensch. Wald ist für ihn eine Ansammlung von Bäumen; Vögel machen Lärm und Dreck; von dem ganzen Reichtum, der ihn umgibt, merkt er nichts. – So geht es uns in allen Lebensbereichen; die Prägung unseres Blicks bestimmt, wie uns die Welt erscheint. Ob ich zuversichtlich ins Leben schaue oder

* Predigt Kugelkirche Marburg, Abendmesse am Hochfest von Pfingsten, 8. Juni 2014. – Als Lesungstexte standen zur Verfügung: Joël 3,1–3a.5; Apg 2,1–13; Joh 15,26–16,3.12–15.

ängstlich: Dieser Unterschied bewirkt viel. Da sind zwei Menschen, die zur gleichen Zeit von einer ähnlich schweren Krankheit heimgesucht werden. Für den einen ist körperliche Hinfälligkeit etwas Sinnloses, sie verstört ihn, er verzweifelt an sich und der Welt. Der andere versteht sie als Wink, sich langsam von der Welt zu lösen; er weiß, wir sind nur Gast auf Erden, das Ziel unseres Lebens sind nicht ein paar Lebensjahre mehr oder weniger; das Ziel ist Gott. Man begreift auf Anhieb, daß durch die Art, wie die beiden mit der sie befallenden Krankheit umgehen, nicht nur ihr Lebensempfinden, sondern womöglich auch der jeweilige Krankheitsverlauf höchst unterschiedliche Gestalt annimmt.

Hält man sich diese Zusammenhänge vor Augen, dann bekommt man vielleicht doch ein Gespür für jene Wirklichkeit, die im Zentrum des Pfingstfestes steht: Heiliger Geist. Wir können das Wort zunächst ganz allgemein nehmen: In Heiligem (d. h. in einem guten, hellen, heilenden) Geist zu leben bedeutet, die Welt in freundlichen Bildern zu sehen. Pfingsten zielt auf eine Verwandlung unserer Wirklichkeitswahrnehmung: Die Welt erscheint weiter, schöner als wir sie gemeinhin sehen, sie leuchtet in helleren Farben.

Wie wichtig ein solcher wohlwollender, auferbauender Blick ist, erleben wir jeden Tag: Böse Bilder vergiften das Herz, sie machen häßlich und aggressiv. Das geschieht im zwischenmenschlichen Leben von Arbeit, Beruf und Familie ebenso wie im politischen Miteinander. Denken Sie an die Nickligkeiten am Arbeitsplatz, im Freundeskreis, in der Familie oder (schlimmer noch) an die Aggressivitäten, wie sie sich in Gestalt der »Shitstorms« in den Internetforen entladen – wie leicht dunkelt sich da der Blick ein, man sieht die Dinge nur noch von ihrer häßlichen Seite, und zwar weil die eigene häßliche Seite mal so richtig rauskommen darf. Wehe, wenn ein solches Denken sich ungehemmt ausbreiten kann, dann ist es nicht mehr weit hin zu jenen Katastrophen, wie sie sich in den 1990er Jahren entladen haben: in den Bürgerkriegen zwischen den Nachfolgestaaten Jugoslawiens (Menschen, die soeben noch schiedlich-friedlich im selben Dorf miteinander lebten, bekriegen sich bis aufs Blut, weil der Nachbar Bosnier ist und nicht Serbe); oder in dem grauenhaften Genozid in Ruanda im Frühsommer 1994, als innerhalb von nur 100 Tagen zwei Drittel der Tutsi-Minderheit von Angehörigen der Hutu-Mehrheit ermordet wurden. Man erschlug den Schwiegersohn einzig deshalb, weil er ein Tutsi war, man vergewaltigte die eigene Tochter, weil sie sich vor ihren Mann stellte – eine Million Tote in 100 Tagen, das sind 10.000 Morde am Tag, und dies in einem Land, das nur unwesentlich größer ist als das Bundesland Hessen. Man fragt sich, was für böse Mächte das sind, die den Menschen da schleichend besetzen, um nach einer längeren oder auch langen Inkubationszeit überfallartig auszubrechen. Man weiß es nicht. Man weiß nur eins: Niemand ist davor gefeit![141] Wir brauchen nur an unsere eigene deutsche Geschichte zu denken, wie der dünkelhafte Chauvinismus, der übersteigerte Nationalismus, der latente Antisemitismus sein Gift streute. Man mochte noch so sehr eine große Kulturnation im Herzen Europas sein; das Ressentiment hatte die Herzen vieler geschwächt, die Niederlage des Weltkrieges, die »Schmach von Versailles« fraß am Selbstwertgefühl; das konnte man nicht auf sich sitzen lassen, das mußte *gerächt* werden, nur so ist man *ge…recht*. Böse Bilder eben, die zu Obsessionen werden. Der Blick wird hart, Auge und Herz verengen sich, am Schluß sind da nur noch Schießscharten, durch die man die Welt wahrnimmt.

Merken Sie, liebe Schwestern und Brüder, wie sehr Pfingsten an Dringlichkeit gewinnt? Ohne den Atemraum eines guten Geistes, ohne die hellen und freundlichen Bilder, die er in unseren Herzen wachruft, wüßte man kaum, wie man friedfertig leben soll. Pfingsten ist ja ein österliches Fest durch und durch; es ist die Vollendung von Ostern.[142] Die Angst, die Jesu Tod um sich verbreitet hatte, weicht langsam dem Glauben, daß in Jesu Auferweckung der Tod seinen Stachel verloren habe – auch und gerade für uns. Der Apostel Paulus beschreibt an verschiedenen Stellen seines Briefwerkes[143] die Wirklichkeit dieser Blickveränderung nach Art einer halbdinglichen, halbpersonalen Resonanzatmosphäre: Liebe, Gerechtigkeit, Freude, Friede, Freimut *im Geist.*[144] Auslöser einer solchen alles belebenden Resonanzatmosphäre ist eine tiefe Christuserfahrung: *»Nicht mehr ich lebe, sondern Christus lebt in mir.«* (Gal 2,20) Hier hat sich alles verändert; nicht mehr mein verdrehtes, angstbesetztes Ego steht im Mittelpunkt, sondern der Glaube an Jesus als den Christus wird zu Christi Selbstbewußtsein in mir. Eine sublime Transformation meines Empfindens, Handelns und Fühlens vollzieht sich, eine »Neuwerdung des Denkens« (Röm 12,2) – und plötzlich merkt man: Wo Christus von mir Besitz ergreift, verändert sich vieles. Eine Resonanzatmosphäre zuvorkommender Gastfreiheit und gegenseitigen Wohlwollens breitet sich aus; da lösen sich die Verhärtungen, da schwinden die Ängste und Beklemmungen, da atmet man freier, da herrscht – ein guter, friedstiftender Geist. In einer endlichen, sterblichen Welt greift Zuversicht um sich und verwandelt jene, die zerfallen sind mit sich selbst und mit den anderen, die mutlos sind und feige, launisch, wankelmütig, verhärtet, trostlos und müde, in Menschen, die mutig sind, tapfer, freundlich und zuvorkommend.

Wie hilflos sich doch der Mensch ausnimmt, wenn er aus eigener Kraft sein Leben meistern soll! Die mittelalterliche Pfingstsequenz *»Veni sancte spiritus«* beschreibt dies in höchst eindrucksvoller Weise – eine einzigartige Phänomenologie menschlicher Not. Das verstörte Herz muß sich beruhigen dürfen; der verdunkelte Verstand muß aufgehellt, der dumpfen Ratlosigkeit Abhilfe geschaffen werden:

Komm herab, o Heil'ger Geist,
der die finstre Nacht zerreißt,
strahle Licht in diese Welt.

Komm, der alle Armen liebt,
komm, der gute Gaben gibt,
komm, der jedes Herz erhält.

Höchster Tröster in der Zeit,
Gast, der Herz und Sinn erfreut,
köstlich Labsal in der Not,

in der Unrast schenkst du Ruh,
hauchst in Hitze Kühlung zu,
spendest Trost in Leid und Tod.

Komm, o du glückselig Licht,
fülle Herz und Angesicht,
dring bis auf der Seele Grund.

Ohne dein lebendig Wehn
Kann im Menschen nichts bestehn,
kann nichts heil sein noch gesund.

Was befleckt ist, wasche rein,
Dürrem gieße Leben ein,
heile du, wo Krankheit quält.

Wärme du, was kalt und hart,
löse, was in sich erstarrt,
lenke, was den Weg verfehlt.[145]

Man hört diese Zeilen und denkt: Wäre es doch damals in Jugoslawien so gewesen (*Löse, was in sich erstarrt!*), oder in Ruanda (*Strahle Licht in dunkler Nacht!*), oder in Deutschland und Europa zu Beginn des 20. Jahrhunderts (*In der Unrast schenkst du Ruh!*), da man auf verbissene Weise glaubte, nur durch einen entschiedenen Gewaltstreich die Dinge in den Griff zu bekommen. Das Ergebnis kennen wir, 20 Millionen Tote auf den Schlachtfeldern des Ersten, 60 Millionen auf denen des Zweiten Weltkrieges – und man sage nicht, der Horror sei nicht jederzeit wieder möglich, auch bei uns. Damit wir von unseren Unerlöstheiten erlöst werden, braucht es eine Kraft, über die nicht wir verfügen, von der uns berühren zu lassen gleichwohl in unserer Verantwortung liegt: Es braucht guten, lebensstiftenden Geist.

Sie sehen, liebe Schwestern und Brüder, ein wie universales Fest Pfingsten ist und eine wie elementare Wirklichkeit Gottes Heiliger Geist. Ob es das Pfingstereignis gegeben hat, wie die Apostelgeschichte es uns erzählt (Apg 2,1–13), mag man bezweifeln. Nicht in Zweifel ziehen kann man, daß es dieses Fest geben *muß*, wenn die Welt nicht zum Teufel gehen soll. Und so wäre jetzt zu fragen, welche guten Bilder denn die christliche Tradition bereithält, damit unser Blick sich weite auf die Möglichkeiten Gottes mit uns. Drei solcher Bilder fallen mir ein, Bilder, die uns vermittelt sind vom Leben Jesu, und die möchte ich mit ihnen nun kurz bedenken.

1. Stellen Sie sich vor, da ist ein Mensch, der hat mit anderen Mahlgemeinschaft und sagt: »*Nehmt und eßt. Mein Leib, gegeben für euch. Ich bin's, der euch nährt mit seiner Liebe.*« Und stellen

wir uns vor, jener, der das sagt, sei nicht irgendwer, sondern ein Mensch, der seinerseits so sehr aus Gott lebt, daß seine Lebensquelle, Gott, unsere Lebensquelle werden könne: Gott. – Es ist ein Unterschied ums Ganze, ob ich sage: Das, was da erinnert wird, ist vor 2000 Jahren passiert, oder ob ich glaube: Dieses Bild sagt etwas Grundsätzliches über mein Leben aus. Der mich da nähren wolle (*»Mein Leib, gegeben für dich«*) sei Gott in Menschengestalt. Ob aus einem solchen Bild, in der eucharistischen Gebetspraxis immer wieder verinnerlicht, nicht ein Geist entstehen kann, der mich freier werden läßt, großzügiger? Ich brauche mir das Leben nicht zu nehmen (merkwürdig, das ist fast eine suizidale Formulierung), ich muß es mir nicht erkämpfen und verdienen – es ist mir geschenkt. Und so kann ich es weiterschenken an andere, die seiner bedürfen. Wie frei könnten wir leben, wenn wir diesem eucharistischen Grundbild unseres Lebens Glauben schenken würden!

2. Ein weiteres Bild aus dem christlichen Fundus: das Kreuz. – Leid ist schrecklich. Leid beschädigt das Leben; auf Dauer gestellt, ist Leid zerstörerisch. Jeder weiß das. Aber da gibt es Darstellungen des Gekreuzigten, die haben etwas Erschütterndes und Berührendes zugleich, man denke an den Christus des Isenheimer Altars, gemalt von Matthias Grünewald; Sie kennen das Bild.[146] Die Mächtigkeit des Gottes ist hier in ihrer ganzen Ohnmacht exponiert, und darin erscheint sie noch einmal machtvoller als alle Macht der Welt. Sie wird faßbar als der Preis einer Liebe, die »bis zum Äußersten« (Joh 13,1) geht und deswegen (so paradox sich das anhört) das Leid wollen »muß«.[147] Denn in einer endlichen Welt geht Liebe immer mit Leid einher, man muß den anderen in seiner Andersheit, in seiner Nicht-Verstehbarkeit, in seiner Widerständigkeit ertragen; nicht zufällig sagen Liebende zueinander: »Ich mag dich leiden.« Und ist es nicht

zuletzt recht so?! Leid ohne Liebe ist furchtbar, es verhärmt, macht den Leidenden bitter und gram. Umgekehrt Liebe ohne die Bereitschaft, den Geliebten in seiner Andersheit auszuhalten, riskiert, sich ins Irreale zu verflüchtigen, in der Tändelei oder im Narzißmus zu verenden. Der Grünewald-Christus zeigt die Mächtigkeit einer Liebe, die angesichts des Preises, den zu zahlen sie bereit ist, würdevoll ist und groß. Und so schaut man auf zu diesem Leid, das Teil der conditio humana ist, denn in Christus wird es anschaubar, und so ist man im An- und Aufschauen selber – angesehen und erhoben.

3. Ein drittes Bild möchte ich noch nennen. Auf eine etwas merkwürdige Weise wird in vielen Liedern und Gebeten am Pfingsttag dem Heiligen Geist Personalität zugesprochen (»Der Geist wird euch alles lehren«[148], er ist der Fürsprecher, Beistand, Anwalt und Tröster[149], er ist die göttliche Liebe von Vater und Sohn in personaler Gestalt)[150]. Zugleich aber hat diese Personalität immer auch etwas Diffuses, gerade darin aber auch etwas höchst Elementares: Feuer, Sturmwind, Taube, Wolke, Wasser, Regen und Tau usf.[151] – Bilder des Dynamisch-Kraftvollen, aber auch des sublim Tröstenden. Hinter dieser merkwürdig schillernden Bildsemantik stehen, wie mir scheint, elementar menschliche Erfahrungen mit dem, was man »Liebe«, »Freundschaft«, »Zuneigung« nennt:

So schön Freundschaft und Liebe auch sind und so sehr sie das Leben reich machen – wenn sie sich in der Zweisamkeit erschöpfen, laufen sie Gefahr, unrealistisch zu werden. Zwei sich aneinander verlierende Menschen vergessen leicht die Welt um sich herum, verlieren das Maß für die Dinge und beschädigen dadurch womöglich auch und gerade ihre Liebe. Ob Liebe, damit sie fruchtbar werden kann, sich nicht strukturell öffnen muß auf eine Dreisamkeit hin? Damit ist folgendes gemeint:

Wenn Gott, wie das Neue Testament in einer einsamen Spitzenformulierung behauptet, Liebe *ist* und nicht nur Liebe hat (1Joh 4,8.16), und zwar deshalb, weil Gott nicht ein vorfindliches Faktum ist, sondern lebendiges Geschehen der Liebe von Vater und Sohn, dann ist Gott nicht ein sich selbst genügendes Etwas, eine personifizierte Unbegreiflichkeit, ein abstraktes *»ens a se«* – dann ist Gott ein Geschehen von Kommunikation. Und so stellt uns die christliche Tradition Gott als einen Raum dreifaltiger Liebe vor. Zwei sind eins: der Sohn ist im Vater, der Vater ist im Sohn, gerade dadurch aber sind sie mehr als sie selber, ihre Liebe breitet eine Atmosphäre der Güte um sich, einen Hof der Bewillkommnung, einen Atemraum der Gastfreiheit, in welchem nun auch andere und anderes sein kann als Gott: eine ganze Schöpfung. Der dreifaltige Gott ist kein monotheistisches Ich, er ist kein unendlicher Punkt – er ist alles unterfangender und überwölbender Raum dreifaltiger Liebe von Ewigem Vater und Ewigem Sohn im Heiligen Geist. In diesem Atemraum von höchster Nähe und höchster Distanz, Freiheit und Liebe »leben wir, bewegen wir uns und sind wir« – so der Apostel Paulus in seiner Rede auf dem Areopag in Athen. (Apg 17,28) Und sind wir damit nicht erneut beim Pfingstfest angelangt? Was gab sich da zu sehen?

Zunächst die Abgründe der menschlichen Seele: Was für gefährdete Wesen wir doch sind! Zugleich aber zu welch großem Glück berufen! Und so stellt sich zum Abschluß die alles entscheidende Frage: Welche Bilder bestimmen unsere Wahrnehmung? Die guten oder die bösen, die blassen oder die lebendigen, die hellen oder die dunklen? – Es liegt auch an uns, welche Bilder in uns wachwerden. Schaffen wir Raum für den guten Dämon? Oder überlassen wir uns dem Groll, dem kleinlichen Neid, dem ganz überflüssigen Schaukelspiel von deprimierenden Minderwertigkeitsgefühlen und irrealen Überwertigkeitsphantasien?

Darauf eine Antwort zu geben, ist nicht leicht. Es ist der Selbstreflexion eines jeden von uns anheimgestellt. Selbstreflexion ist ein Geschehen, das *vor* einem Größeren geschieht. Zugleich geschieht es aber auch *in* einem Größeren. Damit ist der Bogen zurück an den Anfang geschlagen: Es gilt, dem Anruf des Heiligen Geistes Raum zu geben. Neben dem schon zitierten »*Veni sancte spiritus*« ist da eine zweite, nicht minder bedeutende Anrufung, der Hymnus »*Veni creator spiritus*«, übrigens vor gut tausend Jahren nicht weit von Marburg, im Kloster Fulda verfaßt, von Hrabanus Maurus (780–856), einem der großen Dichtertheologen des Frühmittelalters. Lassen wir ihn am Ende unserer Meditation zu Wort kommen, und zwar in der modernen Nachdichtung eines anderen Dichtertheologen, des niederländischen Jesuiten Huub Oosterhuis (* 1937). Da hört sich das flehentliche Rufen nach dem Heiligen Geist folgendermaßen an:[152]

Hierhin, Brise Atemzug,
wo die treuen Seelen sind,
die gänzlich dein eigen sind.
Daß wir neu geschaffen werden,
daß wir off'ne Felder sind
für den Tau von deiner Gnade.

Paraclete, Trösterin,
uns in Gottes Nam' gegeben,
aus der Höhe, Funkenfall
neuen Lebens, Flammenglut,
wenn Verzweiflung in uns tobt,
salbe uns mit zarten Händen.

Siebenmal, steht schwarz auf weiß,
hat der Vater dich verheißen

linde Hand auf müdem Kopf –
alle Tage dieser Wochen,
unsrer Jahre, siebenmal
klingst du auf aus unsrer Kehle.

Kalt mein Fleisch, säe dein Licht –
Lust weck meine Lust doch wieder.
Feind zwingt meinen Leib danieder.
Du allein kannst ihn verjagen.
Du allein die Fährfrau sein.
Du entführst mich aus dem Bösen.

Niemals hab' ich Gott gesehen,
nicht den Vater, nicht den Sohn.
Du der beider Geistkraft bist,
laß in ihrer Lieb mich wohnen.
Danke, daß du mich gesucht,
Paraclete, Atemzug.

17. Der göttliche Tanz – oder: Was es heißt, zu sagen, »Ich glaube an den dreieinen Gott«*

Wie soll man angemessen von Gott reden, jenem abgründigen Geheimnis hinter dem Lauf der Welt, nie und nirgendwo auffindbar, weil doch jenseits von Raum und Zeit? Und wenn man schon nicht weiß, wie man angemessen von Ihm reden soll –: Wie soll man angemessen zu Ihm reden, wie Ihn, den Unaussprechlichen ansprechen in Lob und Dank, Bitte und Klage, da Er sich doch jeglichem Wort, jeglichem Begriff und damit zuletzt auch jeglicher Anrede entzieht?

Wenigstens einmal im Jahr, liebe Schwestern und Brüder, am Sonntag nach Pfingsten, wäre hierüber zu reden. Denn auf dem Liturgischen Kalender steht das Hochfest »Trinitatis«, das Fest der nie genug zu preisenden, weil »unermeßlich erhabenen Göttlichen Dreifaltigkeit«. Freilich – nur selten wird diese Gelegenheit ergriffen. Für viele Christenmenschen (nicht wenige Prediger eingeschlossen) könnte man den zentralen Glaubensartikel der Christenheit »Gott ist Dreifaltig Einer« getrost streichen; an ihrem Glaubensleben würde sich dadurch wenig ändern. Dabei scheint gerade dieses Fest wie kein anderes geeignet, die eingangs skizzierten Schwierigkeiten zu beheben: Wie nämlich von Gott als dem Unaussprechlichen angemessen zu sprechen sei. Versuchen wir es also. Vielleicht gelingt es ja.

* Zusammenfassung von sechs Predigten zum Dreifaltigkeitssonntag, die jeweils einen anderen Aspekt des christlichen Grundgeheimnisses in den Blick nehmen: 30. Mai 2010, 19. Juni 2011, 3. Juni 2012, 26. Mai 2013, 15. Juni 2014, 31. Mai 2015 (Kugelkirche Marburg, Pfarrkirche Anzefahr, Pfarrkirche Fronhausen Lohra). – Als Lesungstexte standen zur Verfügung Spr 8,22–31; Röm 8,18–30; Joh 16,12–15. Die sechs Abschnitte können jeweils für sich gelesen werden.

I. »Was ist der Mensch, daß du seiner gedenkst?« (Ps 8,5): Der unermeßliche Kosmos, der endliche Mensch und der heilige Gott

Wer angemessen von Gott sprechen will, muß zunächst einmal angemessen von der Welt und vom Menschen sprechen. Und da fangen die Probleme schon an. Denn die Welt – das ist ja nicht nur unser kleiner Heimatplanet Erde. Die Welt, das ist der Kosmos, ein Raum-Zeit-Kontinuum, dessen Umfang größer ist als die Strecke, die Licht in 78 Milliarden Jahren zurücklegt. Um sich von dieser aberwitzigen Zahl eine auch nur halberlei vage Vorstellung zu machen, lohnt der Griff zum Taschenrechner:

Licht legt in einer Sekunde ziemlich genau 300.000 Kilometer zurück. Eine Lichtminute beschreibt also eine Entfernung von 18 Millionen Kilometern, eine Lichtstunde demnach eine Entfernung von 1,08 Milliarden Kilometern. In 24 Stunden legt das Licht eine Entfernung von knapp 26 Milliarden Kilometern zurück. Ein Lichtjahr beschreibt demnach eine Entfernung von knapp 9,5 Billionen Kilometern. Nun ist vorsichtigen Berechnungen zufolge das Universum etwa 13,8 Milliarden Jahre alt. Der Kosmos hätte demnach eine Erstreckung von 13,8 Milliarden mal 9,5 tausend Milliarden Kilometern (eine solche Zahl kann man nur noch in Zehnerpotenzen wiedergeben: Das Universum ist etwa 13×10^{23} Kilometer groß). Freilich ist damit nur das beobachtbare Universum beschrieben. Da sich seit jener nur approximativ zu berechnenden Singularität, die man »Urknall« nennt, der Raum stark gekrümmt, d. h. sein Umfang gegenüber seinem Durchmesser noch einmal erheblich zugenommen hat, befinden sich jene Orte, von denen vor 13,8 Milliarden Jahren Objekte Licht ausgesandt haben, von uns aus gesehen heute mehr als 45 Milliarden Lichtjahre entfernt; der Umfang des Kosmos selbst ist aller Wahrscheinlichkeit nach noch einmal größer, nämlich, wie schon erwähnt, 78 Milliarden Lichtjahre – die durch den Urknall freigesetzte kinetische Energie ist eben noch lange nicht erschöpft; das Weltall dehnt sich weiterhin aus.[153] Wir geraten hier in Zusammenhänge, die jede Vorstellbarkeit sprengen. Und dabei haben wir noch gar nicht gesprochen von den Energien, die die interstellaren Räume durchfluten, von der Dunklen Materie, die alles zusammenhält, obwohl sie selber unbestimmbar ist, von den Weißen Zwergen, Roten Riesen und Schwarzen Löchern – oder auch nur von den 300 Milliarden Sonnensystemen, die allein unsere Galaxie, die Milchstraße, bilden.

»*Was ist der Mensch*« (Ps 8,5a) angesichts solcher Größenverhältnisse!? Nichts. Gar nichts. Selbst die Lebensspanne der gesamten menschlichen Gattung ist im Vergleich zur räumlichen und zeitlichen Erstreckung des Kosmos bestenfalls ein kurzes Aufflackern; wir sind angesichts der kosmischen Größenverhältnisse in bio-physikalischer Hinsicht vernachlässigenswert, eine *quantité négligeable.*

Und doch sind wir mehr als der Kosmos; wir sind *in qualitativer Hinsicht* um ein Unendliches größer als er. Denn wir können ihn denken. Wir können bis auf wenige Millisekunden vor den »Big Bang« zurückrechnen. So sehr wir Teil des Kosmos sind, der uns kalt und stumm dünkt, ein Produkt der Natur, die um sich selber nicht weiß, so sehr schlagen derselbe Kosmos und dieselbe Natur in uns die Augen auf. Im Menschen wird die Natur selbstreflexiv, sie springt gleichsam aus sich selber heraus und wird im Menschen ihrer selbst ansichtig.[154] Das ist ein ungeheurer Vorgang, über den man gar nicht genug staunen kann. Im Menschen blitzt etwas auf, was sich materiell nicht verrechnen läßt: Geist, Selbstbewußtsein, Personalität. Und darin leuchtet auf, was man seine »Würde« nennt. (»Würde« läßt sich empirisch nicht berechnen.) Insofern ist auch das biblische Wort vom

Menschen als der »Krone der Schöpfung« nicht irgendeine anthropomorphe Übertreibung, die wir, wissenschaftlich ernüchtert, beschämt zur Seite legen müßten; dieses Wort ist vielmehr treffend durch und durch. Denn im Menschen guckt die Natur sich selber gleichsam in den Kopf. Und sie weiß, daß sie das tut, denn im Menschen wird sie (ich sagte es schon) selbstreflexiv.

Aber damit nicht genug: Die ungeheuren Erstreckungsmaßstäbe des Kosmos scheinen sich im Menschen zu wiederholen. Es gibt im menschlichen Gehirn etwa soviele neuronale Verschaltungen wie Sonnensysteme in der Milchstraße: 100 Milliarden (10^{11}) Nervenzellen, die durch etwa 100 Billionen (10^{14}) Synapsen miteinander verbunden sind.[155] Man höre und staune erneut: Damit die Natur im Menschen sich zur Selbsttransparenz aufsteigern kann, braucht es eine Geistbegabung, zu deren materialer Grundlage eine neuronale Komplexität nötig ist, die sich mit der Komplexität des unauslotbaren Kosmos vergleichen läßt.[156]

Aber selbst damit sind wir noch nicht am Ende: Das zuletzt ganz und gar Staunenerregende ist ja, daß der Mensch den Kosmos *erkennen* kann. Mit anderen Worten: Es scheint dem Kosmos selber eine mathematisch faßbare Rationalitätsstruktur zugrunde zu liegen, die sich im Menschen als einem winzigen Teil des Kosmos wiederholt. Makrokosmos und Mikrokosmos, Welt und Mensch spiegeln sich ineinander. Menschlicher Geist und materiale Natur sind aufeinander abgestimmt, sonst könnte es kein Erkennen geben.[157]

Was hat dies alles nun mit Gott zu tun? – Sehr viel, wie mir scheint. Denn die Zusammenhänge, die ich hier vor Ihnen so dilettantisch ausbreite, geben uns eine erste Ahnung von der Ungeheuerlichkeit Gottes. Denn natürlich stellt sich jetzt die Frage, wie es kommt, daß Welt und Mensch so erstaunlich aufeinander abgestimmt sind. Auf diese Frage gibt es keine empirisch verifizierbare Antwort. Wir betreten hier das Gebiet der

Philosophie, um nicht zu sagen der Theologie und Metaphysik. Egal welche Antwort ich auf diese Frage gebe (ob ich als frommer Mensch sage: Der Konnaturalität von Kosmos und Mensch liegt ein diese Ordnung gründender Geist voraus, der noch in den trivialsten Erkenntnisakten als die ihnen vorlaufende Möglichkeitsbedingung aller Erkenntnis miterkannt wird;[158] oder ob ich als materialistischer Agnostiker sage: Das alles ist ein zwar höchst erstaunlicher, zuletzt aber völlig bedeutungsloser Zufall der kosmo-biologischen Evolutionsprozesse[159]) –: ich betreibe Philosophie und nicht empirische Naturwissenschaft; ich betätige mich als Metaphysiker, nicht als Physiker. Wir kommen aus dieser Schleife nicht heraus.[160] Sobald ich frage *»Warum kann ich die Welt erkennen?«* (oder genauer: *»Warum gibt sie sich mir zu erkennen?«*); sobald ich frage: *»Warum ist da etwas und nicht vielmehr nichts?«*, *»Wozu überhaupt das Ganze?«*, habe ich die Frage nach dem Grund von allem gestellt. Den Grund von allem nennt die abendländische Tradition »Gott«.

Mit diesen Überlegungen sind wir zwar noch nicht bei Gott als dem Dreifaltig-Einen angelangt, wohl aber bei der Frage, wie der unfaßbare Gott im Verhältnis zu seiner Schöpfung zu denken wäre – nicht zuletzt dies ist ja eine der Fragen, deren Beantwortung uns irgendwann nötigt, von Gott nicht als Einsam-Einzelnem, sondern als Dreifaltig-Einem zu sprechen. – Wie also wäre Gott zu denken?

II. »An dich denk' ich, wenn ich wach lieg' auf meinem Lager …« (Ps 63,6)*: Theologie als der Versuch, das Unbegreifliche / den Unbegreiflichen zu begreifen*

Nun, Er wäre in einer Weise zu denken, daß sich, herkommend vom Kosmos als Seiner Schöpfung, eine Ahnung der Unermeßlichkeit des Schöpfers einstellte. Natürlich kann man eine solche Ahnung nicht einfach herbeizaubern; aber man kann im Ausgang von Überlegungen wie den genannten ein erstes Erwachen solcher Ahnung in sich kultivieren. Hat man einmal begonnen, etwas von der Ungeheuerlichkeit der alle Wirklichkeit unterfangenden und überwölbenden Wirklichkeit Gottes zu erahnen, dann sind Überlegungen wie die genannten geeignet, irgendwann auch für die Existenz des solcherart erahnten Gottes zu optieren. Natürlich kann man Gott nicht beweisen; mehr als eine religiös-metaphysische Option kann der Gottesglaube nicht sein,[161] allerdings, wie mir scheint, eine gut, sogar sehr gut begründbare.[162]

Es ist an der Zeit, daß der allenthalben grassierende Gotteszweifel, der so beinhart selbstsicher daherkommt, sich endlich selber einmal mit dem Zweifel am Zweifel paart. Warum soll es Gott eigentlich nicht geben? In jedem Fall ist Gott logischer als das pure Nichts. Denn aus dem absoluten Nichts kann nichts entstehen außer Nichts. Aber das Nichts ist nicht. Wie soll man glauben, daß im Anfang – »nichts« »ist« und aus diesem Nichts, aus dem nichts werden kann, dann etwas geworden ist? Wenn im Anfang das Nichts ist, dann ist auch nie etwas geworden. Aber die Welt ist. Und ich bin auch. – Wem das nicht zu denken gibt, dem ist nicht zu helfen.

Das unerhörte Wunder, daß etwas ist und nicht vielmehr nichts, ist der entscheidende Grund, dafür zu optieren, daß »im Anfang« etwas ganz anderes ist als Nichts. Warum? – Nun, dem frommen Menschen erschöpft sich jenes Geschehen, das die Physik als »Urknall« beschreibt, nicht in sich selbst; denn Frömmigkeit (egal ob religiös oder philosophisch) fragt nie nur nach dem »Wie?«, sondern immer nach dem »Warum?« *Warum gibt es die Welt?* ist nun aber keine Frage der empirischen Wissenschaften. Und doch ist sie die eigentlich interessante Frage. Der fromme Mensch beantwortet diese Frage mit dem Hinweis auf einen sich selbst wissenden Grund, der alles, was ist, ins Dasein ruft (Röm 4,17b), und sich durch die Tatsache, daß etwas ist und nicht vielmehr nichts, unwiderleglich offenbar macht (Röm 1,19f.) – eine schöpferische Zusage, ein allmächtig-liebender Wille, von welchem die biblische Tradition sagt: *»Im Anfang war das Wort«* (Joh 1,1), *»Im Anfang schuf Gott Himmel und Erde«* (Gen 1,1). Aus einem voluntativen Schöpfungsakt sei alles entstanden, nicht aus einem »Nichts« oder einem anonymen »Zufall« (wobei »Zufall« ja vielleicht nur ein hilfloser, agnostischer Name für den »unbekannten Gott«[163] ist, denn was »uns« da als spätere Welt »zufiel«, ist womöglich nur das, was längst »fällig« war, und der »Zufallende« der, der im Grunde von allem wirkt).

Wie auch immer: Die Tatsache, daß es den Kosmos gibt und daß es den Menschen gibt, die Tatsache, daß es mich gibt und dich gibt und sich das Leben (allen Fragwürdigkeiten und Absurditäten zum Trotz) immer wieder auch als sinnvoll und schön erweist, ist dem Frommen Anlaß zu dem Bekenntnis, daß *»im Anfang«* (בְּרֵאשִׁית [b^ereschit]) bzw. *»im Grunde«* (ἐν ἄρχῃ [*en arché*])[164] ein allmächtig-liebender Wille waltet und nicht das kalte stumme Nichts. »Denn das Bewirkende«, sagt Aristoteles, »ist immer größer als das Bewirkte«[165]; Gott als der Schöpfer des in seinen Ausmaßen schier unermeßlichen Kosmos ist anders bzw. größer als der Kosmos. Gott umfängt und überwölbt die Welt (1Kön 8,27), zugleich aber trägt und hält er sie in seinen Händen (Ps 139,5), sein Geist durchwebt und durchwirkt sie, wie es in der jüdischen Weisheitsliteratur heißt: »In allem ist dein lebendiger Geist.« (Weish 8,1b; 12,1; vgl. Apg 17,28) Daraus aber folgt: Wenn schon der Kosmos in seinen Ausmaßen ungeheuerlich ist, dann ist Gott als der Schöpfer des Kosmos das oder der Ungeheuerliche schlechthin. Ungeheuerlich ist das Heilige. Vom Heiligen muß man reden, man muß es in Worte bringen, denn es ist unerträglich, dem letzten Grund namenlos ausgesetzt zu sein, denn dieser letzte Grund macht uns schaudern und staunen zugleich: *fascinosum et tremendum*.[166] Und so ist die Religionsgeschichte, die ja immer auch Kulturgeschichte ist, überreich an Mythen und Riten, Erklärungen und Verhaltungen, um mit dem Unverfügbaren umgehen zu können.[167] Drei solche Umgangsformen bzw. Benennungen möchte ich im folgenden mit Ihnen bedenken – ihnen entsprechen drei zentrale Grunderfahrungen des Heiligen:

Gott *über und jenseits von uns* – in christlicher Terminologie: Gott als der unnennbare »Schöpfer« und »Vater«;
Gott *bei und mit uns* – in christlicher Terminologie: Gott als sein ewiges Wort, das in Jesus von Nazareth, unserem Bruder und Herrn, »sohnliche« Gestalt angenommen hat;
Gott *in und für uns* – in christlicher Terminologie: Gott als uns belebender, erfüllender »Geist« und als solcher die persongewordene Beziehung von ewigem Vater und seinem in Jesus menschgewordenen Wort.

Diese Grunderfahrungen deuten an, weshalb die christliche Tradition sich genötigt sieht, im Ausgang von Leben und Geschick Jesu von Nazareth von Gott, dem unermeßlichen Urgrund aller Wirklichkeit, als dem »Dreifaltig Einen« zu sprechen.

III. Drei Erfahrungsmodi Gottes: Unnennbarer Abgrund – Personales Gegenüber – alles durchwebende Geistkraft

1. Da gibt es zum einen die Erfahrung, daß von Gott niemals angemessen gesprochen werden kann, da Gott alle Benennungen, die man ihm zulegt, übersteigt. Gott erscheint in dieser Perspektive als das uns entzogene Geheimnis, als der »Ganz Andere«, der Namenlose, der als Ursprung allen Seins jenseits allen Seins ist, so daß selbst noch die Aussage »er ist« mehr Falsches als Zutreffendes von ihm sagt. Alle Analogien verstummen

hier[168], alle begriffliche Annäherung verliert sich im Gestrüpp der Bilder und Metaphern. So gibt es auch im eigentlichen Sinn »keinen Weg zu Gott«. Jeder Weg ist in Wirklichkeit »ein Nicht-Weg, ein Nicht-Gedanke, ein Nicht-Sein«. Darum ist das Schweigen angesichts des entzogenen Geheimnisses Gottes die dem Menschen am ehesten zustehende Haltung. Diese religiöse Einstellung findet sich in allen sog. *apophatischen Religionen*, d. h. in Religionen, für die Gott in solch absoluter Transzendenz steht, daß über ihn nur in Negationen gesprochen werden kann. Hier ist z. B. die buddhistische Erfahrung des *nirvâna* oder des *shûnyatâ* (Leere) zu nennen oder überhaupt die mystische Erfahrung quer durch alle Religionen, wonach das letzte Wort über Gott ist, daß man von ihm schweigen muß[169] – Gregor von Nyssa und Meister Eckhart, aber auch Karl Rahner und Ludwig Wittgenstein haben so geredet. Die christliche Trinitätslehre thematisiert in dieser Grundfigur des Göttlichen *das Geheimnis des Vaters.* Dieser ist nicht nur der uns entzogene Urgrund aller geschaffenen Wirklichkeit, sondern auch aller ungeschaffenen d. h. innergöttlich-trinitarischen Wirklichkeit. Der »Ewige Vater«, Ursprung der Gottheit, ist der schlechterdings Unnennbare, es sei denn, Er selber würde uns offenbaren, wer Er ist.

2. Damit geraten wir vor einen zweiten Grundtypus von Gotteserfahrung. Hier erscheint Gott als jene Wirklichkeit, die aus ihrer transzendenten Verborgenheit heraustritt, um auf den Menschen zuzugehen und ihn bei seinem Namen anzusprechen: *»Adam, wo bist du?«* (Gen 3,9) *»Kain, wo ist dein Bruder Abel?«* (Gen 4,9) *»Mose, Mose!«* (Ex 3,4) Zugleich aber offenbart der unnennbare Gott, um sich vom Menschen ansprechen zu lassen, seinen Namen: JHWH – *»Ich bin, der ich bin«; »Ich erweise mich als jener, der für euch dasein wird«* (Ex 3,6.14). Der unnennbare Urgrund aller Wirklichkeit, das heilige Geheimnis,[170] offenbart

sich hier als das große »Du«, als heiliger Name, in welchem alles seinen kreatürlichen Stand und seinen geschichtlichen Halt findet. Zugleich erweist sich der sich selbst benennende Urgrund als jene Wirklichkeit, deren schöpferisches Handeln der Welt eine Rechtsordnung verleiht und darin eine unausdenkbare Verheißung: *»Es ist dir gesagt, Mensch, was gut ist…«* (Mi 6,8); *»… denn aus Ägyptenland, dem Haus der Knechtschaft Pharaos, habe ich dich herausgeführt«* (Ex 20,2; Dt 5,6); *»Du sollst keine anderen Götter neben mir haben«* (Ex 20,3; Dt 5,7); *»Den Fremdling, der bei dir wohnt, bedrücke nicht, denn du selber bist Fremdling gewesen in Ägypten.«* (Ex 22,20; Lev 19,33f.; Dt 10,19) Einem solchen Verheißungswort Glauben zu schenken bedeutet, zur Gemeinschaft mit dem Quell dieses Verheißungswortes berufen zu sein und zusammen mit allen Menschen einmal der Vollendung in Ihm, dem Quell alles Guten, teilhaftig zu werden.

Dieses Grundverhältnis zu Gott ist das des *Theismus*, wie wir ihn in unterschiedlicher Weise in den *biblischen Religionen* Judentum, Christentum und Islam verwirklicht finden. Hier geht es darum, zu Gott in ein »persönliches Verhältnis« zu treten, sich von ihm ansprechen und zu einem Ziel führen zu lassen.[171] – Das christliche Bekenntnis zu Gott als dem dreifaltig Einen sieht diese uns zugewandte Seite des Göttlichen in ihrer Höchstform in der Gestalt Jesu von Nazareth verwirklicht.

3. Freilich – eine solche Sicht auf Gott ist nicht unproblematisch. Wo Gott ausschließlich als personales »Gegenüber« des Menschen gesehen wird, da riskiert man im Zuge der damit einhergehenden Betonung des Ethischen, nicht nur der natural-kosmischen und mystischen Dimension des Religiösen verlustig zu gehen; da läuft man auch und nicht zuletzt Gefahr, sich an den eigenen theistischen Prämissen zu überheben: Denn wann hätte man (aller personalistischen Grundierung der biblischen

Gottesrede zum Trotz) Gott wirklich einmal als ansprechbares »Du« erfahren, noch dazu als ein solches, das eine deutlich vernehmbare Antwort gibt auf das dankend, bittend, flehend oder klagend vorgetragene Gebet?[172] Dies ist nun auch der Grund, daß eine dritte Grundform des Religiösen noch einmal eine ganz andere Art des Umgangs mit dem Göttlichen artikuliert; dieser Weg ist der des sog. *Immanentismus* oder *Monismus*. Hier erscheint Gott als Kraft, die alles durchströmt und durchwebt. Gott ist »das Ganze«[173]; als solches ist Er »der radikal Immanente«. (Ganz ähnlich sagt es Papst Franziskus in seiner Enzyklika »Laudato Si'«: »Gott ist in jedem Stein und in jedem Staubkorn zu finden«, es gibt nichts, das von ihm getrennt wäre,[174] »in allem ist sein lebendiger Geist« [Weish 12,1].) Diese im Grunde pantheistische Ganzheits-Immanenz, in der Gott und Kosmos *eins* sind, kann sich nicht offenbaren, denn dann würde sie ja in Differenz zu sich selber treten. Gott bzw. das Göttliche als der/das Immanente ist vielmehr das innerste Herz allen Seins, jener »Punkt«, in dem alle Spezifika, Unterschiedenheiten, Selbstheiten überwunden und hinter sich gelassen werden.[175] In jener Ganzheits-Immanenz findet man nur noch die Gottheit und sonst nichts, denn die Gottheit ist der Lebensstrom, der alle Wirklichkeit durchpulst und von nichts, was ist, unterschieden werden kann; Gott ist jene »›Wirklichkeit‹, die uns zu sich hin ›einatmet‹ und ›ausatmet‹«[176]: *»Er ist alles«*, sagt dazu die frühjüdische Weisheitsliteratur (Sir 43,27)[177]; *»in ihm leben wir, bewegen wir uns und sind wir«*, der Apostel Paulus (Apg 17,28). Eine Frömmigkeitshaltung wie die hier skizzierte zielt auf eine Überwindung aller Absonderungen. Deshalb geht es hier auch nicht mehr darum, Gemeinschaft mit anderen Menschen oder Gemeinschaft mit einem personalen Gott zu etablieren, denn Gemeinschaft bedeutet immer ein Gegen-Über, mit welchem ich in Begegnung stehe.

Eine Frömmigkeitshaltung dieses dritten Religionstypus, für welchen in den asiatischen Religionen insbesondere der *Hinduismus* und darin genauer noch einmal die Vedischen Upanishaden stehen, zielt vielmehr auf »das Bewußtsein der Identität eines jeden mit dem All, des *âtma* mit *brahma*.«

Erstrebt wird hier nicht ein Dienst am Nächsten, nicht ein Akt ethisch-pragmatischer Weltgestaltung oder -veränderung, sondern »eine Versenkung, die eine immer schon dagewesene Identität enthüllt«[178]. Trinitätstheologisch gesehen korrespondiert dieser Art von Welt-, Selbst- und Gotteserfahrung die Figur des *Heiligen Geistes*. »Der Geist atmet in uns«, sagt der Apostel Paulus; Er ist es, der in uns betet und für uns eintritt »mit unaussprechlichem Seufzen«, weil wir selber nicht wissen, wie wir beten sollen. (Röm 8,26)

IV. »Denn die Liebe Gottes ist unter uns erschienen …« (1Joh 4,9) *– Jesu Gottesintimität als die spezifisch christliche Gegenwartsform Gottes unter den Menschen*

Es ist erstaunlich, wie genau und präzise sich die religiösen Grundfiguren der großen Weltreligionen in den »drei Personen« oder »Namen« der »einen göttlichen Natur« abbilden lassen: Gott ist unnennbar. Er ist der unaussprechliche Ur- und Abgrund, der, den Kosmos unterfangend, alle Erkenntnis übersteigt. Zugleich ist Gott aber auch alles durchflutende Geistmacht, in der wir immer schon leben und sind, aus der wir nie herausfallen können, weswegen sie auf merkwürdige Weise, obgleich ständig am Werk, erneut unnennbar ist. Schließlich ist Gott ein herausforderndes, zugleich aber liebendes und darin herb-strenges, eifersüchtiges DU, das, indem es den Menschen anspricht (»Mose, Mose«), sich als ein personal-überpersonales ICH zu erkennen gibt: *»Ich bin der Herr, dein Gott, der dich aus*

Ägyptenland, dem Sklavenhaus, herausgeführt hat: Du sollst keine anderen Götter neben mir haben.« (Ex 20,2f. / Dt 5,6f.)

Eben dieses Angesprochensein von einer Wirklichkeit, die jenseits aller Sprache ist und doch in meinem Innersten sich unfehlbar zu Wort meldet, scheint die Urerfahrung Israels und hier insbesondere der alttestamentlichen Propheten gewesen zu sein – ich zitiere als ein Beispiel den Propheten Jeremia:

»Du hast mich betört, Herr, und ich ließ mich betören; du hast mich gepackt und überwältigt. Sagte ich aber: Ich will nicht mehr an ihn denken und nicht mehr in seinem Namen sprechen!, so war es mir, als brenne in meinem Herzen ein Feuer, eingeschlossen in meinem Innern. Ich quälte mich, es auszuhalten, und konnte nicht.« (Jer 20,7.9)

Was Jeremia hier ins Wort bringt, ist ein heißinniges Begehren, das *allopathisch*, d.h. als Erleben eines fremden Affektes aus ihm herausbricht.[179] Da ergreift ihn eine Wirklichkeit, die sich nicht einfach auf ihn selbst zurückführen läßt: ein Zorn, eine Empörung, ein Mitleid, ein Trost, eine liebende Nähe, ein vergebendes Verzeihen, von dem er sich angezogen fühlt, durch welches er sich herausgefordert und in Frage gestellt sieht, in welchem er sich immer aber auch wieder geborgen weiß. Und damit sind wir nun auch bei der spezifischen Gotteserfahrung Jesu angelangt. Denn schenkt man den neutestamentlichen Zeugnissen Glauben, so erfuhr Jesus diese allopathisch erlebte Nähe Gottes in einer Weise, die für sein Selbstbewußtsein geradezu konstitutiv wurde: »Jeschua« ([יֵשׁוּא]), »Gott rettet«, ist nicht nur die Bedeutung von Jesu Namen (Mt 1,21), sondern Jesu innerste Selbst- und Welterfahrung. (Mk 1,10f. parr) Dieses ihm Eigenste, Innerste, aus dem er selber lebt, muß Jesus weitergeben an alle Menschen guten Willens – daher das Heilmachende seiner Nähe: *»Die Zeit ist erfüllt, das Reich Gottes ist nahe. Kehrt um und glaubt an das Evangelium!«* (Mk 1,15) *»Und alle, denen er die Hände auflegte, wurden heil.«* (Mk 6,5)

In Jesus, so heißt es, wurde die Nähe Gottes in einem Maße erfahrbar, daß seine Jünger nicht anders konnten als ihn als das persongewordene Zusagewort Gottes zu bekennen. (Mt 16,16 parr) Diese Zusage konnte selbst der schmähliche Tod am Kreuz nicht zerstören. Jenes Ereignis, das wir »Ostern« nennen, historisch aber nie zu fassen bekommen, wurde von den Jüngern verstanden als Bestätigung, daß Jesus trotz des Widerspruchs der Welt der von Gott autorisierte Messias sei: der Geistgesalbte (der »Maschiach«, wie hierfür der hebräische Ausdruck lautet), das »Du Gottes in Person«, der Christus. (Das griechische Wort Χριστός, latinisiert »Christus«, bedeutet ja genau dies: der Geistgesalbte.) Ein geistgesalbter Mensch ist ein gotterschlossener, gottumfangener, ein in Gott geborgener Mensch. (Vgl. Ps 139,1b–18; 22,10f.) Ein solcher Mensch ist Jesus. Jesus lebt in der Gottesintimität; er weiß sich von Gott geschenkt, weiß sich von ihm getragen und gehalten: *»Mir ist von meinem Vater alles übergeben worden; niemand kennt den Sohn, nur der Vater, und niemand kennt den Vater, nur der Sohn und der, dem es der Sohn offenbaren will.«* (Mt 11,26) In den Augen der frühen Kirche machte es diese spezifische Art der Gottesintimität Jesu nötig, das Bekenntnis zu Jesus in einen trinitarischen Bezugsrahmen zu stellen. Denn zwar erlaubte es Jesu Selbstunterscheidung vom Vater nicht, ihn mit seinem himmlischen Vater zu identifizieren. Seine Inanspruchnahme der Autorität des Vaters bei gleichzeitiger unvermittelter Vertrautheit mit ihm verbot es aber auch, ihn vom Vater zu trennen: *»Ich tue nur, was der Vater mich heißt«; »Wer mich gesehen hat, hat den Vater gesehen«; »Ich und der Vater sind eins.«* (Joh 8,28; 14,9; 10,30)

Diese innig-intime Verbundenheit Jesu mit seinem Vater bei gleichzeitig ebenso klarer Unterschiedenheit von ihm beschreibt nun aber präzise, was das Wort »Liebe« meint – und damit verstehen wir jetzt auch, weshalb der zentrale Gottesname des

Neuen Testamentes »Liebe« lautet: *Caritas* (1Joh 4,8.16), *Amor, Dilectio.* Der Grund liegt auf der Hand: Liebe ist formal gesehen ja nichts anderes als der radikale Selbstempfang aus den Händen eines anderen, an den man sich seinerseits ganz verschenkt. Liebe ist mit anderen Worten der Ineinsfall von Identität und Differenz zweier sich im Wortsinn einander zuneigender Personen: Je näher ich dem anderen komme, je tiefer wir uns kennenlernen, umso mehr erkenne ich, wie sehr er im Verhältnis zu mir ein anderer ist und ich ein anderer im Verhältnis zu ihm. Gerade diese Identität in der Differenz hat nun aber elementar schöpferische Kraft. Gerade weil der Andere ein anderer ist als ich, kann er mich mir geben, so wie ich, weil ich ihm gegenüber ein Anderer bin und nicht er, ihn zu dem werden lassen kann, der er ist und sein soll. Mit andern Worten: Liebe hat wirklichkeitsinaugurierende Kraft; sie »ruft, was nicht ist, ins Dasein«. (Röm 4,17) »Lieben belebt«, das wußte schon der alte Goethe[180], und zwar, weil der Liebe (dem Lieben) eine eigentümliche Kraft innewohnt. Diese belebende Kraft, dieses liebende »Ein-Ander« zweier sich Liebender läßt sich verstehen als das Herz, die Seele, der Geist ihrer Beziehung. Denn wo zwei »gleich fühlen, gleich empfinden, Gleiches ersehnen«, wo sie »ein-ander« in Liebe verbunden sind, da sagt man, »sie seien eines Geistes.«[181] Jesus und sein Vater sind »eines Geistes«; denn Jesus liebt den Vater, und der Vater liebt ihn. (Joh 10,17) An dieser Liebe (sie ist sein innerstes Geheimnis) will Jesus seine Freunde teilhaben lassen: *»Ich nenne euch nicht mehr Knechte, sondern Freunde. Denn ich habe euch alles mitgeteilt, was ich von meinem Vater empfangen habe.«* (Joh 15,15) Wie soll das möglich sein: Anteil haben an Jesu innerstem Gottesgeheimnis?

V. »Gott ist die Liebe«: Der Ineinsfall von Identität und Differenz als freiheitsbegründende Grundfigur trinitarischer Gotteserfahrung

Eine Antwort auf diese Frage läßt sich womöglich über einen kleinen Umweg geben. Sie kennen alle das Lied *Gute Nacht, Freunde* von Reinhard Mey. In der dritten Strophe heißt es:

Für die Freiheit, die als steter Gast bei euch wohnt,
habt Dank, daß ihr nie fragt, was es bringt, ob es lohnt.
Vielleicht liegt es daran, daß man von draußen meint,
daß in euren Fenstern das Licht wärmer scheint.

Da sind zwei sich liebende Menschen, die durch die Art, wie sie einander zugeneigt sind, einen Hof von Wärme, Trost und Vertrauen um sich verbreiten, eine Aura der Freundlichkeit und Gastfreiheit, die andere herbeilockt. Man ist gerne in der Nähe dieser beiden, man möchte Anteil haben an der Kraft, aus der sie sich und ihr Leben schöpfen. Von dem französischen Sozialphilosophen André Gorz und seiner Frau Dorine (sie starben gemeinsam im September 2007) wird solches erzählt. Die Gastfreundschaft dieses alten Ehepaares (eine moderne Variante von Philemon und Baucis) war legendär; wer immer in Not und Bedrängnis war, fand ein offenes Ohr, einen Platz an ihrem Tisch und (wenn nötig) ein Bett für die Nacht.[182] Und das alles nicht aus einem ethischen Moralismus, der ja nicht selten etwas Verbissenes hat; sondern da war eine Liebe, die das Leben dieser beiden alten Leute grundierte und die sich gleichsam von selbst an andere verströmte.

In freundschaftlichen Beziehungen dieser Art kann man leicht einen Abglanz trinitarischen Welterlebens entdecken. Liebe ist ja nichts statisch Ruhendes, sie ist lebendiges Geschehen: »Gleichbleiben und Sich-Ändern, beides in gleicher Freude aneinander; Sicherheit der Verbindung, die doch täglich unverhofftes Geschenk ist; Kennen des Anderen und Staunen über ihn wie über neues, unvorhergesehenes Wunder.«[183] Eben hier geraten wir vor den Spitzensatz neutestamentlicher Theologie, man bekommt ihn in seiner Tiefe kaum zu fassen: Wenn, wie der Erste Johannesbrief behauptet, Gott Liebe *ist* und nicht einfach nur Liebe hat (1Joh 4,8b.16), dann ist Gott nicht ein in sich ruhendes Faktum, eine vorfindliche Gegebenheit, an die man glauben oder auch nicht glauben kann, sondern dann wird man sagen müssen: Gott *geschieht*. Christsein bedeutet dann nicht vor allem, »an« Gott zu glauben; es bedeutet, in Gott zu »sein«; Anteil zu haben an jenem Geschehen der Liebe, das Gott selber in seinem Innersten *ist*: ewiges Gespräch von Vater und Sohn im Heiligen Geist, das uns durch Jesus offenbar wurde.

Vielleicht beginnen Sie zu erahnen, liebe Schwestern und Brüder, wie sehr das trinitarische Gottesbekenntnis geeignet ist, unsere herkömmlichen Vorstellungen von Gott vom Kopf auf die Füße zu stellen. Christsein heißt nicht, irgendwie monotheistisch an Gott glauben (das tun viele); Christsein bedeutet vielmehr, Anteil zu haben an der Gottesbeziehung Jesu; bedeutet, *hineingenommen zu sein in den Raum jener Liebe, der das Geschehen der Nähe von Vater und Sohn ist.* Jesus gewährt seinen Jüngern Anteil an dem ihm Kostbarsten: an seiner Beziehung zu seinem Gott und Vater. Er gewährt ihnen Anteil an jenem Geist, dessen Kennzeichen es ist, wechselseitige Liebe des Vaters zu ihm, dem Sohn, und des Sohnes zum Vater zu sein.

Was bedeutet das konkret? – Eine, wie mir scheint, treffende Analogie bieten hier einmal mehr unsere eigenen Freundschaftsbeziehungen. Vielleicht ist christlicherseits der wichtigste Zugang zu Gott nicht so sehr das wortlos anbetende Schweigen, wie der Buddhismus und bestimmte Formen der Mystik es pflegen; auch nicht so sehr ein ethisches Handeln nach Art der alttestamentlichen Prophetie und auch nicht ein wie immer geartetes ozeanisches Gefühl der Einheit mit der Natur (keine dieser Formen der Gottesbegegnung ist falsch; auf die eine oder andere Weise weiß auch die neutestamentliche Überlieferung von ihnen). Vielmehr scheint mir, der genuin christliche Zugang zu Gott sei nach Art jenes innigen Verhältnisses zu fassen, das zwei Liebende zueinander haben und aus dem ihnen ein gemeinsamer Geist erwächst: *»Was mein ist, Vater, ist dein, und was dein ist, ist mein«* (Joh 17,10), wie der Johannesevangelist Jesus im sog. Hohpriesterlichen Gebet am Ende der Abschiedsreden sprechen läßt.[184] Oder an anderer Stelle im Johannesevangelium: *»Ich kenne die Meinen, und die Meinen kennen mich, wie mich der Vater kennt und ich den Vater kenne [...]«* (10,14b–15a) – ein inniges Inklusionsverhältnis, in das Jesus seine Jünger einbezieht: *»Ich bin in meinem Vater, ihr seid in mir, und ich bin in euch«* (14,20) *und so habt ihr Anteil an dem, was das mir Eigenste ist: an meiner Liebe zum Vater und an der Liebe des Vaters zu mir.*

Vielleicht kennt ja der eine oder andere unter Ihnen solche Formen von Vertrautheit – Momente, in denen man einem anderen derart nahe kommt, daß es keiner Worte mehr bedarf. Es sind dies Momente, in denen die Seele weit wird, weil man sich verschenken darf und sich darin reich beschenkt weiß.

Freilich: Solche Momente beglückender Intimität bergen immer auch einen latenten Schmerz in sich; denn was hier verheißen ist (»Dû bist mîn, ich bin dîn«[185]), findet auf Erden seine Erfüllung bestenfalls in gebrochener Form. Wie auch soll Ich je Du sein (und darin ich selber) und Du Ich (und darin Du)? Wie erleben, was Hildegard Knef, die große Chansonnière, in einem ihrer Lieder folgendermaßen besang: *»Ich seh' die Welt durch deine Augen, ich spür' den Wind mit deiner Haut...«*?[186] Niemand sieht die Welt durch die Augen des anderen, mag er ihn auch noch so lieben, sondern immer nur durch die eigenen. Intime Einheit bei gleichzeitigem Selbstand, ein wirklich erfüllendes Ein-Ander in der Liebe bleibt uns, »solange wir in diesem Leibe leben«, wie der Apostel Paulus es formuliert (2Kor 5,6), versagt. Was uns bleibt, ist zuletzt die »Sehnsucht, wahrlich erkannt zu werden, bei dem gleichzeitigen Wunsch, nur erahnbar zu sein.«[187]

Eben hier, liebe Schwestern und Brüder, bei genau dieser Sehnsucht setzt nun der christliche Glaube an. Er behauptet, in Gott seien Zwei so tief einander zugewandt, daß der eine den anderen liebend »umspiele« und »umtanze«, beide würden dabei einander wechselseitig sich im anderen »erkennen«, ohne sich selber zu verlieren. Was hiermit gemeint ist, lassen uns vielleicht jene seltenen Augenblicke erahnen, da zwei Menschen einander liebend erkennen. Und so läßt sich als Grundfigur christlicher Gotteserfahrung benennen, was Grundgesetz einer jeden innigen Freundschaft ist: *»Ich will mich nicht mehr nur von mir her verstehen; ich will mich vielmehr von dir her verstehen – mehr noch, ich will mich und dich und uns aus dem Geist unserer Beziehung heraus verstehen, denn du und ich sind mehr als wir* (1 + 1 = 3). *Unsere Freundschaft ist ein Raum, in den wir uns hineingenommen erleben und der* (so sehr er auch unser Eigenstes ist) *größer ist als wir und uns deshalb als eine von uns zwar nicht abtrennbare, aber auch nicht mit uns identische Wirklichkeit entgegenkommt«* –: Genau ein solches Erleben und Begreifen thematisiert die Trinitätstheologie: Liebe zwischen zwei Freunden (dargestellt am Verhältnis Jesu zu seinem Gott und Vater) als erlöster Ineinsfall von Identität und Differenz; eine Paradoxie, die nicht mehr dem Entschlußwillen der Betroffenen anheimgestellt ist, sondern, da sie sich *in* einem Dritten realisiert (das Neue Testament spricht hier vom Geist), sich als Urgrund ihrer Freundschaft bzw. als deren Raum oder Hof *zwischen ihnen* er-eignet. Das aber bedeutet: Wie unser

Freundschaftsbegehren im trinitarischen Gott ein Analogon hat und von ihm her gelesen werden kann (denn »Gott ist Freundschaft«, wie der Zisterziensermystiker Aelred von Rieval[188] den Vers »Deus caritas est« [1Joh 4,8] übersetzt: Es ist Gottes Freude, bei den Menschen zu sein; es ist sein Begehren, den Menschen hineinzunehmen in den Raum der Liebe, die Er ist), so läßt sich umgekehrt das Wesen des dreifaltigen Gottes von jenem Eros her verstehen, der in aller und jeder Freundschaft am Werk ist. Denn wo, wenn nicht in unserem Freundschaftsbegehren, werden wir jener Liebe ansichtig, die als weltbegründende auch unsere Freundschaften gründet?!

VI. Gott ist leidenschaftlicher Tanz, unerschöpfliche Quelle, überfließender Brunnen, nicht endendes Liebesgespräch – denn Gott ist Gott: »In ihm leben wir, bewegen wir uns und sind wir« (Apg 17,28)

Wie soll ich enden bei einem Thema, das kein Ende hat? Vielleicht so: Der dreifaltige Gott ist in seinem Innersten ewiges Gespräch von Vater und Sohn im Heiligen Geist. »Der Vater« als der ursprunggebende Quell aller Wirklichkeit verschenkt sich ganz an »den Sohn«, indem Er ihn von Ewigkeit her »in seinem Schoß« »zeugt« und »gebiert«[189]; wiederum »der Sohn« empfängt sich ganz »vom Vater«, schenkt sich an ihn unaufhörlich zurück und gewinnt gerade dadurch sich selbst –: ein wechselseitiges Sich-Umtanzen, wie die Kirchenväter es nennen, leidenschaftliche Durchdringung (»Perichorese«) zweier einander Liebender, ein lebendiges Ineinander-Ruhen (»interinsessio«), woraus lebenstiftende Kraft gebiert, in welcher Vater und Sohn auf ewig verbunden sind: Diese Kraft bzw. dieses Energiefeld ist der Heilige Geist, ist die persongewordene Liebe von Vater und Sohn. An ihm (bzw. an ihr) erhalten Anteil, die sich Jesus, dem »Vortänzer im mystischen Tanze«[190], verbinden. Wo immer solches geschehe, da werde das Leben solcher Menschen zum Gleichnis des Tanzes von Vater und Sohn, da fülle sich ihr Leben »randvoll mit Himmel«[191], da erscheine an ihnen sichtbarlich, was das Neue Testament meine, wenn es davon spreche, daß Gott »unter den Menschen wohnt«. (Offb 21,3) Denn Gott ist nicht einsam. Gott ist kein solipsistischer Ein-Mann-Betrieb. Gott als das Herz der Welt ist leidenschaftliches Geschehen von Liebe, sein innerstes Herz ist lebendige Beziehung von Vater und Sohn im Heiligen Geist. Und so gibt es nichts, was außerhalb von Gott ist; Gott als dreifaltiges Gespräch von ewig sich aus-wortendem Vater und ewig sich zurück-wortendem Sohn unterfängt und überwölbt alles, was ist. Alles ist in dieses unvordenkliche Gespräch von Vater und Sohn hineingenommen. Mit anderen Worten: *Gott ist ein unendlicher Gesprächsraum, Er räumt allem, was nicht Gott ist, einen Platz in sich selber ein* – selbst Sünde und Tod geschehen, so wird man in gewisser Weise sagen müssen, »in« Gott,[192] ohne daß ihnen deswegen das letzte Wort überlassen bliebe. Denn so wenig in Gott Sünde und Tod sein kann (Gott ist das Gegenteil von Sünde und Tod, nämlich unvordenkliches Licht, nicht erlöschende Liebe, ewiges Leben), so sehr müssen Sünde und Tod, sollen sie ihre Macht verlieren, vom dreifaltigen Leben der Gottheit unterfangen und solcherart zunichte werden. (Vgl. 1Kor 15,54c–55)

Erneut muß man zu einem Bild greifen, um zu verstehen, was hier gemeint ist: Der dreifaltige Gott, sagt Conrad Ferdinand Meyer in seinem Gedicht *Der römische Brunnen*, ist überfließendes und insofern die Welt umfangendes Geschehen der Liebe.[193] Das einzige Begehren dieses überfließenden Quells, dieses aus den Tiefen des Kosmos herauslohenden Dornbuschs ist, daß die ganze Schöpfung (und wir mit ihr) Anteil erhalte an Ihm, diesem wehenden Atem, diesem lohenden Feuer, diesem erfrischenden Wasser, diesem ewig-wundervollen Gespräch: »Wollust der Selbstvergessenheit« und »Katharsis des Zuhörens« hat Platon dies einmal genannt.[194] Und so kann man denn nicht anders enden als mit Gebetsworten, die die Herzmitte des heutigen Festes markieren – in ihnen deutet sich eine Stille an, die nicht Stillstand ist, sondern höchste Lebendigkeit:

Gott über uns – wir nennen dich Vater.
Gott neben uns – wir nennen dich Sohn.
Gott in uns – wir nennen dich Heiliger Geist.

Du, der Dreieine, bist ewige Liebe, die alles ins Dasein ruft;
Du, der Dreieine, bist ewiges Wort und ewige Antwort,
    bist schweigendes Gespräch, das alles umfängt und umbirgt.

Du, der Glanz, der alles erhellt und erleuchtet;
Du, der Tanz, der alles in Freude versetzt und Bewegung;
Du, der als Rhythmus Gesang bist und Pausa zugleich:
Auf Dich ist alles gestimmt.
Ohne Dich wäre taub und stumm, glanzlos und fad,
    was immer da ist und sein soll.
Offenbargeworden aus dem Vertrauen,
in welchem Jesus lebte, unser Bruder und Herr,
gewinnst Du, der Dreieine, Kontur als ewig Liebender,
leuchtest auf als lohender Grund von Kosmos und Welt.
Ohne ihn, den Christus,
    wüßten wir nichts von Dir, dem ewigen Vater,
    wüßten nichts von Dir, dem ewigen Sohneswort,
    wüßten wir nichts von Eurer Liebe Heiligem Geist.

Und so bitten wir Dich, den Dreifaltig-Einen,
    nur um Eines,
    um dies aber wirklich:
Bleib uns nicht fern! Mach uns gegenwärtig –
    Dir und mir und uns ein-ander.
Damit diese Welt werde, woraufhin sie geschaffen ist:
Ein Reich, durch das hindurch wir Dich erkennen
    heute, morgen und alle Tage – bis in Ewigkeit. Amen.

18. Herz der Welt*

Vorgestern, am Freitag, haben wir das Hochfest des Allerheiligsten Herzens Jesu gefeiert. Das heißt – gefeiert haben wir es eigentlich nicht. Es stand auf dem Liturgischen Kalender, aber da wochentags nur wenige Leute in die Kirche kommen, wird dieses Fest »aus pastoralen Gründen« (wie es so schön heißt) auf den folgenden Sonntag verschoben. Und selbst das ist nicht selbstverständlich. Schließlich ist für viele Leute *Herz Jesu* der Inbegriff peinlicher Sentimentalität. Herz-Jesu-Bilder gelten als religiöser Kitsch, Herz-Jesu-Gebete als Musterbeispiel exaltierter Devotion. – Was will dieses Fest? Warum wird es nach *Trinitiatis* und *Fronleichnam* als drittes und letztes der drei großen österlichen Motivfeste[195] begangen?

Vielleicht, daß wir uns in einem ersten Schritt von den Assonanzen des Wortes »Herz« leiten lassen: Da haben wir nicht nur auf einen Schlag den ganzen menschlichen Erfahrungshintergrund der Herz-Jesu-Frömmigkeit beieinander; da wird uns auch etwas vernehmbar vom Herzen jenes Gottes, der als der Menschgewordene Herz der Welt geworden ist. Was konkret wird da vernehmbar? Was gibt sich im Herzschlag dieses Wortes zu hören und zu sehen?[196]

Herzenssprache

Nun, nach Meinung der Sprachforscher liegt dem althochdeutschen *herza*, dem gotischen *haírtô*, dem englischen *heart*,

* Überarbeitetes Predigtbündel zum nachgeholten Fest Herz Jesu (d. h. Freitag der dritten Woche nach Pfingsten), Kugelkirche Marburg, Sonntag, 9. Juni 2013; 29. Juni 2014; 14. Juni 2015. Als Texte standen zur Verfügung: Hos 11,1.3–4.8a.c–9; Eph 3,8–12.14–19; Joh 19,31–37 in Verbindung mit Mt 11,25–30.

dem griechischen *kardía* und dem lateinischen *cor* die gleiche indo-europäische Sprachwurzel **ker* oder **kurd* zugrunde.[197] Diese bedeutet soviel wie: springen und schwingen, aber auch zittern und zagen – beides zugleich. Da sehen wir schon, wie beim Wort »Herz« alles ineinandergreift:

> Endlich fasse dir ein Herz
> Und begreifs geschwinder:
> Lachen, Weinen, Lust und Schmerz
> Sind Geschwisterkinder –

so Goethe an Zelter.[198] Das Gedichtchen bringt es auf den Punkt: Das Herz ist das menschliche Resonanzorgan schlechthin. Das Herz lacht einem im Leibe, aber es kann einem auch wehe sein ums Herz. Man kann etwas auf dem Herzen haben, weshalb man einem Freund sein Herz ausschüttet. Wes das Herz voll ist, dem geht der Mund über (oder die Augen). Man hat einen Menschen ins Herz geschlossen, aber faßt man sich auch ein Herz und gesteht es ihm? Kinder werden von der Mutter unter dem Herzen getragen, sie kommen vom Herzen und deshalb liegen sie den Eltern am Herzen, aber wagt man ihnen auch zu sagen, wie es einem als Vater oder Mutter manchmal ums Herz ist? Man legt die Hand aufs Herz, man freut sich herzinniglich und läßt es sich herzhaft schmecken (manchmal beißt man dabei auch herzhaft zu). Wer seine Liebste herzt, kost und küßt sie; er drückt sie an sein Herz, so schon der Evangelist Markus in der Übersetzung Martin Luthers: »Jesus nahm ein Kindlein und herzte es« (Mk 9,36).

Die Sprache des Herzens verweist uns in alle Höhen und Tiefen des Lebens, in alle seine Gründe und Abgründe: Das Herz, dieses kleine dumme Ding, klopft einem wild im Leibe, es bebt und schmachtet, es rutscht einem zuweilen in die Hose, und manchmal zerbricht es. Das tut dann ganz besonders weh. Es gibt Leute, die können sich nie ein Herz fassen, die haben – wie man treffend sagt – ein Hasenherz. Andere wiederum können es nicht übers Herz bringen, eine Sache nur halbherzig zu erledigen; sie sind, was immer sie tun, mit vollem Herzen dabei, sie vergießen ihr Herzblut. – Aber es gibt auch das kalte, böse, lieblose Herz, es gibt herzlose Menschen, und wo man sich von der Herzenshärte solcher Leute treffen läßt, blutet einem das Herz. – Aber dann gibt es auch wieder solche, denen ist man von Herzen verbunden, mit denen kann man seine Herzensangelegenheiten besprechen, und zwar »aus Herzens Grunde«, denn man liebt sie »von ganzem Herzen«.

Da erscheint es nun in seiner Fülle und Vielfalt: das Vaterherz, das Mutterherz, der Bruderherz, die Herzensfreundin, das Herzenskind (auf südhessisch: »des Häzzebobbelsche«). Und so spricht die Sprache ganz altertümlich, aber wunderbar herzerquickend von so merkwürdigen Dingen wie der »Herzensergießung«, der »Herzensfrömmigkeit« oder gar vom »Herzensschrein« und was es dergleichen noch alles geben mag aus dem nie versiegenden, bisweilen geradezu überbordenden Quell der Sprache des Herzens. Denn das Herz des Menschen ist ja nicht nur irgendwie ein Fleischklumpen, ein faustgroßer Muskel, 300 Gramm schwer, der erstaunliche Dinge vollbringt: etwa daß er 100.000 mal am Tag schlägt und pro Minute fünf Liter Blut durch den Körper pumpt, am Tag also etwa 7000 Liter, das macht in 80 Jahren sage und schreibe mehr als 200 Millionen Liter (man glaubt es kaum, aber es stimmt, dieser kleine Muskel ist unglaublich zäh).[199] Das Herz steht für mehr als solche Vitalität, es steht für jene Wirklichkeit, wo das Innigste, Intimste des Menschen (eben sein Herz) an das Große Ganze, an das Allumfassende rührt: eben an das Herz der Welt.

Wie das?

Herzenssaiten – Himmelssphären – Kosmische Musik

Um hierauf antworten zu können, müssen wir einen kleinen Ausflug in die Philosophiegeschichte unternehmen. Die Griechen hatten für die Zusammenhänge, die hier aufleuchten, ein waches Empfinden. Von Pythagoras (570–510 v. Chr.), dem großen Mathematiker und Philosophen, ist uns die Überzeugung überliefert, es gäbe so etwas wie eine Harmonie der kosmischen Sphären. Bei den Bewegungen der Himmelskörper und der sie tragenden Sphären (durchsichtige, konzentrisch um die Weltmitte angeordnete Hohlkugeln, an denen die Gestirne befestigt sind) würden Töne entstehen, deren Höhe von ihren Abständen und Geschwindigkeiten abhänge. Die Töne ergäben einen harmonischen Zusammenklang (griech. *symphōnía*), der jedoch für die Menschen normalerweise nicht hörbar sei. Diese Idee bildet ein wesentliches Element der pythagoreischen Kosmologie (die übrigens in der Renaissancephilosophie und dann noch einmal in der Romantik eine bemerkenswerte Neuauflage erlebt hat). Dahinter steht die Überzeugung, daß der Kosmos eine durch mathematische Proportionen optimal geordnete Ganzheit sei und daß sich daher in der Astronomie dieselben Gesetzmäßigkeiten zeigten wie in der Musik.[200] So merkwürdig uns diese Vorstellung heute auch anmuten mag (sie setzt das geozentrische Weltbild voraus und ist insofern astrophysikalisch völlig überholt), so merkwürdig ist ein weiterer, sich an diese Vorstellung anschließender Gedanke, und der ist für unser Herz-Jesu-Thema nun hochinteressant:

Das griechische Wort für »Herz« *kardía* (καρδία) ist dasselbe wie das für »Saite« *chordé* (χορδή) – beide Wörter entstammen der einen indo-europäischen Sprachwurzel **ker* oder **kurd*, von der wir vorhin schon hörten, sie bedeute soviel wie springen, schwingen, aber auch zittern und zagen. Was den Kosmos durchzittert, durchzittert auch mich; was ihn schwingen und singen macht, läßt auch mich singen und schwingen. Das kleine Harfeninstrument »menschliches Herz« (diese lebendige »*Kithara*«, diese »*Git*-arre«, dieses »Ak-*kord*-eon« – alles dasselbe Wort **ker* oder **kurd*) schwingt in denselben Frequenzen wie das große kosmische Harfeninstrument der acht oder zwölf oder zweiundsiebzig Himmelsphären – mit anderen Worten: Mensch und Kosmos sind auf dasselbe Instrument gespannt, und da ist einer, der uns spielt: der ewige Gott. Wie nun das?

Der Grund liegt auf der Hand: Für den frommen Griechen war es undenkbar, daß der Kosmos irgendein anonymer Energie- oder Materieklumpen sei. Der Kosmos ist das Staunenerregende schlechthin, er ist das Wunderbare, er ist Abglanz des *Theion* (θεῖον), des Göttlichen. Man sieht die ewigen Bahnen, die die Planeten und Gestirne in unwandelbarer Schönheit am Himmelsgewölbe entlangziehen; man sieht das Firmament – das Wort selber ist schon religiös aufgeladen. Lateinisch *firmamentum* ist das schlechterdings Feste, Unerschütterliche, ähnlich wie griechisch *Kosmos* (κόσμος) das Geordnete, das gut Gestaltete ist.[201] Das Gegenteil von geordnetem Kosmos ist Chaos, der aufgähnende, aufklaffende Schlund (χάος, χάσμα, χανύω, χαίνω), der leere unermeßlich Raum, die alles verschlingende Finsternis.[202] Das alles muß man nicht erst mühsam glauben, man sieht es, wenn man nur die Augen aufmacht. Für den frommen Griechen ist völlig klar, daß der Kosmos das Vollkommenste und Schönste ist, was es gibt[203]; deswegen ist der Kosmos auch vernünftig[204], er ist einzigartig[205] und (obgleich geworden[206], aber nicht in der Zeit[207]) unvergänglich.[208] Der Kosmos ist lebendig durch und durch, er ist beseelt[209], er ist – so muß man jetzt sagen – das große Instrument, auf dessen Saiten der Gott seine heimlichen Melodien spielt. Die Unhörbarkeit jener Melodien hört, wer sein eigenes Herz nach den Gesetzen des Kosmos formt, wer ak*kordant* oder kon*kordant* ist mit dem Kosmos (da ist es wieder, das

Wörtchen »*cor, cordis*, neutrum«, wie wir im Lateinunterricht gelernt haben). Frömmigkeit, so wird hier deutlich, hat elementar mit Herzensbildung zu tun. Wiederum herzensgebildet ist, wer am Herzen des Kosmos ruht, genauer noch: wer, wie Jesus (vgl. Joh 1,18), den Herz- oder Pulsschlag jenes Gottes zu vernehmen weiß, der allem, was ist, Form, Gestalt und Leben verleiht.

Gott – das Herz der Welt

Mit diesen von weither kommenden Überlegungen, liebe Schwestern und Brüder, geraten wir zusehends in Reichweite dessen, was im Untergrund der Herz-Jesu-Frömmigkeit arbeitet. Was lebt und arbeitet im Untergrund der Herz-Jesu-Frömmigkeit? Nichts Geringeres als die Gottesfrage. Sie lautet: Was eigentlich ist das für ein Gott, der als Schöpfer von Himmel und Erde allem, was ist, Form, Gestalt und Leben verleiht? Ist das eine stumme Allmacht, die sich selber nicht kennt? Die deswegen auch uns nicht kennt? Ein sich-selbst-gebärender, -verschlingender und -verdauender Moloch, ein anonymes Stirb-und-Werde, dem wir herzlich egal sind? Ein Aftergott? – Oder ist das ein Gott, wie ihn die biblische Tradition bekennt: alles umfassend und übersteigend (1Kön 8,27) und doch jedem Menschen näher als dieser sich selbst (Ps 139,1–18)? Alles belebend (Apg 17,25b.28) und doch der Ganz-Andere, Heilige (Ex 33,20; Jes 45,7)? Einen jeden beim Namen rufend (Gen 4,9; Ex 3,4; 33,17; Jes 49,14–16) und deswegen selber personal ansprechbar (Ex 3,6.14), gleichwohl aber der Unnennbare (Gen 32,30), der jeden Namen übertrifft (Phil 2,9)? Ein Gott zudem, der in seiner herben Strenge immer auch eine ihm eigene Milde kennt? Eine Milde, die womöglich stärker ist als er selbst, von der er zuweilen regelrecht überwältigt wird? Ein Gott, dessen Herz, wie es beim Propheten Hosea heißt, sich gegen ihn selbst wendet (Hos 11,8b; Jer 31,20), der sich von seiner eigenen Tiefe, von den »viscera miseri*cordiae* Dei«, von den Eingeweiden, die in ihm glühen (Lk 1,78), besiegen läßt? Ein Gott, der durch die barm*herzige* Tiefe seiner selbst sich zu sich selbst bekehrt? (Sach 1,3)

Sie merken – die Fragen, die ich hier formuliere, sind hochgradig paradox. Deshalb sind sie auch nicht leicht zu beantworten. Denn die Antwort, wie die christliche Tradition sie gibt, ist in verschiedener Hinsicht geeignet, unsere Vorstellungen von Gott und Welt geradewegs auf den Kopf zu stellen (oder sagen wir besser: vom Kopf auf die Füße).

Wer da im biblischen Sinne sagt *»Ich glaube an Gott, den Vater, den Allmächtigen, den Schöpfer des Himmels und der Erde«*, meint in gewisser Weise zunächst nichts anderes als was auch die Griechen, egal ob Platoniker, Aristoteliker, Stoiker oder Pythagoreer, glaubten: Die Welt, die uns hervorgebracht hat und in der wir uns bewegen, ist nicht irgendein anonymes Raum-Zeit-Stratum, ein undurchdringliches Energie-Materie-Konglomerat, das wir uns selber zurechtlegen müßten, damit uns das Leben sinnvoll werde –: Die Welt ist vielmehr ein universaler Resonanzraum. Die großen Rhythmen der Natur, in die wir eingefügt sind, die uns umhegen, bergen und halten: Tag und Nacht, Ruhen und Arbeiten, Essen und Verdauen, Kindsein und Altern, Geborenwerden und Sterben – man muß sie als prä-sakramental bezeichnen, denn in ihnen leuchtet etwas Elementares auf: Ich bin nicht Ursprung meiner selbst! Ich habe mich weder gezeugt noch geboren, ich bin mir vielmehr zugedacht, zugetraut und zugesprochen (manchmal bin ich mir und anderen freilich auch zugemutet). Und in diesem Mir-Zugetraut- und -Zugemutet-Werden gebe sich ein liebender Wille zu erkennen, der mich kennt und trägt und hält und der will, daß ich sei.

Der Gegeneinwand läßt nicht lange auf sich warten: Wird hier der Kosmos nicht auf eine ganz naive Weise vermenschlicht? Vielleicht. Was wir von den ungeheuren Ausmaßen des Universums wissen, läßt eigentlich keinen Raum für eine solche Form von kosmischer Welt- und Selbstbeheimatung. Und doch sind da im Neuen Testament die großartigen Bilder des kosmischen Christus (Joh 1,1–3; Kol 1,15–20; Hebr 1,2–14)[210], auf den die Vollendung der Welt wie in einem großen »Punkt Omega« zuläuft (Offb 1,8 ↔ 22,20); da gibt es seit alters eine Vielzahl von symbolistischen Frömmigkeitsformen, deren Ziel es ist, »Gott in allen Dingen«[211] zu finden[212]; da gibt es moderne Formen von Naturfrömmigkeit, die in der Spur so unterschiedlicher Geister wie Nikolaus Cusanus, Jacob Böhme und Teilhard de Chardin eine Sakramentalität der Welt feiern.[213] Denn wenn Gott das Herz der Welt ist, dann ist die Welt mehr als nur Welt; dann ist die Welt sakramental. Was bedeutet das nun wieder?

Nun, Welt als Sakrament meint ein Doppeltes: Wir verdanken unser Leben der Natur, die uns umfaßt, durchweht und unterfängt. Nun ist die Natur einerseits zwar das allgewaltig Andere des Menschen; andererseits ist die Natur aber auch nicht einfach stumme Materialität; sie scheint ihrerseits (auf eine freilich nur schwer bestimmbare Weise) vom Geist durchdrungen zu sein. Der Grund für diese überraschende Behauptung ist ganz einfach: Es gibt im Kosmos aber auch nichts, was nicht Bedeutung hätte. Alles, was ist, spricht eine stumme, für den, der zu hören versteht, höchst beredte Sprache. (Vgl. 1Kor 14,10) Alles hat seinen präzisen, im Spiel der Kräfte immer auch schöpferisch beweglichen Sinn. In der atemberaubenden Wohlproportioniertheit der Atome und Moleküle, in der Art wie Ebbe und Flut, Sommer und Winter, Frühling und Herbst einander abwechseln und noch dem kleinsten Sandkorn in der Wüste sein Platz zukommt, spiegelt sich eine Ordnung wider, die in ihrer herben, unnahbaren Strenge immer auch etwas Zärtliches hat. (Röm 1,20; Weish 11,20b; 13,5). Menschen früherer Generationen, die im Rhythmus der Jahreszeiten lebten, deren Leben von Aussaat und Ernte bestimmt wurde, die mit den Tieren schlafen gingen und mit dem Hahnenschrei aufwachten, mögen für diese Zusammenhänge ein stärkeres Empfinden gehabt haben als wir. Und doch gilt auch für uns moderne Stadtmenschen, die wir in einer durch und durch technisierten Welt leben, daß fromm wohl nur der sein kann, der sich für diese Zusammenhänge einen Sinn und ein lebendiges Empfinden bewahrt.[214] Religion ist nicht reduzierbar auf katechetische Belehrung, sozialen Einsatz und Moral. Religion bezieht ihre tiefsten Kräfte aus dem Lebensgefühl, daß die Welt »spricht«; daß das Lied der Amsel am Abend mehr und anderes ist als eine die Evolution begünstigende Geräuschentfaltung; daß der Mensch, der dieses Lied hört, mehr und anderes ist als ein neuronaler Reflex in einem ansonsten stummen Universum; daß es vielmehr zwischen dem Abendlied der Amsel und dem Herzen dessen, der dieses Lied hört, eine tiefe Korrespondenz gibt, die Zeugnis davon ablegt, daß zuletzt alles seinen Ort und seinen Sinn hat, weil alles auf wunderbare Weise ineinander greift – mit anderen Worten: daß es einen der Welt immanenten Sinn gibt. Und daß dieser Sinn wiederum auf einen Gott verweist, der sowohl »höher ist als unsre Vernunft« (Phil 4,7) als auch »größer als unser Herz« (1Joh 3,20), und zwar deshalb, weil er selber das Herz der Welt ist, leidenschaftlich und vernünftig, gerecht und barm*herzig* zugleich, und daß deswegen im Letzten (nicht im Vorletzten!) »alles sehr gut« ist. (Gen 1,31) – Woher weiß man das? Wo vereindeutigt sich ins Geschichtliche und Biographische, was wir hier so summarisch und schlechtweg behaupten?

»Jesus, von Herzen demütig«

Nun, die Zusammenhänge, die wir hier in den Blick nehmen, haben ihren gemeinsamen Fokus in jenem Geschehen, das man »Inkarnation« nennt: Selbsteinfleischung des ewigen Logos (wir können auch sagen: des ewigen νοῦς) ins Endliche, Menschliche, Sterbliche, Vergebliche. Das Auftreten Jesu von Nazareth hat ja nicht deswegen eine so immense Bedeutung in der Religions- und Kulturgeschichte, weil da ein besonders interessanter Mensch eine besonders interessante Interpretation der jüdischen Thora geboten hätte. Der Grund ist ein ganz anderer:

Da ist einer, der schöpft sich aus dem, was größer ist als er selbst; ein Mensch, der über Gott und den Menschen sich selber vergißt und in diesem Selbstvergessen sich ganz und gar findet. Denn was wir »das Selbst« eines Menschen nennen, seinen innersten Personkern, seine Seele, sein »Herz«, ist nichts, was man selber gemacht hätte. Kein Mensch hat sich selber gemacht, keiner hat sich selber in der Hand, keiner kann sich selber erlangen, keiner ist Handlanger seiner selbst. Leute, die so etwas versuchen, nennt die griechische Sprache »Banausen«: Das sind solche, die glauben, alles machen zu können.[215] Macher haben wir genug, die Welt sieht dementsprechend ja auch aus. Ganz anders dagegen Jesus: Da ist eine Autorität, die niemals autoritär wird; eine natürliche Souveränität, die andere nicht erdrückt, sondern ihnen aufhilft; eine Macht, deren Potenz sich in ihrer Fähigkeit zur Selbstrücknahme erweist. Mit Jesus tritt uns ein Mensch vor Augen, der sich aus einem ihn tragenden Wohlwollen gewinnt, aus einer ihn freienden Güte, die in ihrer Heteronomie das ihm Eigenste ist: *»Du bist mein geliebter Sohn, an dem ich mein Wohlgefallen habe.«* (Mk 1,19f. parr; Joh 12,28) Deswegen kann er nicht anders als diese Güte weiterzugeben, denn Güte erweist sich darin, daß sie (sich) gibt.

Man müßte jetzt, um das, was uns hier vor Augen gerät, näher zu belegen, eine ganze neutestamentliche Christologie entfalten; man müßte die vielen Jesusbilder der Evangelien und der neutestamentlichen Briefliteratur auf die eine große ihnen zugrundeliegende Paradoxie auslegen, die da lautet: *»Ich bin gekommen, damit sie das Leben haben und es in Fülle haben.«* (Joh 10,10) Das geht hier natürlich nicht.[216] Deshalb nur ein paar knappe Striche, ausgehend von dem zuletzt zitierten Wort aus dem Johannesevangelium: »Fülle«.[217]

Fülle? – Das Wort ist ein Oxymoron, ein in sich widersprüchlicher Begriff. Wie soll im Endlichen Fülle sein? Wie im Sterblichen das Ewige? Eine Antwort ist nur möglich, wo man die Vielzahl der neutestamentlichen Jesusbilder in kreative Spannung zueinander setzt:

Der hochzeitliche Asket, den man »Fresser und Säufer« schimpft, weil er das Fasten bricht (Lk 5,33f.), sich liebkosen und salben läßt (Lk 7,37–39), unterschiedslos Platz nimmt an den Tischen der Zöllner und Sünder (Mt 11,19; Lk 19,5f.), Reichen und Frommen (Lk 7,36; 10,38). Denn das voraussetzungslose Erbarmen Gottes gilt allen und will sich *jetzt* durchsetzen.[218] – Oder der leidenschaftlich Friedfertige, der zornig werden kann angesichts bigotter Unaufrichtigkeit (Mt 23,1–39), bitter auf die Spielchen der Macht reagiert (Lk 13,32), es nicht erträgt, daß man das Heilige schändet (Joh 2,13–17; Mt 7,6), traurig wird, wo man sein Entgegenkommen mißbraucht (Mt 26,50). Denn er selber ist zuvorkommend »bis ins Letzte«[219], er ist das Entgegenkommen Gottes in Person. – Schließlich der Menschensohn, der nicht verbissen sein Leben festhält (Phil 2,6), sondern im Vertrauen auf Gott das Äußerste zu wagen bereit ist und deshalb, trotz Angst und Not (Mk 15,34 par), getrost zu sterben weiß: *»Vater, in deine Hände lege ich meinen Geist.«* (Lk 23,49; vgl. 22,43)

Was gibt sich in all dem zu erkennen? Worin besteht das spezifische Geheimnis Jesu?[220]

Es besteht (zufolge der nachösterlichen Zeugnisse des Neuen Testamentes) in einem Paradox, das man als ein Bündel inverser

Relationen bezeichnen könnte: Je menschlicher Jesus auftritt, als umso göttlicher erscheint er. Je mehr er dem heteronomen Willen des Vaters sich überläßt, umso freier und autonomer agiert er.[221] Je weniger er sich von den Verführungskünsten der Macht einspinnen läßt, umso souveräner handelt er.[222] Je tiefer sein Schweigen, umso beredter ist es.[223] Je mehr er sich einer Situation einschmiegt und ihr dient, umso klarer beherrscht er sie.[224]

In diesen Rhythmen des *»je weniger, umso mehr«* offenbart sich das Messiasgeheimnis Jesu: Hier tritt ein Mensch auf, der sich auszeichnet durch den schlichten Einklang von Geste und Wort, Tun und Leiden, Sanftmut und Kraft. Und das überzeugt. Da ist eine Hoheit, die nicht erdrückt, sondern erhebt, weil sie um das Abgründige des Menschen weiß[225], weil sie den Abgrund selber durchschritten und ihn bestanden hat.[226] Und deshalb kann sie schöpferisches Mitleid empfinden mit der Gebrochenheit der Menschen[227], ohne je ins Komplizenhafte zu verfallen.[228] Es ist dieser Ineinsfall von Freiheit und Dienst, menschlicher Größe und göttlicher Weite bzw. Tiefe, der das Einzigartige dieses Menschen ausmacht. Hier ist einer *auf menschliche Weise* ganz göttlich und *auf göttliche* Weise ganz menschlich. In demselben Maß die mögliche Gotterschlossenheit des Menschen in Jesus ihren höchsten Grad erreicht, kommt in ihm auch die mögliche Menschennähe Gottes auf ihren Höhepunkt. Denn eine Freiheit und Selbsterschlossenheit, wie Jesus sie an den Tag legt, hat man nicht einfach. Man ermannt sich nicht zu seiner Gottesfreiheit oder ertrotzt sie sich, man läßt sie sich schenken. Jesus von Nazareth ist der schlechthin freie Mensch, weil er sich ganz vom anderen seiner selbst, dem Vater her gewinnt. (Joh 5,19.30) Er lebt aus Gott, lebt ganz auf ihn hin. (10,30) Und so kann er sich ganz wegschenken, weil er als der Gottgesalbte, der Christus, sich ganz in der Hand hat. (10,17f.) *»Vom Größten nicht bezwun-*

gen zu werden, aber vom Kleinsten sich umschließen zu lassen: das ist göttlich«, sagt Hölderlin, diesen Rhythmus inverser Relation aufnehmend.[229] Man wird annehmen dürfen, daß er dabei an Jesus gedacht hat.

Die Zusammenhänge, die ich hier so summarisch vor Ihnen entfalte, liebe Schwestern und Brüder, lassen sich zuletzt resümieren in jenem Wort aus dem Matthäusevangelium, das wie eine große Überschrift über dem Herz-Jesu-Fest steht: *»Kommt alle zu mir, die ihr mühselig und beladen seid. Ich werde euch Ruhe verschaffen.«* Und als Grund dafür wird angegeben: *»Denn ich bin gütig und von Herzen demütig.«* (Mt 11,28–30) »Demut« – das Wort hat auch für viele Christen keinen guten Klang mehr. Man will nicht mehr demütig sein, sich verdemütigen, sich gar demütigen lassen.

Im Griechischen steht da *»tapeinòs tä kardía«* (ταπεινὸς τῇ καρδίᾳ) Dieses Wort meint nun freilich etwas ganz anderes als verhuschte Lebensuntüchtigkeit oder graumäusige Bigotterie. Dieses Wort meint so ziemlich das Gegenteil solcher Karikaturen; es meint soviel wie »Menschen und Dingen *nahe gesonnen*« sein, Empathie (Einfühlungsvermögen) und Sympathie (Zuneigung) in eins.[230] Demut im neutestamentlichen Sinn – das ist Herzensreife, Intimitätsfähigkeit, Vulnerabilität, die *an*-rührt und *be*-rührt. Ob neben manch anderem Jesus sich nicht vor allem durch solche Qualitäten auszeichnet? Ein in aller Konfliktfähigkeit berührbarer, liebender, leidenschaftlicher Mensch? Und ob sich hierin dann nicht auch das Geheimnis jenes Gottes offenbart, den er als seinen »Vater« erfuhr? Auch der schöpferische Urgrund aller Wirklichkeit, auch der Gott Israels wäre in seiner entlegenen Hoheitlichkeit und Macht zuletzt als ein der Welt zugeneigter Gott zu glauben, und zwar, weil er sich in dem Menschen Jesus von Nazareth in höchstem Maße berührbar gemacht habe.

Alles, was ich hier zu beschreiben versuche, steht natürlich unter dem Vorbehalt, daß die neutestamentlichen Zeugen nicht irgendein Blaues vom Himmel erzählt haben, daß sie vielmehr verläßliche Zeugen sind – nicht nur für ihre Zeit, sondern auch für uns. Sind sie aber verläßlich, dann hätten wir in dem, was sie uns vor Augen führen, an das innerste Herz der Welt gerührt: an jenen Gott, der von Ewigkeit her berührbar ist und sich in Jesus noch einmal in besonderer Weise berührbar gemacht hat. Denn in ihm fallen kosmische Allmacht und personale Liebe ineins.

Ob, was die Herz-Jesu-Frömmigkeit zum Ausdruck bringen will, uns mit diesen Überlegungen nicht etwas näher rückt? Sie verweist ja ins innerste Herz nicht nur der christlichen Glaubenslehre, sondern vor allem der christlichen Glaubenspraxis. Was ist das innerste Herz der christlichen Glaubenspraxis? Es läßt sich zusammenfassen in dem einen kurzen Gebet, das da lautet: *»Jesus, sanft und demütig von Herzen: Bilde unser Herz nach deinem Herzen.«*

Herzensbildung, jesuanisch

Mit diesem Gebet, liebe Schwestern und Brüder, geraten wir auf die Zielgerade unserer Überlegungen. Denn in dem Wunsch, uns der Gottesintimität Jesu einzuschmiegen, drückt sich ja die Sehnsucht aus, dem Herzen der Welt nahezukommen, an die Innenseite der Dinge zu rühren. Christsein hat elementar mit Herzensbildung zu tun. Sich dem Herzen Jesu gleichförmig zu machen, sich seinem Herzschlag anzugleichen, bedeutet, im tiefen Sinn des Wortes sowohl lust- als auch konfliktfähig zu werden, bedeutet, ein liebesfähiger Mensch zu sein. Genau dies ist ja Jesus: ein Mensch, der das Leben liebt (Ps 34,13; vgl. 1Petr 3,10)[231], weil er es aus der Wirklichkeit seines göttlichen Vaters heraus lebt. Insofern ist Herz-Jesu-Frömmigkeit eine, wenn nicht vielleicht sogar *die* Hochform christlicher Mystik: »intima cognitio Domini«, »innigliche Kenntnis des Herrn« (das Wort stammt von Ignatius von Loyola).[232] Noch heftiger Martin Luther: Christ sein heiße, »ein Kuche« mit Jesus zu werden.[233]

Das sind drastische Formulierungen. Und sie wirken so gar nicht zeitgemäß. (Innige Jesusverliebtheit ist ja nicht gerade das, was einem als erstes einfällt, wenn man an die gegenwärtige Geistesverfaßtheit der Kirchen in Europa denkt.) Deswegen sei einmal mehr die alles entscheidende Frage gestellt: Wie soll das gehen? Wie kann man sich vom innersten Herzen Jesu in einer Weise prägen lassen, daß, wie der Apostel Paulus sagt, »nicht mehr ich lebe« (d. h. mein trotziges, verdrehtes, geängstetes Ego, dieses lästige, sich allenthalben breitmachende Etwas), »sondern Christus in mir lebt«? (Gal 2,20) Die oft belächelte Herz-Jesu-Frömmigkeit zielt zuletzt ja auf nichts anderes ab als dies: einen heilsamen Wandel der inneren Existenz.

Eben hier, liebe Schwestern und Brüder, müßte nun eine neue Predigt ansetzen. Wir müßten nicht nur anfangen, uns allgemein Gedanken zu machen, wie man beten kann; wir müßten grundsätzlich etwas zum mystischen Gebet als solchem sagen; müßten den ganzen Reichtum der klassischen Jesusfrömmigkeit aufrollen. Das ist natürlich nicht mehr zu leisten. Aber eine kleine Bemerkung möchte ich wenigstens doch noch machen.

Bei Theresa von Avila findet sich verschiedentlich der Hinweis auf eine Frömmigkeitspraxis, die sie »das innere Beten« nennt: ein ständiges Sich-Vergegenwärtigen der Präsenz Jesu. Man möge sich Jesus, sagt Theresa, vorstellen wie einen Freund, der einem gegenüber sitzt und dem man alles erzählt, was einem gerade durch den Kopf geht: alles Schöne, aber auch alles Häßliche; alles, was einen bedrückt oder erfreut, was einen langweilt oder aufregt, aber auch das Banale des Alltags: etwa daß ich gleich wieder an die Arbeit muß, dazu aber keine Lust habe usw. Wenn man diese Art des inneren Zwiegespräches mit Jesus nur lange genug übe, werde es unfehlbar seine Wirkung entfalten. Denn nicht nur werde mir Jesus mehr und mehr zu einem Wegbegleiter, an den ich mich jederzeit wenden könne; es sei insbesondere so, daß mir bei dieser Art des Betens hilfreiche Dinge einfielen, auf die ich von alleine gar nicht kommen würde.[234]

Nun kann man natürlich einwenden, was hier passiere, sei nichts als ein Selbstgespräch, sei reine Autosuggestion. Wer so redet, nimmt freilich unausgesprochen in Anspruch, zu wissen, was das menschliche Selbst ist (griech. *aútos* / αὔτος) und was Suggestion (lat. *suggestio*: Eingebung, Einflüsterung, Einfall, Erinnerung[235]). Wenn man ehrlich ist, wird man zugeben, daß man dies alles nicht weiß. Es ist ein moderner Aberglaube, jeder Gedanke, den ich denke, werde ausschließlich von mir produziert. Wie oft fallen mir meine besten Gedanken da ein, wo ich – in einem inneren Gespräch mit einem anderen mich befindend – diesem zu erklären versuche, was mich gerade bewegt. Man braucht ein Gegenüber, damit die Gedanken fließen; ob dieses »Gegen-Über« mir real gegenübersitzt oder als Bild in meiner Seele, ist zweitrangig. Der andere ist mir (er)innerlich, und so unterhalte ich mich in meinen Selbstgesprächen keineswegs nur mit mir selbst, sondern mit meinem imaginären Gesprächspartner; an ihm gewinnen meine Gedanken Kontur.

Mit dem inneren Beten, sagt Theresa von Avila, verhält es sich ganz genauso. Wo man sich Jesus innerlich gegenübersetze, werde er in einem ganz wörtlichen Sinn »mein Gegen-Über«. Ein solches Gegenüber zu haben könne vieles im Leben eines Menschen zum Guten verändern. In den Schriften des indischen Jesuiten und Exerzitienmeisters Anthony de Mello (1931–1987) findet sich hierzu ein ergreifendes Beispiel:

Ein befreundeter Pfarrer, schreibt de Mello, habe ihm folgende Begebenheit erzählt: »Bei einem der Kranken, die ich regelmäßig besuchte, sah ich immer einen leeren Stuhl neben dem Bett stehen. Auf meine Frage, was es damit auf sich habe, sagte der Kranke: ›Es fiel mir jahrelang schwer, zu beten, bis ein Freund mir erklärte, daß Gebet ein Gespräch mit Jesus sei. Er riet mir, mir einen leeren Stuhl neben das Bett zu stellen und mir auszumalen, Jesus säße darauf. Ich solle halblaut mit ihm reden wie mit einem Freund und mir dann vorstellen, was Jesus antworte. Seitdem ich dies tue, habe ich keine Schwierigkeiten mehr mit dem Gebet.‹ – Einige Monate später, so geht die Geschichte weiter, kommt die Tochter des Kranken zu dem Pfarrer, um die Nachricht zu überbringen, daß ihr Vater verstorben sei. ›Ich war die letzten Tage immer bei ihm, er war so friedlich. Dann mußte ich für ein paar Stunden aus dem Haus. Als ich zurückkehrte, war er tot. Aber da war etwas Seltsames: Sein Kopf lag nicht auf dem Bettkissen, sondern auf dem Stuhl, den er seit Jahren immer neben sich hatte.‹«[236]

Kann man sich eine ergreifendere Verwirklichung dessen vorstellen, was der Apostel Paulus, Theresa von Avila, Johann Scheffler, Friedrich Spee und die vielen anderen meinen, wenn sie sagen, die Liebe Christi durchforme ihr Herz und mache sie zu neuen Menschen? Und deswegen erscheine ihnen alles in einem anderen Licht?

Daß eine Frömmigkeit wie die hier vorgestellte keine spirituelle Nabelschau sein muß, sondern in höchstem Maße handgreifliche Konsequenzen haben kann bis in den sozialen und politischen Alltag hinein – ja womöglich aus einem solchen Alltag überhaupt erst erwächst –, dafür sei zum Abschluß aus einem Herz-Jesu-Lied zitiert, das im Jahr 1938 geschrieben wurde und seinen Autor, den Schriftsteller Franz Johannes Weinrich (1897–1978), in heftigen Konflikt mit dem damaligen Regime brachte:

Herz Jesu, Trost der ganzen Welt,
mach unser Herz zu deinem!
Nimm unsre Herzen ungezählt
und mache sie zu einem.
Laß uns den Haß, das bittre Leid

fortlieben aus der dunklen Zeit:
Laß uns dein Reich erscheinen.[237]

»Mach unser Herz zu deinem, auf daß dein Reich erscheine heute und hier…« – das ist ein höchst gefährlicher Wunsch, an dem kein Machthaber dieser Welt ein Interesse haben kann. Denn seine Erfüllung ließe nichts beim Alten. Die Herz-Jesu-Mystik, liebe Schwestern und Brüder, so man sie nur wirklich ernst nimmt, ist überhaupt nichts Harmloses, Kitschiges, Rührseliges; sie muß auch nichts Depressiv-Leidverliebtes haben. Sie ernüchtert vielmehr unseren Blick auf uns und die Welt, denn hier steht alles zur Debatte, was den christlichen Glauben in seinem innersten Kern ausmacht: Menschwerdung Gottes in Jesus Christus. Die Frage ist nur, ob wir bereit sind, uns davon beunruhigen zu lassen.

19. Weltverwandlung – oder: Zwar geschehen vielleicht nicht Wunder, wohl aber Zeichen*

An den kommenden Sonntagen, liebe Schwestern und Brüder, werden wir als Evangelienlesung Woche für Woche je eine oder auch zwei Krankenheilungsgeschichten hören. Heute die Heilung des Besessenen in der Synagoge zu Kapharnaum (Mk 1,21–28); am nächsten Sonntag die Heilung der fieberkranken Schwiegermutter des Petrus (Mk 1,29–39); dann die Heilung eines Aussätzigen (Mk 1,40–45); in der Woche darauf die eindringliche Geschichte von jenem Gelähmten, der, bettlägerig, von seinen Freunden an Stricken durch das Dach herabgelassen wird, damit Jesus ihn berühre (Mk 2,1–12); und schließlich die Heilung eines Mannes, dessen rechte Hand verdorrt ist – der Mann litt vermutlich an Muskelatrophie (Mk 3,1–6).

Viele weitere Wundererzählungen dieser Art sind uns von Jesus überliefert: Die Heilung des blinden Bartimäus (Mk 10,46–52); die wunderbare Genesung von zehn Aussätzigen (Lk 17,11–19); verschiedene Formen von Dämonenaustreibung (vgl. etwa Lk 8,26–39 parr); die Heilung sowohl einer blutflüssigen (Mk 5,25–34 parr) als auch einer gichtbrüchigen Frau (Lk 13,10–17); die Heilung eines Taubstummen (Mk 7,31–37), eines epileptischen Knaben (Mk 9,14–29; Mt 17,14–20), eines Gelähmten (Joh 5,1–18), eines Blindgeborenen (Joh 9,1–12) usw. – von den drei ganz großen Wundererzählungen, die alle übrigen in den Schatten stellen: den Erzählungen von der Auferweckung der

* Predigt am 4. Sonntag im Jahreskreis B (29. Januar 2012), Kugelkirche Marburg. Predigttext war das Sonntagsevangelium Mk 1,21–28. – In die hier zusammengestellten Überlegungen sind auch Gedanken aus den Predigten der vier nachfolgenden Sonntage eingeflossen.

Tochter des Jaïrus, die soeben verstorben ist (Mk 5,21–43 parr), des Jünglings von Naïn, den man in Begriff ist, zum Friedhof zu tragen (Lk 7,11–17), sowie des Lazarus, der schon seit drei Tagen im Grab liegt (Joh 11,17–44), ganz zu schweigen.

Was hat es mit diesen Geschichten auf sich? Vielen mag es vorkommen wie ein Märchen aus dem verlorenen Paradies der Kindheit, da es Elfen gab und gute Feen, die einen beschützten. Manche werden sich danach sehnen: *»Wenn es das doch gäbe! Wenn unheilbare Krankheiten doch geheilt werden könnten!«* Andere werden abschätzig mit den Schultern zucken: *»Aberglaube der Religion!«*

»Das Wunder ist des Glaubens liebstes Kind«, heißt es bei Goethe.[238] Heute hat man eher den Eindruck, daß es zum Sorgenkind des Glaubens geworden ist. So möchte ich anläßlich des heutigen Evangeliums und angesichts dessen, was in den kommenden Wochen die Liturgie uns zu Gehör bringen wird, mit Ihnen über folgende Frage nachdenken: Was eigentlich sind Wunder? Wie hat man es zu verstehen, wenn uns die Heilige Schrift Jesus als einen machtvollen, wundertätigen Menschen vor Augen führt, in dessen Taten uns Gott begegne? – Zunächst ein paar grundsätzliche Vorbemerkungen zur Wunderproblematik überhaupt; sodann eine religionsgeschichtliche Verortung der therapeutischen Tätigkeit Jesu; drittens dann eine theologische Kontextualisierung der jesuanischen Heilungsgeschichten; und schließlich, viertens, ein paar Schlußfolgerungen für uns und unsere heutige Zeit.[239]

1. Was ist das – ein Wunder?

Oft wird die Meinung vertreten, ein Wunder sei ein Ereignis, das die gegebenen Möglichkeiten von Mensch und Natur übersteige. Gott, der die Welt und die in ihr wirkenden Kausalzusammenhänge erschaffen hat, habe auch die Möglichkeit, die von ihm ins Werk gesetzten Naturgesetze jederzeit zu durchbrechen oder zumindest zu umgehen. – Ich gestehe, daß mich solch ein supranaturalistisches Wunderverständnis, das darüber hinaus apologetisch argumentiert, wenig befriedigt. Denn es setzt Gott an die Stelle dessen, was man seit dem späten 18. Jahrhundert, da man begann, einen streng naturwissenschaftlichen Kausalbegriff zu konzipieren, naturale »Kausalität« nennt. Die Folge ist dann, daß mit fortschreitender Erkenntnis der empirisch verfahrenden Naturwissenschaften die Religion sich immer mehr in Rückzugsgefechte verstrickt (die wunderbare Sturmstillung läßt sich wesentlich besser als meteorologisches Ausnahmephänomen erklären; die wunderbare Brotvermehrung als eine sozial-kreative Massenhysterie usf.) – ein wenig erquicklicher Zustand, aus welchem dem christlichen Glauben in Auseinandersetzung mit den religionskritischen Vertretern der Aufklärung viel Mißkredit erwachsen ist.

Die Frage ist freilich, ob die biblischen Schriften überhaupt ein solches neuzeitliches Wunderverständnis vertreten. Man wird die Frage ganz klar verneinen müssen. Einem religiösen Welterleben wie dem der jüdisch-hellenistischen Spätantike begegnet alles, was ist, im Horizont Gottes. Deshalb unterscheiden sich die Sprachspiele von empirischer Naturwissenschaft hier und religiösem Glauben dort auch in grundlegender Weise. Die Sprache der Wissenschaft zielt auf Erklärung, die religiöse Sprache auf Verwunderung, Staunen, Dankbarkeit. – Aber auch in einem modernen Sinn bleibt ein Erklärungsansatz, der »Wunder« als Durchbrechung sogenannter »Naturgesetze« verstanden wissen will, unbefriedigend. Um überhaupt ein erstaunliches Ereignis im wissenschaftlichen Sinn als »Wunder« bezeichnen zu können, wäre es notwendig, bis ins letzte Detail Bescheid zu wissen über das, was man gemeinhin als »Naturgesetze« bezeichnet. Nur dann könnte man mit einigem Recht behaupten, dieses oder jenes Ereignis sei in direkter Weise auf Gottes Wirken oder eben auf eine andere Ursache zurückzuführen. Gerade eine solche allumfassende Kenntnis der Naturgesetze wird uns aber niemals möglich sein. Die Welt und der Kosmos sind sowohl im Großen wie im Kleinen so komplex, daß wir sie mit unseren begrenzten Mitteln nie vollkommen erfassen werden (abgesehen davon, daß das zu Erfassende immer schon Bedingung der Möglichkeit des Erfassenden ist, der die Welt erforschende Wissenschaftler immer selber schon Teil der Welt, die er erforscht, weshalb es hier erkenntnistheoretisch zu ganz erheblichen Problemen kommt – aber das nur am Rande).

Schließlich ein Letztes, Grundsätzliches: Wo wir Gott an die Stelle sog. Kausalitäten setzen, d. h. ihn auf derselben Ebene verantwortlich machen für dieses oder jenes Ereignis wie naturgesetzlich beschreibbare Ursachen (etwa ein Seebeben für den Tsunami, ein Tiefdruckgebiet für den ersehnten Regen), da ist Gott nicht mehr Gott, sondern ein Götze. Soll Gott wirklich der Schöpfer von Himmel und Erde sein, das unergründliche Geheimnis, aus dem alles ist und das alles umfängt, dann ist Er, der Heilige, schlechthin unvergleichlich. Dann besteht aber auch keine Schwierigkeit, das Wunderbare seiner machtvollen Nähe als durch geschöpfliche Zweitursachen vermittelt zu denken. Andernfalls stünde dasjenige, was die Schrift als »Wunder« bezeichnet, vor uns wie ein undurchdringlicher Fremdkörper aus einer anderen Welt. Abgesehen davon, ob es überhaupt denkbar ist, daß etwas in unserer Wirklichkeit erscheint, ohne sich von ihren Bedingungen bestimmen zu lassen, wäre ein solches Wunder, das aus jeglichem geschichtlichen oder natürlichen Zusammenhang gelöst ist, religiös bedeutungslos. Es wäre ein rätselhaftes Mirakel, dem wir uns nur noch stumm unterwerfen könnten, das uns gerade aber nicht vor die Entscheidung stellt, ob wir dem Gott, der in ihm erscheint, Glauben schenken wollen oder nicht.

Welche Konsequenzen ergeben sich aus diesen auf den ersten Blick ein wenig abstrakt anmutenden Überlegungen? – Zunächst folgendes: Die Evangelien benutzen für die Bezeichnung der Wunder Jesu niemals den in der Antike üblichen Begriff des Mirakels (*téras*). Vielmehr deuten sie die Wunder Jesu als »Machttaten« (*dýnameis*) und »Zeichen« (*sémeia*). Bei dem, was Jesus tut, handelt es sich um außerordentliche, unerwartete Ereignisse, die ein Staunen und nicht selten ein Erschrecken der Menschen hervorrufen. Dabei richtet sich der Blick jedoch nicht auf die Natur und die in ihr wirkenden Gesetze (so an die Dinge heranzugehen, entspricht unserem neuzeitlichen Denkhorizont; der Begriff des Naturgesetzes ist, wie gesagt, dem biblischen Menschen fremd); das Wunder richtet den Blick der Menschen vielmehr nach oben, auf Gott. Der antike Mensch betrachtet die Wirklichkeit nicht als Natur, sondern als Kreatur, als Schöpfung Gottes; deshalb ist ihm letztlich alle Wirklichkeit wunderbar.

2. *Antike Heilungspraxis*

Versuchen wir von diesen Zusammenhängen her, uns dem medizingeschichtlichen Kontext unseres Sonntagsevangeliums (der Heilung eines Besessenen) langsam anzunähern.

Die Medizinalkenntnisse der Antike waren im Vergleich zur heutigen Medizin kaum oder nur wenig entwickelt. Heilung des Leibes geschah vor allem über den Versuch einer Heilung der Seele. Eigenartigerweise bekommen wir gerade heute, da die Medizin so erstaunliche Fortschritte macht, wieder ein Gespür dafür, wie wichtig für die Gesundheit eines Menschen seine seelische Gestimmtheit ist. Es macht einen erheblichen Unterschied, ob jemand sich gedrückt fühlt oder zuversichtlich ist, ob er im Blick auf eine mögliche Heilung Vertrauen fassen kann oder ob angesichts seiner Erkrankung ihn die Verzweiflung packt. Krankheiten des Leibes rühren oft von Verstimmungen der Seele her; Verstimmungen der Seele wiederum behindern den Heilungsprozeß. *»Ein fröhliches Herz bringt gute Besserung, aber ein zerschlagener Geist vertrocknet das Gebein«*, heißt es in den Sprüchen Salomos (Spr 17,22) – die Bibel weiß um diese Zusammenhänge. So ist es vielleicht erlaubt, die Wunderheilungen Jesu folgendermaßen zu verstehen: Der große Wunderarzt ist der, welcher es versteht, den Menschen seelisch aufzurichten und seine innere Lebenskraft zu stärken. Denn dadurch vermehrt er auch dessen leibliche Abwehrkräfte.

Der Antike waren solche Heilungsvorgänge nicht unbekannt.[240] In einem seiner Dialoge erzählt der griechische Philosoph Platon († 348 v. Chr.) von einem Priesterarzt aus Thrakien, Zalmoxis mit Namen. Das Wunderbare der Heilkunst dieses Mannes habe in folgender Lehre gelegen: Wenn dir dein Auge wehtut und du gehst damit zu einem Arzt, so Zalmoxis, dann kann der Arzt das Auge nur heilen vom Kopf her; und wiederum den Kopf vermag er nur zu heilen vom Körper her; den Körper aber vermag er zu heilen einzig von der Seele her. Denn aus der Seele allein stammt sowohl das Gute wie das Böse für den Körper. Die Seele aber, so habe Zalmoxis gelehrt (und nun zitiere ich wörtlich),

> »heilt man nur durch schöne Gespräche. Sie allein setzen die Seele in den Stand, wissend zu werden um sich selber. Und ist sie erst verständig ihrer selbst, so wird sie selbst heil und eine Macht, von sich aus das Ganze zu heilen.«

Eben deshalb, so Zalmoxis weiter, täten sich die griechischen Ärzten so schwer, Krankheiten erfolgreich zu behandeln, weil sie nicht das Ganze vor Augen hätten, sondern den Körper trennten von der Seele und am Körper wieder die Einzelteile voneinander ablösten. Und Platon schreibt dann weiter (ich zitiere noch einmal wörtlich):

»Wenn du deshalb zu einem Arzt gehst, und er übernimmt nicht deine Seele, so fliehe ihn. Einen Arzt, der sich nur für deine Teile interessiert, nicht aber für das Ganze, den meide wie die Krankheit selbst.«[241]

Diese Worte sind im höchsten Maße bemerkenswert. Zweieinhalbtausend Jahre sind sie alt und berichten von einer ärztlichen Tradition des Heilens, die noch einmal älter ist. Ihre Botschaft lautet: Zu wirklicher Heilung, d. h. zu einer Heilung an Leib *und* Seele finde ein Mensch wesentlich durch »schöne Gespräche«, denn Leib und Seele seien nicht voneinander zu trennen: Wenn die Seele krank sei, dann auch der Leib, und wenn den Leib ein Gebrechen befalle, sei davon auch die Seele verstimmt.

Dies mag einer der Gründe sein, weshalb Religion und Medizin, Heilkunst und Heilkult, Arzt und Schamane seit alters so eng miteinander verschwistert sind.[242] Überhaupt scheint man sich um 400 v. Chr., zu der Zeit also, da Platon in Athen seine Akademie gründet, die Lehre des Zalmoxis zu Herzen genommen zu haben. Auf der nordöstlichen Peleponnes liegt Epidauros, das »Lourdes der Antike«, eine Stadt, erbaut aus unzähligen kleinen und großen Tempeln, zu denen die Menschen wallfahrteten, um dort im umgrenzten Bereich des Gottes Asklepios (lateinisch »Aeskulap«) Heilung zu finden. Man nahm Platz auf einer der vielen Liegen, die in den Tempeln aufgestellt waren, ließ sich durch einen der dort angestellten Priester in einen sog. Inkubationsschlaf versetzen (das Ganze geschah z. T. wohl durch Hypnose, z. T. auch durch sedierende Teegetränke), um dann in heiliger Ruhe gute Träume und durch diese wiederum Genesung zu finden. Die Hoffnung der Kranken war, daß der Gott ihnen im Schlaf erscheinen werde, um den Heilungsprozeß in Gang zu setzen. Das Ganze schloß deswegen begleitende medizinische Kuren gar nicht aus, sondern ging mit ihnen einher. Die Asklepios-Priester waren immer auch als Ärzte ausgebildet: Warm- und Kaltbäder, Schwefel- und Radonbäder, Heilfasten, Diät- und Kräuterkuren, Massagen, Salbenumschläge, Einrenken verstauchter Glieder, Steinoperationen – all dies wurde in Epidauros praktiziert, wobei der verordnende Arzt immer der göttliche Asklepios selber war, die Priesterärzte waren nur die ausführenden Organe.[243] Das Ganze war so erfolgreich, daß im Jahr 292 v. Chr. in Reaktion auf eine Pestepidemie eine offizielle römische Senatsdelegation nach Epidauros geschickt wurde, um sich von dort Rat und Hilfe zu erbitten – und so begann sich der Asklepios-Kult von Griechenland her auszubreiten, nicht nur in Italien, sondern auch in Gallien, nördlich der Alpen im südlichen Germanien, sowie in Kleinasien und Syrien-Palästina – noch heute ziert die um einen Stab sich windende Äskulapschlange die Wappenschilde der Ärzte und Apotheker.

3. Jesu Heilungstätigkeit in der Synagoge zu Kapharnaum als Ausdruck seiner Reich-Gottes-Verkündigung

Ob uns diese ethno-medizinischen Überlegungen womöglich einen Hinweis darauf geben, wie man die Heilwunder Jesu zu verstehen hat? – Vielleicht ist folgender Einstieg hilfreich: Sehstörungen, katatonische Lähmungen, Hautausschläge, Gehörlosigkeit, Mutismus und manche anderen körperlichen Gebrechen sind gelegentlich psychogen genug, um regelrecht »weggesprochen« werden zu können. Das Wort »wegsprechen« stammt von Sigmund Freud; es findet sich in seinen frühen Hysteriestudien[244] und berührt etwas Heikles, Sensibles: Wo ein körperliches Leiden stumm bleibt, kann es nicht geheilt werden; wo es hingegen beredt wird, ist der erste Schritt zur Besserung getan. Es ist das vertrauensvolle Gespräch zwischen Arzt und Patient, das am Beginn einer jeden Therapie steht – womöglich ist das der Grund, weshalb Jesus, wie oft, die Heilung eines

Kranken mit dem Wort einleitet: »Was willst du, daß ich dir tun soll?« (Mk 10,51 par), oder aber: »Deine Sünden sind dir vergeben« (Mk 2,5 parr), oder aber: »Dein Glaube hat dich gerettet«, »Dein Glaube hat dir geholfen« (Mk 5,34 par; 10,52; Lk 7,50; 17,19). Wo zwischen Arzt und Patient ein echtes Vertrauen herrscht, da ist ein Raum eröffnet, in welchem sich vorbehaltlose Aussprache und erlösendes Los- bzw. Wegsprechen ereignen können, weswegen ein guter Arzt immer auch ein guter Seelsorger ist. (Heilung und Heil hängen nicht nur wortgeschichtlich eng miteinander zusammen.)

Mir scheint, daß die aufsehenerregenden Heilerfolge Jesu sich in genau diesem Sinne verstehen lassen; sie sind keine Durchbrechung der »Naturgesetze«; sie schmiegen sich diesen »Gesetzen« vielmehr ein, machen sie sich zunutze, und genau darin sind sie wunderbar im echten Sinn des Wortes.

Wie das?

Die klinische Psychotherapie kennt eine Vielzahl von Fällen, wo körperliche Gebrechen mehr oder weniger psychogenen Ursprungs sind, sich dann aber so sehr verselbständigt haben, daß sie nur noch pharmakologisch oder operativ zu therapieren sind. Der Magenkrebs, von dem eine gesunde Frau mittleren Alters betroffen wird, mag ausgelöst worden sein durch seelische Nöte, die ihr, wie man sehr zu Recht sagt, »auf den Magen schlugen«. Die Herzrhythmusstörungen des Vierzigjährigen sind womöglich zurückzuführen auf die unerträgliche Situation am Arbeitsplatz. Ein mir sehr lieber Freund hat eine schwere Neurodermitis, an der er jahrzehntelang litt, innerhalb weniger Wochen verloren, nachdem er eine persönliche Krise heil durchstanden hatte. Umgekehrt weiß ich von einem anderen Fall aus dem eigenen Umfeld, wo ein manisch-depressiver Schub bei einem jungen Mann zu einer über mehrere Wochen andauernden katatonischen Erstarrung führte.

Wie sehr seelische Störungen zu körperlichen Leiden führen können, wird vollends deutlich bei besessenheitsähnlichen Zuständen, wie sie das heutige Sonntagsevangelium (Mk 1,21–28) erzählt. Schauen wir uns diese Geschichte etwas genauer an.

Ganz sicher wird man sich jenen »Besessenen« als einen Menschen vorstellen müssen, der zutiefst an sich selber leidet, der ausgeliefert ist jeder Art von innerer Unfreiheit. Es herrscht in einem solchen Menschen ein Zwang, anders zu fühlen, anders zu denken, anders zu reden und zu handeln, als er selber will, denn sein furchtbares Geheimnis ist, daß seine eigene Person wie umstellt, wie umlagert, buchstäblich wie besessen ist von einer Macht, mit der er nichts zu tun haben will. Die »Unreinheit« des »Geistes«, der diesen Mann in Beschlag nimmt, mag für den Außenstehenden darin zur Erscheinung kommen, daß er Dinge tut, die ungeheuerlich sind. Auch hierzu gibt es aus der Psychopathologie eine Vielzahl an Beispielen: etwa die »Koprolalie«, ein neurologisch-psychiatrisches Symptom, das bei Menschen auftritt, die am »Tourette-Syndrom« leiden. Die Betroffenen stoßen zwanghaft obszöne, vulgäre, unflätige, beleidigende, manchmal sogar haßerfüllte Worte hervor. Die kurzen, schroffen Schimpfwörter werden ohne Sinnzusammenhang während des normalen Sprechens eingestreut. Stimmlage und Tonhöhe verändern sich, das Gesicht schneidet bizarre Grimassen und anderes mehr.[245] Da ist ein innerer Drang, regelrechte Wortsalven »abzufeuern«, das Ganze verbunden mit dem Gefühl von Machtlosigkeit: Der Betroffene kann sich nicht wehren, und so leidet nicht nur seine Umgebung darunter, sondern er selber am meisten an sich selber.

Es scheint, daß wir es bei der vom Evangelisten Markus beschriebenen Szene mit einem solchen koprolalischen Anfall zu tun haben: *»In der Synagoge zu Kapharnaum saß ein Mann, der von einem unreinen Geist besessen war. Der begann zu schreien:*

Was haben wir mit dir zu tun, Jesus von Nazareth? Bist du gekommen, um uns ins Verderben zu stürzen?« (Mk 1,23f.) – Man sieht: Dieser Mann ist nicht Herr im eigenen Haus, er kann nicht einmal mehr »ich« sagen. Das versteht das Evangelium unter »Besessenheit«: Dissoziation der eigenen Person, schmerzlicher Selbstverlust, peinigende Anonymität.

Die Art, wie Jesus in der Synagoge gelehrt hatte – »mit göttlicher Vollmacht«, sagt Markus, »nicht wie die Schriftgelehrten« (Mk 1,22) –, muß den Mann ungeheuer erregt haben; so sehr, daß er vor allen Anwesenden herausschreit, was mit ihm los ist. In genau diesem Augenblick aber, da er das tut, beginnt seine Heilung: »Das Leiden wird beredt«, hatten wir vorhin gesagt. Und was beredt ist, kann man besprechen – lossprechen, »wegsprechen«.[246] Als der Besessene Jesus, diese Herausforderung in Person, dieses Inbild dessen, was er, der Besessene, nicht ist und doch so gerne sein möchte, abwehrend beschwört (*»Bist du gekommen, uns ins Verderben zu stürzen?«*), weil dieser ihn mit seiner Predigt gleichsam bis ins Mark getroffen hat, genau da kann er zum ersten Mal »ich« sagen: *»Ich weiß, wer du bist. Der Heilige Gottes!«* – Jesus hat im Grund gar nicht viel gemacht. Er hat zu den Leuten von Gott gesprochen, und zwar so, daß das, was er sagte, geschah. Eben das heißt ja »mit Vollmacht sprechen«. Jesus redet nicht *über* Gott (das tun viele); Jesus redet *aus* Gott, d.h. aus der Wirklichkeit, aus der er selber lebt. Und so deckt das Wort, das er spricht, weil er selber es *ist* (Joh 1,9–14.18; 14,9; Phil 2,5–11; Kol 1,15–20), die Seele jenes Menschen, der da von allem möglichen besessen ist, bis ins Mark auf. Und so kann beginnen, was man Heilung nennt. Denn Heilung kennt nur ein Ziel: heil sein. Heil wird man, wo Heil ist: Reich Gottes (vgl. Mk 1,15).

4. Schlußfolgerungen

Was sagt das alles nun uns, die wir mit einem gehörigen Abstand (kulturell, mentalitäts- und medizingeschichtlich) diese Geschichten hören? Vier resümierende Bemerkungen dazu:

1. Was sich da vor 2000 Jahren in der Synagoge zu Kapharnaum innerhalb einer knappen halben Stunde abgespielt hat, wird man sich im realen Leben oft als einen Prozeß gedehnt über viele Jahre vorstellen müssen: Ein Mensch beginnt hin und her gerissen zu werden, ganz buchstäblich. Er weiß nicht, wem er folgen soll: der Angst, die ihn tief innen gepackt hält, oder dem Vertrauen, das ihn da lockt? Der diabolischen Macht der Vergangenheit oder dem Horizont der Zukunft, der sich ihm durch einen vertrauenswürdigen Menschen aufzeigt? – ein endloses Hin und Her, ein nervenzerreißendes Auf-der-Stelle-Treten, geschüttelt von Grauen und Erwartung – und nicht minder das Entsetzen all derer, die um ihn herumstehen: »Was bedeutet das?«, fragen die Leute in der Synagoge, und sie haben ein Recht, so zu fragen. Das Markusevangelium meint, daß mit dem Auftreten Jesu buchstäblich eine neue Wirklichkeit beginnt, und es nennt diese Wirklichkeit »Reich Gottes«. Das alles kann nur verstören, weil es nichts läßt, was und wie es war.

2. Damit sind wir bei einem Zweiten angelangt. Man verfehlt die neutestamentlichen Heilungsgeschichten in ihrem eigentlichen, tiefsten Sinn, wenn man sie auf die neuzeitliche Wunderfrage reduziert. Das biblische Wunder ist immer Zeichen *für* etwas – deshalb tauchen die beiden Begriffe auch fast immer im Doppelpack auf: »Zeichen und Wunder haben wir gesehen«, heißt es zu wiederholten Malen im Alten Testament: Die Befreiung aus Ägypten ist nicht nur ein Wunder, d. h. ein überaus staunenerregender Vorgang, sie ist vor allem ein Zeichen, daß Gott die

Sklaverei haßt und sein Volk auf gutes Land führen will. (Ex 7,3; Dt 6,22; 26,8; 28,46; Neh 9,10; Ps 78,43; Dan 3,99f.; Apg 2,22; 2,43 u.ö.) Ähnlich im Neuen Testament: Die Erzählungen von Jesu Wundertaten stehen nicht als isolierte Mirakel in sich, sondern sind Zeichen dafür, daß Gott unter den Menschen wohnen will: »*Geht hin und verkündet Johannes, was ihr hört und seht: Blinde sehen, Lahme gehen, Aussätzige werden rein, Taube hören, Tote werden auferweckt und den Armen wird das Evangelium verkündet. Selig, wer an mir keinen Anstoß nimmt.*« (Mt 11,2–6 par) Jesu Heilkraft hat einen exorzistischen Grundzug: »*Wenn ich aber mit dem Finger Gottes die Dämonen austreibe, ist das Reich Gottes schon zu euch gekommen.*« (Lk 11,20) Dämonen, die es auszutreiben gilt, gibt es viele, sie werden erlebt als Mächte und Gewalten, die den Menschen besetzen und ihn unfähig machen, selbständig für sein Heil einzustehen. Deshalb braucht es jemanden, der die Dämonen vertreibt: den Kleinmut, die Selbstgerechtigkeit, die Feigheit, die Gier, den Neid, den Haß, überhaupt die ganze Angst. Deshalb sind Jesu Wunderheilungen auch nicht zu trennen von seinen ostentativ gepflegten Mahlzeiten mit den Armen, Krüppeln, Sündern, Prostituierten, Kollaborateuren – symbolische Antizipation des im Reich Gottes gepflegten Passamahls. Denn die Kranken brauchen den Arzt, nicht die Gesunden. (Mk 2,17 parr) Und krank sind alle, nicht zuletzt jene, die sich für besonders gesund halten. In all diesen exzentrischen Veranstaltungen (Jesus ist in seinem zuvorkommenden Erbarmen ein hoch exzentrischer Mensch) leuchtet etwas von jener Wirklichkeit auf, die den Riß im Menschen und zwischen den Menschen heilen würde: Reich Gottes. Die Frage ist nur, inwieweit wir gewillt sind, uns von der heilstiftenden Exzentrizität Jesu anstecken zu lassen: »*Geht zu den Menschen und verkündet: das Himmelreich ist nahe. Heilt Kranke, weckt Tote auf, macht Aussätzige rein, treibt Dämonen aus. Umsonst habt ihr empfangen, umsonst sollt ihr geben«*, sagt Jesus zu seinen Jüngern. (Mt 10,7f. parr)

3. Damit geraten wir vor ein Weiteres, höchst Wichtiges. – Wir machen uns nur selten klar, eine wie erstaunliche, großartige Wirkungsgeschichte die jesuanischen Krankenheilungserzählungen freigesetzt haben. Als man im 19. Jahrhundert in Deutschland, Frankreich und Italien, in den Ländern der Habsburger Monarchie und in vielen weiteren Gegenden Europas und Amerikas begann, Krankenhäuser zu errichten und noch bald jeder kleine Ort zumindest eine Krankenstation erhielt, waren es die Kirchen, die das taten. Allein in der zweiten Hälfte des 19. Jahrhunderts entstanden mehr als 300 neue, meist weibliche Ordensgemeinschaften, die mit bescheidensten Mitteln (anders wäre das gar nicht möglich gewesen) die durch die sozialen Umbrüche der Industrialisierung zum Erliegen gekommene Krankenpflege in den Dörfern und Städten auf neue Beine stellten. Dabei schloß man bewußt an die mittelalterliche Tradition der »Heilig-Geist-Spitäler« an[247], weil man in der Krankenpflege einen unmittelbaren Zugang zu Christus erblickte: *»Denn ich war hungrig, und ihr habt mir zu essen gegeben; ich war durstig, und ihr habt mir zu trinken gegeben; ich war krank, und ihr habt mich besucht.«* (Mt 25,35–40) Es sind die neutestamentlichen Krankenheilungsgeschichten, die sehr früh dazu anleiteten, in Christus nicht nur den »magnus medicus« zu sehen, den großen Arzt und Heiland der Welt (*sotér toû kosmoû*), den göttlichen Therapeuten (*theíos therapeútes*), der den Menschen die Gesundheit verleiht (*dator sanitatis*) und allen das Heil schenkt (*dator salutis*)[248], sondern auch den notleidenden Mitmenschen. Krankenpflege war christlichem Verständnis zufolge immer auch Heilspflege, war Arbeit am Reich Gottes. Zwar haben sich seit der Spätantike und dem europäischen Mittelalter die

Methoden der Krankenpflege tiefgreifend verändert, wir heilen nicht mehr wie Jesus, wir pflegen nicht mehr die Kranken wie der Bischof Blasius dies tat, wie die Mönchsärzte Cosmas und Damian, die heilige Apolonia, die selige Odilia, wie Elisabeth von Thüringen oder Hildegard von Bingen; die Medizin schreitet voran (Gottseidank!, möchte man sagen; wer wollte im Ernst unter vormodernen Bedingungen auch nur den Zahnarzt aufsuchen!), aber die Gesinnung der vielen kirchlichen Krankenhäuser rührt eben doch von diesen Heilungsgeschichten her. Wir hätten in Europa keine flächendeckend ausgebaute medizinische Versorgung, wenn es die jesuanische Heiltradition nicht gegeben hätte.

Und damit geraten wir vor einen ganz elementaren Zusammenhang: Ohne für den Leib zu sorgen, ohne dem ganzen Menschen zu dienen, kann man die frohe Botschaft nicht verkünden. Wie soll man auch wissen, was Liebe ist, wenn man sie nicht am ganzen Leib erfährt!? Deswegen haben vermutlich die unzähligen Krankenschwestern (bis ins 20. Jahrhundert waren das fast ausschließlich Ordensfrauen) mehr dazu beigetragen, den Glauben an Jesus als den Christus zu wecken, als die vielen Priester und Prediger. Das Reich Gottes hat etwas Handfestes. Wir sind Menschen aus Fleisch und Blut. Und deswegen leuchtet vom Reich Gottes unter uns nur dort etwas auf, wo geschieht, was Jesus seinen Jüngern aufgeben hat: *»Heilt Kranke, weckt Tote auf, macht Aussätzige rein, treibt Dämonen aus. Umsonst habt ihr empfangen, umsonst sollt ihr geben.«*

4. Ein Letztes – in ihm resümiert sich unser Ausgangspunkt. Wir fragten zu Beginn, wie man die Wunderheilungen Jesu zu verstehen habe, ob sich darin nicht womöglich ein religiöser Aberglaube artikuliere, den wir – aufgeklärt, wie wir sind – hinter uns haben. Darauf kann man am Ende all unserer Überle-

gungen knapp und bündig wohl nur mit einem Wort antworten: »Nein!« und »Hoffentlich nicht!« Was wäre das auch für eine Welt, die des Wunders entbehrte! Die nicht mehr wunderbar sein wollte! Die sich in ihrer mageren Selbstvorfindlichkeit erschöpfte! Das Wunder liegt im Auge des Betrachters.[249] Daß ein Mensch, der krank ist, gesund wird, ist ein Wunder und nicht eine medico-pharmakologische Selbstverständlichkeit. Jede Heilung ist ein Wunder, genauso wie Vertrauen ein Wunder ist und Schönheit und Liebe und Dankbarkeit; ein Wunder auch, wenn im Frühling die Birken lichtgrün ausschlagen, Meisen im Nistkasten brüten, die Tomatenpflänzchen auf dem Balkon sprossen. Was für ein Wunder, wenn Gegner sich die Hände reichen, miteinander verzankte Menschen sich versöhnen, Tyrannen sich selbst entwaffnen. Was für ein Wunder der Berliner Mauerfall und die schrittweise Aussöhnung zwischen Deutschen und Polen! Welches Wunder die Passacaglia von Johann Sebastian Bach, das Allegro Moderato in der 7. Symphonie von Gustav Mahler, die »Musikalischen Opfer« von Anton Webern! Welche Wunder die Bilder von Caravaggio und Chagall, die enkaustische Christusikone vom Katharinenkloster auf dem Sinai! Und so möchte man fortfahren und nicht mehr aufhören – weil wir immer mehr merken, wie sehr unser ganzes Leben im Wunder gründet und wie sehr es auf das große, das ganzgroße Wunder hin angelegt ist: »Daß Gott sei alles in allem«, weil wir in Gott sind und Er in uns. (1Kor 15,28; 13,12; Joh 14,20) Mit einem Wort: Das ganz große Wunder ist der Himmel, und der Himmel ist unsere Heimat. (Phil 3,20) Alle Wunder Jesu verweisen auf nichts anderes als dies. Und deshalb sind sie wahr!

Amen.

20. Wer ist mir Vater? Wer ist mir Mutter?*

Ein furchtbares Evangelium ist dies, gewalttätig, schroff, unversöhnlich – darin wiederum großartig, aber auch beängstigend. Was so erschreckt, ist die Energie der Feindschaft, die Wucht des Zusammenpralls und die Unverzüglichkeit, mit der die Dinge klargestellt werden – auf der einen wie auf der anderen Seite:

»Er ist von Sinnen«, sagen die Angehörigen Jesu. Und *»mit Gewalt«* wollen sie ihn zurückholen nach Nazareth. (Mk 3,21) – *»Mit Hilfe der Dämonen treibt er die Dämonen aus«*, sagen die Schriftgelehrten. *»Von Beélzebul ist er besessen, dem Anführer der Dämonen«* (Mk 3,30 par), mit teuflischen Methoden betreibt er seine Verkündigung. – Und Jesus zahlt mit gleicher Schärfe zurück, da ist nichts Sanftes in seinen Worten, nichts Zimperliches: *»Alle Sünde und Lästerung mag vergeben werden; wer aber den Heiligen lästert, der findet in Ewigkeit keine Vergebung«*. (Mk 3,28f.) Und: *»Alle Beziehungen der Blutsverwandtschaft gelten für mich nicht mehr. Bruder, Schwester, Mutter sind für mich nur, die den Willen Gottes erfüllen.«* (Mk 3,31–35 parr)

Man muß sich vor Augen halten, daß diese heftigen Worte gleich zu Beginn des Markusevangeliums stehen. Als hätte das Wenige, das Jesus bisher getan hat, schon ausgereicht, die Fronten so unversöhnlich zu verhärten. Unmittelbar vorausgegangen sind die ersten Wunderheilungen Jesu: die Austreibung eines bösen Geistes in der Synagoge von Kapharnaum (Mk 1,21–28), die Heilung eines Aussätzigen (1,40–45), eines Gelähmten (2,1–12), eines Mannes, dessen Hand verdorrt ist (3,1–6); ferner die Be-

* 10. Sonntag / Lesejahr B, Kugelkirche St. Johannes, Marburg (7. Juni 2015). – Textgrundlage: Gen 3,9–15; 2Kor 4,13–5,1; Mk 3,20–35.

rufung des Zöllners Levi in die Nachfolge und überhaupt Jesu Umgang mit Zöllnern und Sündern (2,13–17); ferner die ersten Übertretungen des Sabbatgebotes (2,23–28; 3,1–6) – all dies begründet mit dem lapidaren Satz, daß jetzt die Zeit des Heiles angebrochen sei (1,15) und deshalb die überkommenen Gebote keine Geltung mehr hätten (2,18–22). Deshalb auch der knappe Bescheid, jetzt die Sünden vergeben zu müssen (2,10), weil Gott sein Heil jetzt aufrichten wolle (1,15) – und das alles noch einmal bedeutsam und eindringlich unterstrichen durch die messianische Symbolhandlung der Etablierung des Zwölferkreises (3,13–19), d. h. der Neuaufrichtung der Stämme Israels, repräsentiert durch die zwölf Jünger.

Das alles geschieht in wenigen Tagen, unter dem ungeheuren Erwartungsdruck, daß jetzt die alles entscheidende Stunde herangerückt ist, daß sich jetzt entscheide, ob der katastrophale Einbruch der Fülle Gottes gelingt oder nicht – was gelten da noch die Regeln von Kult, Familie, Sippe, Volk und Staat?!

»Souverän ist, wer über den Ausnahmezustand verfügt«, heißt es bei Carl Schmitt, dem berühmt-berüchtigten Staatsrechtler der Weimarer Zeit.[250] Hält man sich das Gedrängte, Konzise, Zupackende vor Augen, mit dem Jesus zu Werke geht, möchte man diesen Satz bestätigt finden: Sein Auftreten gleicht tatsächlich einem einzigen Ausnahmezustand: Alle Regeln des Zusammenlebens, des Äquivalenzprinzips, des gesellschaftlichen *»Do ut des«* sind außer Kraft gesetzt, weil die Verwandlung der Welt vor der Türe steht. Was soll man da noch Schulden eintreiben, Häuser bauen, Familien gründen? Eine einzige Überschwenglichkeit und Maßlosigkeit ist in Jesu Handeln am Werk, die Maßlosigkeit des Reiches Gottes, deshalb auch seine scharfen Drohungen, sich dem doch nicht zu verschließen, weil alles auf dem Spiel steht. Deshalb auch das Entsetzen der Leute: *»Was hat das zu bedeuten? Hier wird mit Vollmacht (ἐξουσία) eine*

ganz neue Lehre verkündet.« (1,27) Und es ist wohl kaum ein Zufall, daß Markus vor das öffentliche Auftreten Jesu seine Zeit in der Wüste schildert: seine Versuchung durch den Satan (bei Matthäus breit entfaltet [Mt 4,1–11]), sein Zusammenleben mit wilden Tieren und seinen vertrauten Umgang mit den Engeln (Mk 1,12f.) – eine exzentrischere Gestalt als Jesus kann man sich kaum vorstellen.

Wenn ich diese Texte lese, fällt mir auf, wie unterschiedlich ich im Laufe der Jahre über sie gepredigt habe. Als junger Kaplan war ich begeistert vom antibürgerlichen Atemwind, den sie vermitteln. *»Wer ist mir Vater?! Wer ist mir Mutter?!« »Wer zurückblickt, taugt nicht für das Reich Gottes!« »Laß die Toten ihre Toten begraben! Du aber folge mir nach!«* Wenn man Anfang zwanzig ist, gehen einem solche Worte leicht von den Lippen. Was braucht man zum Leben mehr als ein paar Habseligkeiten fürs Alltägliche, die Zahnbürste und den Schlafsack, die Gitarre (die Lieder kann man auswendig) … und dann los: Das Reich Gottes wartet. – Kann man sich ernsthaft vorstellen, Jesus hätte im Alter von siebzig oder achtzig Jahren seinen Lebensabend in einer Seniorenresidenz am See Genesareth beschlossen? Die Frage ist so abwegig, daß eine Antwort sich erübrigt. *»Feuer kam ich auf die Erde zu werfen«*, heißt es bei Lukas (12,49). So etwas kann nur ein Junger sagen. *»Wer mir naht, naht dem Feuer«*, sagt ein apokryphes Jesuswort.[251]

Was aber, wenn man, anders als Jesus, nicht ein oder drei Jahre intensiv zu leben hat (das können viele), sondern älter wird und schließlich alt? Wenn man merkt, daß die Kräfte nachlassen, nicht nur die körperlichen, sondern auch die Spannkräfte der Seele? Ob sich das grandios Exzentrische der Reich-Gottes-Verkündigung Jesu dann immer noch so gut ertragen läßt?

Offensichtlich ist, daß es in Jesu Leben keine sanfte Ablösung vom Elternhaus gegeben hat, hier ist jemand ausgebrochen mit einer Schärfe, die die eigene Familie nur als Affront begreifen konnte. Und es gibt Zeiten, wo das nötig ist. So sehr die Familie Keimzelle allen Lebens ist, Ort, wohin man jederzeit zurückkehren kann (erinnert sei nur an das großartige Gleichnis vom Verlorenen Sohn), so sehr kann sie auch ein Gefängnis sein. (»Wer sich in Familie begibt, kommt darin um«, spottete der Wiener Schriftsteller Heimito von Doderer – seine Familienerfahrungen waren eher schwierig.) Vielleicht, daß wir uns zunächst einfach daran erinnern lassen, wie wenig Jesus als Vorbild für ein katholisches Familienidyll taugt. (Von dem surrealistischen Maler Max Ernst gibt es ein Bild aus den 1920er Jahren: »Die Gottesmutter züchtigt den Jesusknaben«. Da sieht man Maria, wie sie den kleinen Jesus übers Knie legt und ihm den Hintern versohlt, der Heiligenschein fällt ihm vorne rüber.[252] Max Ernst hat sich damit seinerzeit einen Blasphemieprozeß eingehandelt; der historischen Wirklichkeit zu Nazareth dürfte er mit seinem frechen Bild gleichwohl recht nahe gekommen sein.) Daß unsere bischöflichen Verlautbarungen sich dagegen ständig das Thema »Ehe und Familie« auf die Fahnen schreiben, muß angesichts der rabiaten Struppigkeit Jesu wie ein großes Mißverständnis anmuten. – »Der erste Single« lautet der Titel eines lesenswerten Jesusbuches von Hans Conrad Zander – »der Familienfeind«, so der noch einmal heftigere Untertitel des Buches.[253] Und es stimmt ja. Wo gilt: »Laß die Toten ihre Toten begraben«, gesprochen zu einem Menschen, der doch nur seinen Vater beerdigen will, ist für Familienidylle bzw. die entsprechenden Loyalitäten kein Platz.

Gleichwohl kann man fragen: Verliert die familiäre Wurzel im Angesicht des Reiches Gottes wirklich jede Bedeutung? Oder sollte nicht doch dem notwendigen Ausbruch, »Laß die Toten ihre Toten begraben«, eine Wiederannäherung, ein versöhnlicherer Blick folgen? Ähnliches gilt ja auch für Jesu rabiaten

Ehe- und Zölibatsradikalismus. (Mt 19,1–12) Auch da scheint sich zumindest aus der Perspektive der frühchristlichen, nachjesuanischen Gemeinden manches zu mildern. (1Tim 3,4f.; 4,1–5) Nach Jesu Tod können wir eine Rückkehr nach Galiläa erahnen. Dort, wo alles angefangen hat, sollte es einen neuen Anfang geben (vgl. Mk 16,6f.). Verwandelt freilich, von irdischen Fesseln gelöst und geheilt.

Was uns selber anlangt: Wir sind unterwegs, diesseitig und – unsererseits – nicht selten »von Sinnen« (wie Jesus). Wer der verstorbenen Eltern gedenkt, wer zurückblickt und sich erinnert, wird auf genug Szenen stoßen, in denen Unverständnis und Ärger, die Lieblosigkeit gar, triumphierten. Manche Erinnerung ist dann peinlich, und wir staunen über die eigene Dummheit – und schämen uns. Jetzt wüßten wir es besser. Dieses Mal würden wir uns nicht von Nichtigkeiten bestimmen lassen. Jetzt würden wir den richtigen Ton treffen – nicht unbedingt den schroffen, der da selbstbewußt sagen konnte: *»Wer ist mir Mutter, wer mir Bruder oder Schwester!«* (Mt 12,49f.)

Dieses »Jetzt« ist vielleicht gar nicht weniger pathetisch als die schroffe Loslösung damals, als wir das Haus verließen. Aber kommen wir ohne Pathos aus? Und sei es nur das weisheitliche Pathos, das begriffen hat, daß wir – da selber in Reichweite des Alters geraten – nun auch unsererseits der Vergebung bedürfen?

Sind unsere Elternbeziehungen, wie jede Liebesgeschichte, nicht auch eine Schöpfergeschichte? Eine verwundete und irdisch-beschränkte, die aber »nach oben hin« offen ist? Jesus sprach immerhin auch vom »verlorenen Sohn«, den der Vater ziehen, aber nicht fallen läßt. (Lk 15) Wird sich diese Beziehung im Letzten noch einmal bewähren?

Wer darauf setzt, der setzt auf Glaube, Hoffnung, Liebe, diese drei. Auf die göttlichen Tugenden also, die schon im Namen davon künden, daß wir manches ausrichten, die gelingende Abrundung unseres Lebens aber nur erwarten können. Das Leben hier und jetzt bleibt Abenteuer und Anspruch genug. – Was also bleibt? Vielleicht nur dies: *Eilen wir uns, die Menschen zu lieben. Sie gehen so schnell.* Wer sich diese Aufforderung zu Herzen nimmt, beginnt in kleiner Münze ein Weniges von dem zu leben, was »Himmelreich« meinen könnte – auch jenes, das dem nicht selten schroffen, gewalttätigen Jesus vor Augen stand.

21. Jesus hat Unrecht*

Die Karten sind eindeutig verteilt bei diesen Worten. Wer würde Jesus nicht zustimmen! Was immer aus dem Herzen eines Menschen kommt, was seine innersten Gedanken und Gefühle sind, das macht den Wert seiner Gebete aus, das gibt seinem Reden und Handeln Gewicht, und nicht die äußeren Riten und Zeremonien, mit denen er sich und seine Gottesbeziehung ausstaffiert. (Mk 7,15.21–23) Die Größe Jesu besteht darin, einfache Sachverhalte einfach zu benennen. Nicht der konkrete Dreck an den Händen – vielmehr was an Bösartigem in uns lebt, was uns die Seele abschnürt, was an Mißgunst und Neid, Habgier und verletzter Eitelkeit an uns frißt: das ist es, was uns das Leben verunreinigt, verhäßlicht und beschmutzt, nicht Teller, Tassen und Geschirre, die man nicht vorschriftsmäßig gereinigt hat.

Diese Worte haben Gültigkeit bis heute: Unter den Augen Gottes hätten nicht die menschengefertigten Überlieferungen Bedeutung, sondern allein der Mensch, der zur Freiheit berufen ist. »Denn der Sabbat ist für den Menschen da, nicht der Mensch für den Sabbat.« (Mk 2,27) Daher gilt: Wo immer Menschen das Wort Gottes im Munde führen, sollen sie es nicht tun, wie »man« es tut; sie sollen vielmehr so reden, daß es aus dem Herzen kommt. Wenn sie Gott nicht verstehen, sollen sie wie Hiob ihre Fragen, ihren Unmut, ihren Zorn zum Himmel schreien. Wenn sie voller Freude sind, sollen sie wie Mirjam und der greise Simeon den Gesang der Freude auf ihren Lippen tra-

* Predigt am 22. Sonntag im Jahreskreis B (2. September 2012), Kugelkirche Marburg. – Als Texte standen zur Verfügung: Dt 4,1–2.6–8; Jak 1,17–18.21b–22.27; Mk 7,1–8.14–15.21–23.

gen. Aber nie sollen sie reden müssen, wie es gerade einem liturgischen Kalender entspricht. Allein ihr Herz sei maßgebend, meint Jesus, und sie sollen daran glauben dürfen, daß Gott hören *möchte*, was in ihnen lebt; daß er sehen *möchte*, was in ihnen angelegt ist; daß er den *ganzen* Menschen will und nicht ein paar besonders wohlgefällige Teile.

So zu denken und solche Gedanken in jedermann verständliche Worte zu kleiden, macht die religiöse Genialität des Nazareners aus – wer könnte sich dem entziehen?! Deshalb sagte ich: Die Karten sind verteilt angesichts dieser Worte Jesu. Wer wollte ihm nicht vorbehaltlos Recht geben?!

Aber wie das so ist mit dem Rechtgeben und Rechthaben: Wenn alle sich auf einen Gedanken einigen können, dann beginnt er an Schärfe zu verlieren. Deshalb lassen Sie mich heute einmal vermessen sein. Ich möchte in die einhellige Zustimmung, die die Worte Jesu allenthalben finden, ein paar Körnchen des Zweifels streuen:

Stimmt das eigentlich, was Jesus da behauptet? Sind äußerlich vollzogene Rituale wie bspw. die von frommen Juden peinlich befolgten Speisevorschriften (die »Kaschrut«) oder im Islam die Verpflichtung auf das täglich fünfmalige Gebet und das Fasten im Ramadan oder im Katholizismus die Sonntagspflicht, das Weihwassernehmen und Sich-Bekreuzigen oder Niederknien bei der Kommunion – ist das alles bedeutungsloses Menschenwerk?

Jesu Worte im Umgang mit der religiösen Tradition seiner Zeit sind hart und verletzend: »Wie weißgetünchte Gräber seid ihr! Außen schön anzusehen, aber innen voller Moder und Gebein«, ruft er den religiösen Autoritäten zu. (Mt 23,27) Daß wir christlicherseits über lange Jahrhunderte ein Zerrbild des Judentums hatten; daß »Pharisäer« für viele Menschen bis heute ein Schimpfwort ist, ist *auch* diesen harten und oft ungerechten

Worten Jesu zu verdanken. Von der Größe der pharisäischen Bewegung, von der leidenschaftlichen Liebe der Pharisäer zur Thora, die es neben aller Kleinkariertheit eben auch gab und bis heute gibt, wissen die meisten nur wenig.[254]

Ob es wohl möglich und auch nötig ist, hier von einem »Schatten« Jesu zu sprechen? Ich drücke mich bewußt vorsichtig aus. Ist Jesus nicht auf seine Art einseitig? In großartiger Weise einseitig – keine Frage –, aber einseitig eben doch? Und deshalb blind für die ganze Wirklichkeit von Religion und Leben?

Jesus geht es um die Befreiung vom Gesetz. Genauer gesagt: um die rechte Rejustierung der Gebote des Gesetzes: »Barmherzigkeit will ich, nicht Opfer« (Mt 9,13 parr; 12,7 parr) – dieser Satz des Propheten Hosea (Hos 6,6) findet sich nicht zufällig mehrfach im Munde Jesu wieder. Jesu Größe besteht darin, erkannt zu haben, daß Erlösung nichts ist, was wir aus eigener Kraft produzieren könnten. Kein Gesetz, kein Ritus, keine Liturgie und keine Art von Gebetsleben, wie intensiv es immer auch sein mag, können ein gelingendes Leben im Lichte Gottes herbeizwingen. Glaube, Hoffnung und Liebe kann man nicht befehlen – diese Einsicht der biblischen Prophetie für seine Zeit wiederentdeckt zu haben, ist das Verdienst Jesu. Und alles Wohl und Wehe an das Erbarmen Gottes gehängt zu haben, seine Bedeutung für uns.

Aber ist das alles? Sind nicht daneben auch die Riten und Traditionen nötig, daß wir uns ihrer, Krücken gleich, bedienen, um uns Gott anzunähern? Natürlich, so kann man einwenden, ist es eine Äußerlichkeit, eine rituelle Waschung peinlich genau zu vollziehen; es ist menschliche Gewohnheit, die über Jahre eingeübte Verbeugung bei bestimmten Gebetsworten einzuhalten, die Fastzeiten vor großen Feiertagen zu befolgen und was es noch alles gibt an religiösen Schablonen, die über die Jahrhunderte entstanden sind an allen Orten und zu allen Zeiten.

Natürlich kann man so sprechen. Und man hat Recht. – Aber ich kann mir auch vorstellen, daß es manchen unter uns gibt, der schmerzlich bemerkt, daß sein Enkelkind kein Kreuzzeichen mehr gelernt hat und es sich deswegen schwer tut, religiös zu sein. Mit der Aufhebung der noch bis in die 1960er Jahre streng einzuhaltenden Nüchternheitsgebote vor dem Kommunionempfang hat man sich nicht nur von merkwürdig archaischen Reinheitsvorstellungen gelöst; da ist auch etwas verloren gegangen, nämlich das Gefühl des Besonderen, Außergewöhnlichen, das die sakramentale Begegnung mit Christus auszeichnet. Und mit der Befreiung von der quälenden Beichtpflicht ist man zwar ein Peinlichkeitsinstrument allerersten Ranges losgeworden; aber weil man jetzt gar nicht mehr beichten geht, geht man auch nur noch selten in sich, setzt sich immer weniger in schonungsloser Radikalität Gott aus – und so verliert das religiöse Leben (ob man will oder nicht) an existentieller Tiefe und Verbindlichkeit.

Man sieht an solchen Überlegungen, daß Religion zuallererst in ihren Gebräuchen, Gewohnheiten und Traditionen lebt, weswegen die Frage nach der korrekt vollzogenen Händewaschung, die in unserem heutigen Evangelium zur Debatte steht, alles andere als eine Lappalie ist. Unser ganzes Leben besteht aus Riten, aus mehr oder weniger festen Schemata, die uns einengen, keine Frage, die uns zugleich aber auch Halt geben, einem Geländer vergleichbar, an welchem man sich entlanghangeln kann, denn der Abgründe gibt es viele. Manches Ehepaar lebt vielleicht nur deshalb noch zusammen, weil es da einige Bräuche gibt, die sich im Laufe der Jahrzehnte eingeschliffen haben und dem gemeinsamen Alltag Kontur geben: der Blumenstrauß am Samstagmittag, das Frühstück am Sonntagmorgen mit den selbstgebackenen Brötchen, die Pralinenschachtel am Hochzeitstag, der Kuß bei der Begrüßung. Ich tue mich schwer mit der Vorstellung, alles, was Ritual ist und deshalb nicht unmittelbar gedeckt und gefüllt wird von unseren authentischen Gefühlen (aber was ist das eigentlich?), sei schlecht. Wir Menschen sind Gewohnheitstiere, wahrscheinlich mehr als uns bewußt ist.

So wie es den Terror der Gesetze und Vorschriften gibt, noch dazu wenn sie umgeben sind mit göttlicher Autorität, so gibt es auch den Terror der Freiheit, die nur gelten läßt, was gerade gefällt. Damit kann man keine Gemeinschaft zusammenhalten, weder eine religiöse noch eine staatliche, es ist das Ende gemeinschaftsstiftender Verbindlichkeit und damit zuletzt auch das Ende persönlicher Freiheit (denn Freiheit ist keine abstrakte Größe, sondern lebt aus der Verbindlichkeit der Beziehungen, die dem Leben Halt und Gefüge geben). Daher ist es übrigens völlig verständlich, daß das junge Christentum, kaum daß es aus dem ersten Pfingstenthusiasmus heraus war, genau das eingeführt hat, was es am Judentum so heftig kritisierte: Gesetzesvorschriften, Kulthandlungen, Amtsstrukturen, Liturgische Kleidung, Gemeindeordnungen usw. usf. Denn das Reich Gottes kam nicht – auch da hat Jesus sich geirrt –, und so blieb nichts anderes übrig, daß statt dessen die Kirche kam (nicht als Ersatz für das Gottesreich, das wäre furchtbar, wohl aber als dessen Platzhalterin).[255] Was ist die Aufgabe von Platzhaltern? Sie halten den Platz für etwas frei, das nicht da ist, aber kommen soll: *»Deinen Tod, o Herr, verkünden wir, und deine Auferstehung preisen wir, bis du kommst in Herrlichkeit.«* Ohne Bibel und Liturgie, ohne Lehrtradition und diakonalen Dienst hätten wir nicht einmal eine Spur von Ahnung, daß es da diesen Jesus von Nazareth gab, der die große Freiheit des Reiches Gottes lebte. Um davon zu wissen, braucht es die Tradition, braucht es Kirche und Gemeinde, Gottesdienst und Gebet. – Bei der britischen Sozialanthropologin Mary Douglas, einer der großen Religionswissenschaftlerinnen des 20. Jahrhunderts, kann man folgendes lesen und lernen: »Jede neue Religion, die Bestand haben will – und sei es auch nur ein Jahrzehnt über ihr erstes revolutionäres Aufflammen hinaus –, muß den Schritt von der inneren zur äußeren Religiosität tun.«[256] *Voilà tout!* Das Christentum konnte sich als Religion etablieren und dadurch im Kosmos der spätantikern Kultur- und Religionswelt überleben, weil es sich *nicht* an Jesus gehalten hat. Denn Jesus hatte Unrecht.

Wie soll ich enden? Vielleicht so: Ich habe Ihnen eine »konservative« Predigt gehalten, ja genau, das habe ich – aber hoffentlich keine Gardinenpredigt und schon gar nicht eine Philippika. Natürlich gilt, daß das, was ich hier von mir gebe, nicht alles ist und sein kann. Religiöse Traditionen, wenn sie gesund sind, verfolgen ein einziges Ziel: das Leben auf Gott und die Menschen auszurichten. Wenn sie dieses Ziel aus den Augen verlieren und selbstreferentiell werden, werden sie überflüssiger Ballast. Wir können dann eine Zeitlang noch schauen, ob und wie wir sie modifizieren. Wenn auch das nicht mehr gelingt, wird man sie getrost beiseite legen. Freilich gilt auch das Umgekehrte: Wenn die Freiheit von Tradition und Norm, von Gesetz und Tabu, von welcher das heutige Evangelium so eindrücklich spricht, sich ihrerseits zum Gott aufmandelt, entpuppt sich auch diese Freiheit rasch als eine neue Art von Unfreiheit. Denn über allem Gelingen steht nicht die selbstvermessene Perspektive unserer Endlichkeit, sondern der Lebendige Gott, der unserem Leben sowohl Freiheit als auch Grund gibt. Ihn, den Heiligen, der alles übersteigt, in unserem kleinen Erdenleben zu finden: darum allein geht es und allein das verschafft uns Würde und Schönheit, ist uns Halt und Freiheit zugleich. Wenn Kirche und Gemeinde, wenn Lehramt und Tradition uns dabei helfen, sind sie uns aufs herzlichste willkommen.

22. Selbstgespräch als Gebet*

Hanna war verzweifelt, betete zum HERRN und weinte sehr. Sie machte ein Gelübde und sagte: HERR der Heerscharen, wenn du das Elend deiner Magd wirklich ansiehst, wenn du an mich denkst und deine Magd nicht vergißt, dann will ich ... So betete sie lange vor dem HERRN.

Eli beobachtete ihren Mund; denn Hanna redete nur still vor sich hin, ihre Lippen bewegten sich, doch ihre Stimme war nicht zu hören. Eli hielt sie deshalb für betrunken.

(1Sam 1,10–13)

Ist Beten nicht einfach ein Selbstgespräch? Wie seltsam mutete es uns an, wenn wir einen Menschen alleine laut beten hörten: Es müßte uns erscheinen, er redete mit sich selbst.

Ich erinnere mich an eine meiner ersten Katechesen, in denen ich den Kindern erklären wollte, was Beten sei. Ich verglich das Beten mit einem Telefongespräch: Auch beim Telefonieren sprechen wir mit jemandem, ohne ihn zu sehen. Aber noch während ich den Vergleich ausmalte, kam er mir selber komisch vor, und auch die Kinder merkten sofort, daß da doch wohl ein Unterschied sei: Beim Gebet höre ich die »Stimme Gottes« wohl kaum in der gleichen Weise, wie beim Telefonieren die Stimme meines Gesprächspartners am anderen Ende der Leitung.

»Hanna redete nur still vor sich hin ...« – Ganz abwegig ist die Klage nicht, Gebet sei nur ein Selbsttrost, beim Beten bliebe ich zuletzt doch allein.

* Predigt Kugelkirche, 17. Sonntag im Jahreskreis C: 27. Juli 2014. – Predigttext war 1Sam 1,10–13; als Evangelium wurde verlesen Lk 11,1–13.

Wieviel Spott diese leidvolle Erfahrung hervorgebracht hat! In einer seiner frühen Erzählungen beschreibt der französische Schriftsteller Albert Camus eine alte Frau, halbseitig gelähmt, vereinsamt und allein, im Halbdunkel ihrer schäbigen Souterrainwohnung. »Ihr Blick richtet sich nicht nach außen, sondern nach innen, zum kargen Zimmermobiliar, zum Muster der Tapete, zum Rosenkranz, zum Christus aus Blei, an den sie glaubt.«[257] Die Perlen gleiten durch ihre abgearbeiteten Hände, ein Ave Maria reiht sich an das andere, während draußen die Stimmen der jungen Leute von nebenan zu hören sind, die gerade aufbrechen wollen, um ins Kino zu gehen. Und Camus schildert trocken die stumme Sehnsucht der alten Dame: Während sie betet, wartet sie still verzweifelt darauf, daß es an ihrer Wohnungstüre klopfe und man sie mitnehme in den warmen Sommerabend.

Ich glaube, daß Camus gar nicht so Unrecht hat: Gebet hat tatsächlich viel mit Einsamkeit zu tun und viel mit einem Selbstgespräch: *Ich spreche mit mir. Ich bin im Gespräch mit mir über mich selbst. Ich spreche mit meiner Seele; und meine Seele spricht mit mir.*

Aber wer bin ich, mit dem ich da spreche? Wer ist dieser andere meiner selbst, mit dem ich im Gespräch bin über mich? Bin ich ausschließlich jener, der hier vor Ihnen steht und seine Gedanken über das Gebet ausbreitet und der weiß, was er da tut?

Wir alle wissen, daß das so einfach nicht ist. Wie wenig wir von uns wissen, wird uns immer dann bewußt, wenn wir Seiten an uns entdecken, die wir so noch nicht kannten; die uns erfreuen oder erschrecken. Wie oft brechen ohne jeden ersichtlichen Grund Phantasiebilder in uns los, Bilder des Zorns oder Gefühle der Hilflosigkeit. Jemand erzählte mir einmal, wie ihn bisweilen, ohne daß er zu sagen wüßte, weshalb, Gewaltphantasien überkämen: andere Menschen hämisch die eigene Überlegenheit spüren zu lassen. Solche Phantasiebilder sind gar nicht so selten. Im Guten trifft das natürlich genauso zu: Wenn uns etwas fasziniert, uns die Begeisterung packt: Wer packt da eigentlich wen? Oder wenn wir uns verlieben, wer verliebt sich da? Bin ich es, der das macht? Oder ist nicht vielmehr das Bild, das die Griechen und Römer hierfür ersonnen haben, das Richtigere? Eros bzw. Amor schießt seinen Pfeil auf uns ab, und wir sind ohnmächtig dagegen. Nicht wir machen es – es *geschieht* an uns!

So können wir, wenn wir das Gebet als ein Gespräch verstehen wollen, in welchem ich mich mit dem tiefsten Selbst in mir unterhalte, zunächst folgendes festhalten: *Ich bin mehr als ich bin.* Der größere Teil meiner selbst ist mir unbekannt. Das meiste, was in uns ist und unser ICH ausmacht, kennen wir nicht. Es ist wie mit dem berühmten Eisberg: Ein Siebtel ist über der Wasseroberfläche, und dort kennen wir uns einigermaßen aus; sechs Siebtel aber sind unter Wasser,[258] und von ihnen gilt es etwas zu erkennen, wenn wir wissen wollen, wer wir sind und wer das ist, mit dem ich da im Gespräch – im Selbstgespräch bin, wenn ich bete.

In einer seiner schönsten Schriften – *»Die Annahme seiner selbst«* (1960) – erzählt Romano Guardini folgende Episode aus einem Roman des britischen Schriftstellers Rudyard Kipling: Da ist ein Junge, Kimball mit Namen, der von allen nur Kim gerufen wird. Der Junge ist Waise, Sohn eines irischen Vaters und einer indischen Mutter. Den kommt es manchmal merkwürdig an. Dann setzt er sich still hin, zieht die Beine an, umschlingt sie mit seinen Armen und legt den Kopf auf die Knie. Die Augen hat er geschlossen, mit dem Oberkörper wippt er unmerklich hin und her und bringt sich so leise in Trance. Und dabei sagt er sich, wie ein Mantra, den Satz vor: »Ich, Kim … Ich, Kim …

Ich, Kim ...« Dabei hat er das Gefühl, daß es immer tiefer in ihn hineingeht, auf ein Letztes, Unsagbares zu. Wenn er dies doch einmal erreichen könnte, wäre alles gut. Im vorletzten Augenblick aber reißt es immer ab; er fährt auf, und alles war vergeblich. Eines Tages steht ein alter Weiser vor ihm, sieht ihn an und sagt wehmütig: »Ich weiß, es geht nicht!«

Was ist das? Was hatte der Junge gewollt? Wovon hat der alte, in inneren Übungen erfahrene Mann gewußt, daß es nicht gelingt? Für Kipling ist die Antwort klar: Mit seinem Namen sein Selbst einzuholen – das geht nicht. Anders formuliert: Wir werden mit dem, was wir von uns wissen, niemals an das rühren, was uns zuletzt ausmacht. Wir werden niemals begreifen, was das Wort »ICH« eigentlich meint.[259]

Um dieses unauslotbare Geheimnis in uns zu benennen, gebrauchen wir das alte Wort »Seele«, englisch »soul«. Wir benutzen es oft, ohne doch recht zu wissen, was es eigentlich bedeutet. Folgt man den etymologischen Lexika, so leitet sich dieses Wort von der gotischen bzw. altsächsischen Wurzel **saiwalō* bzw. **saiwlō* her. Beide Wörter haben substantivisch die Bedeutung **sē[o]* oder **saiwaz*: See, Wasser, Meer. Nach altgermanischem Glauben leben die Seelen der Menschen vor der Geburt und nach dem Tod in den unergründlichen Urwassern der Welt.[260] Von dort her kommt alles, was ist; dorthin kehrt es zurück.

Was immer es mit diesen wort- bzw. religionsgeschichtlichen Herleitungen auf sich hat –: Daß alles Leben aus dem Wasser stammt, aus der Feuchte des Mutterschoßes, aus der unergründlichen Tiefe der Welt, ist kaum von der Hand zu weisen. Und so verweist uns das Wort »Seele« ins Abgründige, Geheimnisvolle, Unauslotbare unserer selbst. Ich bin ja nicht einfach nur das ICH, das ich zu sein glaube; dieses eine Siebtel an der Oberfläche, von dem ich Bescheid weiß und auf der ich mich auskenne.

Wieviel Abgründe gibt es nicht in mir, in den sechs Siebteln meiner Seele, von deren Existenz ich immer nur dann eine Ahnung bekomme, wenn plötzlich leidenschaftliche Bilder in mir aufsteigen, die mich erschrecken oder beglücken! Da sind ganze Archipele, ängstigende, aber auch fruchtbare Tiefen, unentdecktes Land, von dessen Existenz ich zu ahnen beginne, wenn neue Einsichten in mir aufsteigen.

Nur ein kleines Beispiel: Ich bereite eine Predigt vor. Stundenlang mühe ich mich, in die Schrifttexte einzudringen, lese Bibelkommentare und Sonstiges drum herum, suche eine Idee, die mich weiterbringen könnte, lege schließlich den Bleistift weg, mache einen Spaziergang, um die Gedanken sacken zu lassen …: Nichts! – Ich schlafe drüber, denke gar nicht mehr daran, und plötzlich, ein paar Tage später, irgendwo beim Einkauf im Supermarkt vor der Kasse macht es »Klick«, und alles, was ich sagen wollte, ist da.

Habe ich das dann gemacht? Habe ich mir diese Gedanken ausgedacht? Oder müßte man nicht eher sagen: *Es* ist mir eingefallen. *Es* hat sich mir gezeigt. *Es* leuchtete mir ein, leuchtete mir auf, *Es* zeigte sich mir? Unsere Sprache ist hier sehr genau. Wieviele, und zwar die fruchtbarsten Ideen, stammen gar nicht von mir! Sie sind mir eingefallen, sie sind mir gekommen, sie sind aufgetaucht, und alles Sich-Mühen und -Anstrengen war so etwas wie ein inneres Selbstgespräch, ein Zwiegespräch mit der eigenen Seele, das ja immer auch ein Zwiegespräch der Seele mit mir ist, um mich aufzuschließen für das, was da verborgen in mir angelegt ist und darauf wartet, geweckt zu werden.

Ob man nicht so das Gebet verstehen müßte: als ein Zwiegespräch mit der eigenen Seele? Sich in sich selbst zu vertiefen in dem Bewußtsein: Ich reiche über mich hinaus? Ich weiß nur wenig von mir, aber im Gebet werde ich aufgeschlossen für mich selber? Im betenden Selbstgespräch, in der Zwiesprache mit der eigenen Seele rufen wir tiefe Schichten in uns wach, aus denen etwas hervorquillt, wovon wir ohne das Gebet nichts wüßten. – Beim künstlerischen Tun, beim einsamen Briefe- oder Tagebuchschreiben, bei schwerwiegenden Lebensentscheidungen, überhaupt in Situationen, die mich übersteigen, in Glück und in Leid, ist das so. Meine Seele ist größer als ich; sie übersteigt mich bei weitem, und an ihren äußersten Rändern reicht sie hinein in das, was wir nicht mehr fassen können. Und das nennen wir das Göttliche.

Wie kann man den Grund unserer tiefsten Seelentiefe erreichen? – Ich habe einen alten priesterlichen Freund, bald achtzig Jahre ist er alt, der hat irgendwann begonnen, der Traumkraft seiner Seele einen Namen zu geben: »Raphael«, »Gott heilt« (der Name entstammt der alttestamentlichen Tobit-Geschichte). Sie können sich vielleicht vorstellen, wie erstaunt ich war, als er mir einmal erzählte: *»Wenn ich einen guten Traum haben möchte, der mir Auskunft gibt über etwas, was mich bedrückt oder worin ich nicht klar sehe, dann bete ich vor dem Einschlafen zu dieser Kraft in meiner Seele, die ich ›Raphael‹ nenne, sie möge mir Klarheit schenken. Und da ich es mit einiger Regelmäßigkeit tue, gelingt es oft.«* – Später erinnerte ich mich, daß der alte Pastor, bei dem ich vor mehr als vierzig Jahren Erstkommunionunterricht hatte, im Grunde nichts anderes sagte: *»Wenn ihr morgens gut aufwachen wollt«*, sagt er zu uns Kindern, *»müßt ihr abends vor dem Einschlafen zu eurem Schutzengel beten.«*[261]

Die Heilige Schrift sagt nichts anderes, wenn sie immer wieder davon spricht, daß Gott im Traum zu den Menschen rede, oder ein Engel Gottes im Traum einen Menschen anspreche.[262]

Aber auch im Verhältnis zu unseren Mitmenschen kann es not tun, sich solcherart in ein Selbstgespräch zu vertiefen, damit das Verhältnis zum anderen nicht oberflächlich bleibt, sondern wir ihm aus der Tiefe unserer Seele begegnen: Überlegen

Sie selber einmal, wie oft Sie mit dem Bild des anderen (eines Freundes, Ihres Kindes, Ihrer Gattin, Ihres Gatten) in Ihrer Seele sprechen. Man muß ein inneres Gegenüber haben, damit die Gedanken fließen. Deswegen kann es gut sein, mit einem geliebten Menschen nicht immer nur zu reden, sondern ihm bisweilen Briefe zu schreiben; beim Schreiben bin ich allein und mehr bei mir selber. Wahrscheinlich ist das der Grund, weshalb Brieffreundschaften oft eine Tiefe erreichen, zu der wir nur schwer gelangen, wenn wir immer direkt beieinander sind.

Und doch bleibt uns die letzte Tiefe unserer Seele verborgen; wir erreichen sie nicht (erinnert sei noch einmal an die Geschichte von Rudyard Kipling, die Guardini erzählt). Diese letzte Tiefe nennen die Mystiker, etwa Meister Eckhart, den »Seelenfunken« (scintilla animae), und sie sagen, dieser Seelenfunke zeuge von Gott selbst. Gott wohne in uns, und im Gebet, im Selbstgespräch mit der eigenen Seele, gelangten wir unmerklich ins Gespräch mit Gott selbst. Wenn der Apostel Paulus im Brief an die Gemeinde zu Rom schreibt, Gott habe seine Liebe durch den Geist in unsere Herzen eingegossen (Röm 5,5), so bedeutet das ja nichts anderes, als daß Gott in uns wohnt und wir in der Tiefe des betenden Selbstgespräches Ihn in uns ansprechen:

Gott, du bist in mir,
Du erfüllst mich mit unendlicher Kraft.
Ich ließ meine Seele still werden in mir;
Wie das Kind still ist bei der Mutter,
so ist meine Seele still in mir.[263]

Wir können auch sagen, die Seele ruhe in ihrem Urgrund, sie ruhe in heiligem, guten, lebensfördernden Geist. Wir sprechen zu Gott in uns, und wie aus einer Quelle strömen lebendige Wasser des Lebens und des Mutes.

Es ist wohl kaum ein Zufall, daß aus der Kraft solchen Gebetes eine Zuversicht erwachsen kann, gegen die zuletzt selbst die schlimmsten Tyrannen machtlos sind. Dietrich Bonhoeffer und Alfred Delp und mit ihnen manch andere, weniger bekannte Widerstandskämpfer haben so gebetet;[264] Mahatma Gandhi hat von sich behauptet, daß sein ganzer politischer Kampf um die Unabhängigkeit und Einheit Indiens nichts als ein einziges Gebet gewesen sei.[265] Und wie sehr wichtige und schließlich dramatische Entscheidungen aus solchem Gebet erwachsen können, dafür ist das Johannesevangelium ein wohl einzigartiger Zeuge:

Am letzten Tag des Festes, dem großen Tag, stellte sich Jesus hin und rief: ›Wer Durst hat, komme, und es trinke, wer an mich glaubt. Wie die Schrift sagt: Aus seinem Innern werden Ströme von lebendigem Wasser fließen.‹ Damit meinte er den Geist, den alle empfangen sollten, die an ihn glauben.[266]

Es gibt einen berühmten Ausspruch des heiligen Augustinus, der die Gedanken, die ich hier versucht habe auszubreiten, noch einmal anders, präziser und prägnanter zugleich formuliert. In einer seiner kleinen Frühschriften, den »Soliloquien«, den »Alleingesprächen«, schreibt er gleich zu Beginn: *»Gott und die Seele will ich erkennen, sonst nichts.«*[267] Zu Gott oder zur tiefsten Seele in uns zu sprechen, das unterscheidet sich (phänotypisch) zuletzt nicht. Und welch gewaltige Kraft mag aus einem solchen selbstvergessenen tiefbetenden Soliloquium in uns freigesetzt werden: Göttliche Kraft, in der wir uns selbst gegenwärtig werden und die es uns ermöglicht, die schönen wie die deprimierenden Stunden des Lebens auf gute Weise anzunehmen und durchzustehen.

23. Der Schalksknecht – oder: Von hoffnungslos Verschuldeten und überreich Begnadeten*

So also stünde es mit uns: hoffnungslos verschuldet sei unser Leben vor Gott, so hoffnungslos, daß allein sein Erbarmen uns noch den Hals retten könne. – Ist dergleichen glaubhaft oder auch nur verständlich?

10.000 Talente! Wenn man sich vor Augen führt, daß zur Zeit Jesu ein Tagelöhner einen Denar am Tag verdient, und ein Talent Silber zu 6.000 Denaren verrechnet wird, dann müßte der Mann, von dem Jesus sagt, er sei bei seinem König mit 10.000 Talenten verschuldet, 60 Millionen Tage arbeiten, um seine Schuld zu begleichen. – 60 Millionen Tage. Nehmen wir an, bei voller Gesundheit, ohne einen einzigen Ferien- oder Feiertag abzuziehen, könnte ein Mensch 50 Jahre lang durcharbeiten, so ergibt das gerade einmal gut 18.000 Arbeitstage, und der Mann, von dem hier die Rede ist, müßte mehr als 20.000 Jahre leben, um auch nur annähernd seine Schuld begleichen zu können und noch dazu müßte er, was er in dieser Zeit verdient, restlos abführen, d.h. er dürfte nichts für seinen eigenen Lebensunterhalt verbrauchen. – Sie sehen, liebe Schwestern und Brüder, wie unmöglich die Situation dieses Mannes ist, wie absurd die Hoffnung, er könne sich jemals von seinen Schulden befreien.

Das sei unsere Situation! Wir seien dieser Mann! Wir seien genau so verschuldet wie er! Und deshalb gingen wir mitein-

* Predigt am 24. Sonntag im Jahreskreis A (18. September 2011), Kugelkirche Marburg. – Predigttext war Mt 18,21–35 (Das Gleichnis vom Schalksknecht). Als weitere Texte standen zur Verfügung: Sir 27,30–28,7; Röm 14,7–9.

ander um, wie jener Knecht es mit seinem Kollegen tue, der, verglichen mit dem, was er seinem Herrn schulde, bei ihm nur um ein Geringes in der Kreide stehe.

»Böse ist des Menschen Herz von Jugend an«, heißt es gleich auf den ersten Seiten der Bibel (Gen 8,21). – Wie kommt die Heilige Schrift darauf, unser Tun und Trachten in so dunklen Farben zu malen? Warum denkt sie so skeptisch vom Menschen?

Wahrscheinlich müssen wir bei unseren persönlichen Erfahrungen mit dem Bösen ansetzen, um das heutige Evangelium zu verstehen. *»Eigentlich will ich doch das Gute tun, aber ich tue das Böse«* – kennen Sie das?

Sie sind auf einer Abendgesellschaft eingeladen, man plaudert über dies und das, kommt auf einen bestimmten Menschen zu sprechen, der Mensch ist Ihnen bekannt, Sie haben sich sogar schon einmal mit ihm unterhalten, sie finden ihn sympathisch, aber die anderen reden in abschätziger Weise über ihn. Und obwohl Sie wissen »Es ist nicht gut, was da gerade geredet wird, es ist vermutlich sogar falsch«, stimmen Sie halberlei in das Gespräch ein, lachen mit, legen hier und da sogar noch ein bißchen was drauf, obgleich Ihnen nicht ganz wohl dabei ist. Wie schämt man sich anschließend, und doch – im Moment, da es nötig gewesen wäre, auf die Bremse zu treten, hat man sich mitreißen lassen. Lästern macht ja auch irgendwie Spaß, die Lust an der Häme, an der Aggression ist so befriedigend. Und so betreibe ich, ohne es recht zu wollen, das Spiel des Bösen. *»Video meliora proboque / deteriora sequor«* sagen dazu die Römer: »Ich sehe das Bessere und das Rechte, doch ich folge dem Schlechteren.«[268]

Warum tun wir das? Die Antwort darauf ist kompliziert. Wie leicht, geradezu kinderleicht ist es, den Lauf des Bösen zu verstärken (denn dazu genügt es schon, daß man nachgibt, mitspielt und nur weniges hinzutut), wieviel mühsamer hingegen, die Dynamik des Bösen aufzuhalten oder gar rückgängig zu machen, denn dazu müßte man alle guten Kräfte aufbieten und aktiven Widerstand leisten, jedoch wie oft erleben wir diese Kräfte als gelähmt, wir resignieren vorzeitig und lassen den Dingen ihren Lauf – mit allen fürchterlichen Konsequenzen.[269]

Aber damit nicht genug. Wie oft erleben wir uns als hineinverflochten in den Kreislauf des Bösen, wie oft geht das Häßliche mitten durch uns hindurch: Da scheint ein tragischer Schatten über unserm Leben zu liegen. Auf der einen Seite ist ein gewisses Maß an Selbstbehauptungswillen notwendig, wenn wir leben wollen; ohne eine Portion Aggressionsvermögen wären weder Leben noch Kultur denkbar. Wer von Ihnen kleine Kinder hat, erlebt das täglich: Wie stimulierend ist es für ein Kind, wenn es sieht, daß der ältere Bruder oder die ältere Schwester dies oder das schon kann: Endlich auch an den Lichtschalter heranzureichen! Ich will jetzt endlich selber meine Schnürsenkel zubinden können! Ich will auch lesen können! In all dem drückt sich ein Selbstbehauptungswille aus, der lebensnotwendig ist. Ohne solche Angriffslust (das Wort »Aggressivität« kommt vom lateinischen »aggredi«, an die Dinge herangehen) würde niemand dahin kommen, das Leben aus eigenen Kräften zu meistern.

Jedoch aber: Wie leicht schießen wir über das Ziel hinaus! Schon bei kleinen Kindern kann man das sehen: Dem jüngeren Bruder die Sandburg kaputtmachen – wie lustvoll das doch ist! Den anderen die eigene Überlegenheit spüren lassen – ach, ist das herrlich! Und plötzlich sieht man: Das Notwendige gleitet, ohne daß man sich dessen versehen hätte, ins Böse hinüber. Was ist das bloß mit uns? Ob es das gibt: diesen fatalen Hang zur Sünde?

Damit wir leben können, müssen wir uns behaupten; jedoch indem wir uns behaupten, verdrängen wir wie oft, gewollt, halbgewollt, unseren Nachbarn. Diese Mechanismen durchwirken alle Bereiche unseres Lebens. Es wäre interessant, einmal den Sport, dessen Bedeutung in unserer Gesellschaft kaum zu überschätzen ist, daraufhin zu untersuchen. Schauen Sie sich im Fernsehen das Jubelgeschrei der Tennisspieler oder Fußballer an, wenn sie über andere gewonnen haben: Die Mimik der »Siegerfresse« …

»O ich armseliger Mensch!«, schreibt Paulus in seinem Brief an die Gemeinde in Rom. »Ich begreife mein Handeln nicht: Ich tue nicht das, was ich will, sondern das, was ich hasse. Wer wird mich aus diesem dem Tode verfallenen Leib erretten?« (Röm 7,14–25)

Ich erinnere mich an eine Geschichte, die mir vor vielen Jahren ein Klassenkamerad erzählte: Er ging von der Schule mit einem Freund nach Hause. Unterwegs wollte dieser sich noch ein paar Süßigkeiten kaufen, er trug das Geld in der Faust, und als er die Treppen zu dem kleinen Büdchen, wo die Kinder ihre Schnuckereien erstehen, hinaufsteigen will, stolpert er, und das Geld fällt ihm hin. Mein Klassenkamerad hilft eifrig, die verstreuten Groschen aufzusammeln, aber auf die größte Münze, ein Fünfzigpfennigstück, hat er blitzschnell seinen Fuß gestellt, damit der andere sie nicht finde. Als er mir nach mehr als 20 Jahren als erwachsener Mann diese Begebenheit erzählte, war ihm die Scham noch anzumerken. Er sagte: *»Du kannst dir nicht vorstellen, wie elend ich mich fühlte. Ich wußte, das ist Diebstahl! Du beklaust gerade einen Freund! Aber ich konnte nicht anders. Ich war wie gelähmt. Ich behielt den Fuß auf dem silbernen Fünfziger, und als mein Kamerad die Suche schließlich aufgegeben hatte und in das Geschäft gegangen war, bückte ich mich blitzschnell, hob das Unterschlagene auf und ließ es in der Hosentasche verschwinden. Dort brannte es mir ein Loch in den Stoff. Später hatte ich nicht mehr den Mut, es zurückzugeben und warf das Geld schließlich weg in der Hoffnung, damit auch mein Vergehen wegzuwerfen.«*

Wie verworren ist doch unser Tun! Was mag der Grund dafür sein, daß wir uns oft so wenig im Griff haben? Ob das merkwürdige Wort von der »Erbsünde« uns hier weiterhelfen kann? Dieser im höchsten Maße mißverständliche Begriff versucht, eine Grunderfahrung begreiflich zu machen, die wie ein dunkler Faden unser ganzes Leben durchzieht: *Dadurch, daß ich bin, werfe ich Schatten!* Alles, was wir tun, ist immer schon gebrochen. Wie selten gelingt es uns, in wirklich selbstloser, unbefangener, aufrichtiger Weise Gutes zu tun, in absichtsloser Reinheit zu handeln. Noch das Gute, das wir tun, steht unter einem Schatten, weil wir nie wissen, welche Eigendynamik unser Handeln entwickelt; wir können nie sicher sein, ob das, was wir heute meinen gut zu tun, nicht morgen schon unabsehbare Folgen für andere hat.

Eben bei solchen Erfahrungen setzt unser heutiges Evangelium an. Verschuldete seien wir, und niemand habe die Kraft, an dieser Situation aus eigener Kraft etwas zu verbessern. – Ob ich zu schwarz male? Was meinen Sie? Man kann sich ja durchaus einmal die Frage stellen, nach welchen Prinzipien etwa unser Wirtschaftssystem funktioniert: Solidarität, Liebe, Zuneigung? Oder der Sport: Verzeihen, Erbarmen, Hilfsbereitschaft? Oder die Politik, die große wie die kleine: zuvorkommendes Vertrauen, Blick aufs große Gemeinsame, damit alle leben können, nicht nur meine Anhänger, die mich wählen? Oder schauen wir einfach nur auf unser eigenes kleines Gewurschtel tagaus tagein, das oft ja auch nicht besser ist …

Aber nehmen wir einmal an, dies sei tatsächlich die Grundsituation von uns Menschen: Niemand sei in der Lage, sich und sein Leben aus eigener Kraft zu rechtfertigen, und zwar schon deshalb nicht, weil wir die Landschaft unseres Lebens und Wirkens gar nicht überblicken; niemand könne verhindern, schuldig zu werden an sich und den anderen –: Ist dann erlöstes Leben überhaupt denkbar? Bedeutete der Richtspruch über unser Leben dann nicht achselzuckende Verdammnis?

Gertrud von Le Fort (die Älteren kennen vielleicht noch diesen Namen; sie war in der Nachkriegszeit eine vielgelesene Autorin, galt als Vertreterin des geistigen Widerstandes in der NS-Zeit) – Gertrud von Le Fort stellt sich in ihrem schriftstellerischen Werk genau dieser Problematik. In einem ihrer Romane (*»Der Papst aus dem Ghetto«*) findet sich ein bemerkenswerter Satz, der unsere Überlegungen präzise zusammenfaßt:

> Gerechtigkeit ist nur in der Hölle.
> Seligkeit gibt es nur im Himmel.
> Was uns auf Erden das Leben erhält, ist das Erbarmen.[270]

Wie wahr! Wie dunkel sähe unser Leben aus, wenn es kein Erbarmen gäbe, wenn wir alle unserer Entscheidungen, all unser Tun aus eigener Kraft rechtfertigen müßten! Das wäre die Hölle. Gnadenlose, kalte Macht, die uns vor Augen hielte: »Das war dein Leben! Das verantworte jetzt«.

Wir leben immer wieder neu vom Erbarmen, das andere mit uns haben. – Nichts anderes sagt uns das heutige Evangelium vom hoffnungslos verschuldeten Mann. Auch wenn wir aus dem Zirkel von Selbstbehauptung und Schuldigwerden nicht herauskommen (herausgekommen zu sein bedeutete, im beseligenden Zustand gnadenvoll gewährter Erlösung zu leben – im Himmel, wie der althergebrachte Ausdruck dafür lautet), so dürften wir doch Hoffnung haben, auf Erden schon Erbarmen zu finden vor den Augen Gottes – und hoffentlich auch unserer Mitmenschen.

Und noch ein Weiteres sagt uns das heutige Evangelium: Macht Euch die verworrenen Fatalitäten Eures Lebens bewußt! Ihr kommt zwar vielleicht nicht heraus aus den beschriebenen Zirkeln der Ohnmacht und der Selbstermächtigung; aber es hilft, sich die Mechanismen der Selbstrechtfertigung immer wieder vor Augen haltet. Es löst manche Verkrampfung, vor allem aber trägt es dazu bei, nicht immer wieder auf dasselbe Spiel hereinzufallen.

Leben bedeutet, schuldig zu werden. Um von der Schuld nicht erdrückt zu werden, bedürfen wir täglich neu des Erbarmens. Ob wir dann aber denen, die ihrerseits an uns schuldig geworden sind, nicht unsererseits dieses Erbarmen zugestehen werden – gerne, freigiebig und selbstverständlich?

24. Weltaufgang im Weltuntergang*

Am Ende des Kirchenjahres so recht ein Evangelium vom Weltende: *»In jenen Tagen, nach der großen Not, wird sich die Sonne verfinstern, und der Mond wird nicht mehr scheinen; und die Sterne werden vom Himmel fallen, und die Kräfte der Erde werden wanken. Dann wird man den Menschensohn mit großer Macht und Herrlichkeit auf den Wolken des Himmels kommen sehen ...«* (Mk 13,24f.)

Kann man sich vorstellen, daß die Vision vom Zusammenbruch des Himmels und der Erde (eine *kata-strophā* [καταστροφή], ein kosmischer Umsturz, ein *des-astrum* im wörtlichen Sinne) einmal Anlaß zu größter Hoffnung gab? Wahrscheinlich nur schwer. Unsere Lebenssituation ist derjenigen der Menschen der römischen Spätantike kaum vergleichbar. Ein Drittel der Bevölkerung waren Sklaven; ein weiteres Drittel waren besitzlose Plebejer, die von der öffentlichen Getreidezuteilung lebten; die Lebenserwartung dieser Leute lag im Durchschnitt unter 30 Jahren. Lediglich eine kleine Oberschicht konnte sich ein Leben in Wohlstand und Gesundheit leisten, wie es für den durchschnittlichen Mitteleuropäer der Spätmoderne selbstverständlich ist.[271]

Man wird die endzeitliche Haltung der frühen Christen (*»Dein Reich komme!«, »Eile, Herr Jesus! Maranatha«*) nur verste-

* 33. Sonntag/Lesejahr B: Mk 13,24–32 (15. November 2015) Kugelkirche St. Johannes, Marburg; Erster Advent/Lesejahr C: Lk 21,25–28.34–36 (28. November 2015) Burg Rothenfels – auch ein Requiem für Hans-Helmut Breidenbach († 13. November 2015). Die Gedanken beider Predigten wurden zusammen mit Überlegungen zu den Festen Allerheiligen und Allerseelen Anfang Januar 2016 in der Nachschrift zu einem einheitlichen Text zusammengeführt.

hen können, wenn man sich vor Augen hält, wie tief Menschen an dieser Welt gelitten haben und leiden. Wo man sich hingegen in der glücklichen Situation befindet, in einiger Rüstigkeit und freundlichem Wohlstand siebzig, achtzig, gar neunzig Jahre alt werden zu dürfen, das Leben auszuschöpfen bis zum Ende, um dann – vielleicht – auch noch auf den lieben Gott zu hoffen, da wird man mit unserem heutigen Evangelium nur wenig anfangen können. Wir erahnen kaum noch den existentiellen Ernst, mit welchem hier das menschliche Leben betrachtet wird.

Versuchen wir uns daher unserem Text einmal von einer anderen Seite her zu nähern: Was ist da eigentlich gemeint mit dem »Einsturz des Himmels« und der »Verfinsterung der Gestirne«?[272]

Nun, vordergründig wird uns hier der Untergang der Welt als ein kosmisches Drama vor Augen gestellt. Nur deshalb war es auch möglich, die endzeitlichen Visionen des Neuen Testaments in der Art auszulegen, als ob sie uns den Untergang der Welt *äußerlich*, womöglich mit konkreten Zeitangaben schildern wollten, wie fundamentalistische Bibelgruppen bis heute behaupten. Gegenüber solchen Szenarien bietet die Natur Anlaß weder zur Hoffnung noch zur Unruhe. Bereits unser kleiner Planet Erde hat noch eine Lebensdauer von mehreren Milliarden Jahren vor sich. Selbst wenn es der Menschheit gelänge, durch Unvernunft und Maßlosigkeit das Leben dieser Erde in den Untergang zu reißen, wäre die Geschichte unseres Planeten noch lange nicht zu Ende. Unsere eigene Spezies Mensch hat ihre Entwicklung, selbst wenn man in sehr hohen Zahlen rechnet, erst vor drei oder vier Millionen Jahren begonnen; solche Zeiträume sind ein Geringes in den Maßstäben der Naturgeschichte, gemessen gar an den Dimensionen seit dem Beginn des Weltalls mit seinen eintausend Milliarden Galaxien und seinen Milliarden mal Milliarden Sonnensystemen darin. Wir Menschen rechnen unsere

Geschichte in Jahrhunderten, höchstens in Jahrtausenden; das sind die Zeiträume, die wir uns gerade noch vorstellen können. *Die Natur* aber rechnet in Dimensionen, die unser menschliches Fragen nach Sinn und Hoffnung, Enttäuschung und Verzweiflung schlechterdings übersteigen.

Man sieht: Kein biblischer Text besitzt auch nur die geringste Ahnung von den wirklichen Geschehnissen beim Untergang unseres Planeten oder bei der Geburt einer neuen Sonne; und die für menschliche Lebensverhältnisse aberwitzigen Dimensionen eines Kosmos, der zwischen 13 und 14 Milliarden Lichtjahre Ausdehnung hat, lagen vollkommen außerhalb des biblischen Weltbildes. Alles Sprechen vom Ende der Welt in den apokalyptischen Texten des Frühjudentums und des Neuen Testaments ist daher *symbolisch* zu verstehen, als eine mytho-poietische Projektion menschlicher Ängste und Hoffnungen in die umgebende Natur; und die Fragen, die diese Bilder aufwerfen, sind, so verstanden, nicht, was in einer fernen Zukunft mit unserer Erde oder mit unserem Sonnensystem passieren wird, sondern wie menschliches Leben sich hier und heute zwischen Heil und Unheil gestalten kann. Es geht mit anderen Worten in unserem heutigen Evangelium nicht um das Ende des Kosmos, wohl aber geht es darum, sich zu fragen, was alles aufhören sollte und müßte, um ein Leben zu beginnen, das uns aufschauen läßt zu Gott und uns den verschütteten Möglichkeiten unseres Herzens näherbringt. Denn wie oft stehen wir uns selber im Weg! Wie oft verschatten wir uns und anderen unser bißchen Leben! Nur deshalb bricht Gottes Wahrheit wie ein fürchterlicher Weltuntergang in unsere Existenz ein. *Die eigentliche Perspektive unseres heutigen Evangeliums ist aber nicht Weltuntergang, sondern Weltaufgang!* Und so haben wir uns folgender Frage zu stellen: Was eigentlich geschieht, wenn einem Menschen im Lichte Gottes *aufgeht*, wer er wirklich ist und sein kann, wenn also die Verschattungen, Verhärtungen, Verdummungen, die Über- und Minderwertigkeitsgefühle und alle damit einhergehenden Selbstverkrümmungen samt Leiden, die ein Mensch sich und andern damit aufgebürdet hat, definitiv *untergehen*?

Ich stelle mir diese Frage nicht abstrakt. Sie stellt sich mir sehr konkret, seit ich vor ein paar Tagen die Nachricht vom Tod des Vaters einer mir sehr lieben Freundin erhalten habe. Plötzlich ist sie da, die Frage, was geschieht, wenn der Tod seine ungeheuer schweigende Leere errichtet, wenn im Sterben die Sterne unserer Ideale, mit denen wir den Himmel unserer Existenz drapiert hatten, verlöschen, wenn ein Mensch nackt und bloß in die fürchterliche, unsagbar-unsägliche Heiligkeit und Wahrheit des lebendigen Gottes hineinstürzt – wenn, mit einem Wort, *seine Welt* untergeht, damit ihm *Gottes Welt* aufgehen kann. Versuchen wir, uns an diese Frage so behutsam wie möglich heranzutasten; ich möchte dies in einem (für eine Predigt vielleicht etwas anstrengenden) Gedankengang von fünf Schritten samt einem kleinen Epilog tun, für den ich Sie nun um Ihre Bereitschaft zum kritischen Mithören bitte.

1. »Es ist ein Unterschied zwischen ›Anfang‹ und ›Anfang‹«: Ein paar wissenschaftstheoretische Überlegungen vorweg

Der jüdisch-christliche Glaube rechnet mit Gott als Urgrund aller Wirklichkeit. Urgrund aller Wirklichkeit ist, was zwar alles begründet, seinerseits aber nicht mehr begründet werden kann. Damit wird deutlich, daß Gott keine Tatsache der Welt ist. Tatsachen der Welt stehen immer in Werdezusammenhängen. Wer dagegen »Gott« sagt, meint nicht etwas Gewordenes. Deshalb ist Gott auch kein Gegenstand der empirischen Naturwissenschaften. Die Naturwissenschaften beschäftigen sich mit den Tatsachen der Welt. Sie erklären *ein* endliches Faktum durch ein *anderes* endliches Faktum und dieses wiederum durch weitere endliche Fakten; sie verbleiben dabei stets im Zusammenhang der empirisch beschreibbaren Welt. Warum es überhaupt Welt gibt und nicht vielmehr nichts, darüber müssen sie uns die Antwort schuldig bleiben. Andernfalls betrieben sie nicht Physik, sondern Metaphysik. Mit gutem Grund beginnt die Heilige Schrift mit den Worten: »Im Anfang schuf Gott Himmel und Erde«, lateinisch: *»In principio creavit Deus coelum et terram«.* (Gen 1,1) *»In principio«* steht da, und nicht *»in initio«.* Ein »initium« ist ein zeitlicher Anfang, physikalisch errechenbar wie etwa der »Urknall«. Dagegen meint »principium« den Ursprung von allem, was ist. »Principium« ist ein metaphysischer Begriff, »initium« ein physikalischer. Beide Begriffe liegen logisch auf völlig verschiedenen Ebenen. Wehe, man beginnt diese Ebenen zu verwechseln oder zu vermischen, dann meint man, als Theologe der bessere Astrophysiker oder als Astrophysiker der bessere Metaphysiker zu sein – peinlich-vergebliche Versuche!

Gleichwohl berühren sich beide Ebenen auf der wissenschaftstheoretischen Ebene. Deswegen kann Ludwig Wittgenstein, einer der Gründerväter der Analytischen Philosophie, notieren: *»An einen Gott glauben heißt sehen, daß es mit den Tatsachen der Welt noch nicht abgetan ist.«*[273] Wittgenstein, obwohl den Naturwissenschaften eng verbunden, wußte, daß Gott keine Tatsache der Welt ist. Auch die Heilige Schrift weiß darum. *»Die Himmel und die Himmel der Himmel können dich nicht fassen«*, heißt es etwa im Alten Testament (1Kön 8,27). Ähnlich formuliert Anselm von Canterbury: *»Gott ist größer als alles, was gedacht werden kann.«*[274] Gott übersteigt schlechterdings alles. Er ist von allem Geschöpflichen radikal unterschieden. Und doch ist zugleich alles, was ist, radikal auf Gott bezogen: Gott ist *in* allem Geschöpflichen gegenwärtig: *»In ihm leben wir, bewegen wir uns und sind wir«*, sagt Paulus in seine Rede auf dem Areopag (Apg 17,28). Als derjenige, der größer ist als alles, durchdringt und umfängt Gott alles – und zwar notwendig. Denn wenn Gott von der Welt einfach nur unterschieden wäre, wäre er von ihr ja wieder begrenzt. Deswegen kann man nur auf paradoxe Weise sagen: Alles ist *in* Gott, und doch ist Gott zugleich *jenseits* von allem. An Gott glauben heißt demnach zu sehen, daß alles Gewordene ein Ungewordenes und insofern Unvergängliches voraussetzt, aus dem alles ist und in das alles zurückkehrt – mit andern Worten: in dem alles aufgehoben und zuletzt bewahrt bleibt.[275]

2. »Mein Gott, wie groß bist Du!« (Ps 8,1.10)
Personalität Gottes als Meta- bzw. Transpersonalität

Der biblische Glaube behauptet nun aber noch ein weiteres: Wenn Gott der Urgrund von schlechterdings allem ist, also der Urgrund nicht nur der unbewußten Materie, sondern auch der Urgrund des seiner selbst bewußten Menschen, dann kann man zwar sicherlich nicht sagen, daß Gott subjekthafte Person in der Art sei, wie wir gegeneinander abgegrenzte Subjekte und Personen sind. Wohl aber wird man sagen dürfen und müssen, daß Er die Qualität des Personalen in sich trägt, und zwar in eminenter Weise, sonst könnte er nicht Urgrund von personalen Wesen sein. Gott kann also nicht weniger als personal sein, man wird ihn eher als »überpersonal« denken müssen, »sur-personnel«, wie Teilhard de Chardin einmal formulierte[276], »Meta-Person«, sagt Paul Tillich.[277] Ein unfaßliches »Ich bin da«, ein unauslotbar-abgründiges »Ich bin«, wie die biblische Mose-Erzählung vom Brennenden Dornbusch (Ex 3) es uns vor Augen stellt. Dieses abgründige »Ich bin da« kann Adressat nicht nur unserer Klagen und Bitten sein, sondern auch unseres Jubels und Dankes – und insofern Grund einer kühnen Hoffnung für alle. Kleiner von Gott zu denken hieße, nicht auf Gott hin, sondern von ihm weg zu denken.

Das aber bedeutet: Wenn Gott als meta-personaler Urgrund aller Wirklichkeit unsere Wirklichkeit durchdringt und unterfängt, ohne doch identisch zu sein mit ihr, dann geschieht unser Leben immer schon *in* Gott. »In allem ist dein unvergänglicher Geist«, sagt die Heilige Schrift. (Weish 12,1) Keinen Atemzug lang können wir aus Gottes Wirklichkeit herausfallen, sie umgibt und trägt uns in jeder Sekunde unseres Lebens, ob wir uns dessen bewußt sind oder nicht. Zugleich aber steht Gott uns gegenüber; wir sind *in* ihm, ohne doch Teil von ihm zu sein, weswegen wir ihn zugleich als ein personal-überpersonales »Du« ansprechen können: *»Vater unser im Himmel ...«*

3. »Wo immer ich bin, Du erkennst meine Gedanken von ferne, aber erkenne ich sie dann auch noch?« (vgl. Ps 139,2ff.) – Zur Frage nach einer postmortalen Selbstpräsenz menschlichen Geistes

Damit ergibt sich nun aber folgendes Problem: Wenn alle Natur (und wir Menschen sind Teil der Natur), wenn alle Materie (und auch unser Leib ist Materie) getragen und umfangen ist von Gott, dann können wir zwar nie aus Gottes Wirklichkeit herausfallen; auch wenn wir sterben, fallen wir nicht aus Gott heraus, noch unser Sterben geschieht *in* Gott – aber, und das ist jetzt die große Frage: Können wir uns dieses Getragenseins von Gott dann noch bewußt sein? Können wir den dreifaltig-einen, personal-überpersonalen Grund aller Wirklichkeit auch in unserem Sterben und jenseits unseres Sterbens noch ansprechen und erfahren als ein, vermittelt durch den ewigen Logos, uns gegenüberstehendes Du: *»Vater unser im Himmel«*?

Die Probleme, die hier auftauchen, sind in der Tat massiv. Denn daß Wahrnehmung, Empfindung und Bewußtsein (und also auch unser menschliches Gottesbewußtsein) nicht ohne unser Gehirn stattfinden, scheint ausgemacht. Menschlicher Geist, so die Neurophysiologie, ist notwendig an ein materiales Trägersubstrat gebunden. Können wir in unserem Sterben und über den Zeitpunkt unseres Sterbens hinaus uns dann aber noch Gottes erinnern? Können wir wahrnehmen, daß Er sich unser erinnert, uns wahrnimmt und anspricht? Wir geraten hier vor folgende elementare Frage: Ist es denkbar, daß eine menschliche Person aufhören kann, einen physischen Leib zu haben, ohne aufzuhören, als identische Person zu existieren? Für eine Naturwissenschaft ist das eine absurde Frage. Sie kann gar nicht anders, als innerhalb ihrer Wissenschaftsparameter Geist auf Materialität wenn schon nicht einlinig zurückzuführen, so doch wenigstens unauflöslich an sie gebunden zu denken. Kognitive, seelische, emotionale Prozesse des Menschen werden mit Hirnaktivitäten korreliert, und wo auf dem Elektroenzephalogramm die Hirnströme nicht mehr zu verzeichnen sind, vielmehr die berühmte »Nullinie« erscheint, ist ausgemacht, daß auch das Bewußtsein des soeben verstorbenen Menschen erloschen ist. Was aber, wenn man diese eindeutige Korrelation infrage stellt? Wenn man vielmehr davon ausgeht, daß unser Geist, so wie wir ihn kennen, sich zwar in *diesem* Leben leiblich materialisiert, er aber, da aus Gott geboren und von Ihm getragen, seine eigentliche und wirkliche »Trägersubstanz« nicht im Materiellen, sondern im Geistigen, nämlich in Gott hat? Ob sich dann nicht alles noch einmal ganz anders darstellen könnte?

Ich sagte es schon: Für gewöhnlich meinen wir, mit dem Erlöschen unserer Hirnfunktionen im Moment des Sterbens erlösche auch unser Geist, und damit erlösche uns die Welt, denn nur vermittels unseres leibgebundenen Bewußtseins existiere für uns, was wir »Welt« nennen. Was aber, wenn, was wir »Welt« nennen, nicht hervorgegangen ist aus Materie, sondern Materie und damit Welt aus Geist? Was, wenn nicht zu gelten hätte »Im Anfang war die Materie«, sondern »Im Anfang war das Wort«

(Joh 1,1), »Im Anfang war und ist und bleibt Gott«?[278] Könnte sich dann nicht alles ganz anders darstellen? In unserem Sterben ginge uns die Welt nicht unter, sondern sie ginge uns in ihrer ganzen erschreckend-beseligenden Fülle überhaupt erst auf, denn wir gerieten – weil in intimste Beziehung zu Gott als dem Urgrund allen Seins geratend – zum ersten Mal in Beziehung zu allem, was ist. Was ist der Grund für solche spekulativen Überlegungen?

4. »Aufgesprengt auf das Ganze der Wirklichkeit ...«: Sterben als Allkosmisch-Werden des menschlichen Geistes

Nun, er liegt in folgender Beobachtung: So sehr Sinne und Verstand uns einen Zugang zur Welt eröffnen, so sehr beengen und begrenzen sie auch unsere Einsicht in die Dinge. Unsere Augen und unser Gehör, Tastsinn, Geruch und Geschmack, unser ganzes Verstehen und Begreifen lassen uns die Totalität der Wirklichkeit immer nur perspektivisch erfassen – mehr noch, unser Leib, dieses Medium, vermittels dessen wir Zugang haben zur Welt, verfremdet, verdunkelt und verschließt uns immer auch die Welt in ihrer Wahrheit. Von daher legt sich folgender Gedanke nahe: Wenn ein wirkliches Rühren an die Wahrheit der Dinge nicht vor allem ein kognitiv-begrifflicher Vorgang ist, sondern vielmehr ein hellsichtiges, alle Sinnes-, Seelen- und Geistesvermögen einbeziehendes und verwandelndes *Erkennen* im biblischen Vollsinn des Wortes (vgl. Joh 17,3), dann bedeutet das Ereignis wirklichen Erkennens immer auch eine im Wortsinn *kata-strophale* Weitung der spröden Enge unsres kleinen Ichs, dann bedeutet Erkennen – Sterben (Sterben freilich nicht in einem finalen Sinn verstanden, sondern in einem verwandelnden, transitorischen, metamorphotischen Sinn). Trifft diese Überlegung den möglichen Sachverhalt, dann liegt es nahe, folgendem Gedanken nachzusinnen:

Wenn unser Sterben sich nicht vor allem als ein Erlöschen unseres Geistes vollzieht, wie wir immer meinen und befürchten, sondern gerade umgekehrt unsere leiblichen Sinnes- und Geistesvermögen im Vorgang des Sterbens aufgesprengt werden auf das Ganze der Wirklichkeit hin, dann müßte man (wie Karl Rahner dies einmal getan hat) von einem »Allkosmisch-Werden« der menschlichen Geistseele sprechen, von einer »größeren Nähe«, einem innigeren, »tieferen und umfassenderen Sichöffnen« auf jenen »schwer faßlichen, aber doch sehr realen Grund der Einheit der Welt, in dem alle Dinge der Welt zusammengebunden sind«.[279] In solcher Rede artikuliert sich (stammelnd, stotternd, tastend) die Überzeugung, daß wir in unserem Sterben geweitet werden, daß wir – da wir (in einem wörtlichen Sinne zu-Grunde-gehend) an den göttlichen Grund aller Dinge rühren – in Beziehung geraten zu allem, was ist. Natürlich ist ein solcher Vorgang immer auch schmerzhaft, so wie es schmerzhaft ist für den jungen Schmetterling, die hart gewordene Verpuppung aufzusprengen, um endlich ans Licht zu gelangen. Und doch: Würden wir an den vertrauten Hüllen unserer irdischen Larvenexistenz festhalten, würden sie uns nicht genommen, weil geweitet, wir könnten niemals des mild-glühenden Aufgangs göttlicher Erkenntnis teilhaftig werden, jenes Lichtes, von dem Paulus sagt, daß wir in ihm einander »erkennen von Angesicht zu Angesicht«, so wie wir in ihm »ganz und gar erkannt sind« von Gott (1Kor 13,13).

5. »Dann werde ich durch und durch erkennen, so wie auch ich durch und durch erkannt sein werde« (1Kor 13,12): Reinigendes Gericht, beglückende Begegnung, Versöhnung dort und hier

Damit geraten wir vor eine fünfte und letzte Überlegung – sie führt uns zurück zu unserem heutigen Evangelium: Was bedeutet es nun genau, in diesem Zusammenhang von »erkennen«

zu sprechen? Ist es ein nur beseligendes Erkennen? Hat es nicht womöglich auch etwas Erschreckendes an sich, im Lichte Gottes zu sehen, wer ich ein Leben lang gewesen bin? Und ist mit jenem erschreckenden Erkennen nicht gemeint, was das alte, belastete, in unseren Kirchen deshalb kaum noch zu hörende Wort vom »Gericht« meint, von dem uns doch gerade die Endzeitevangelien am Ende des Kirchenjahres erzählen?

Auch hier zunächst wieder ein paar Vorüberlegungen, angestellt von einem Zeitgenossen, der kaum im Verdacht steht, religiös oder kirchlich *pro domo* zu sprechen: vom Schriftsteller Max Frisch. In seinen Tagebüchern hat Max Frisch »Fragebögen« zusammengestellt – man kann sie als eine Art säkulare Beichtspiegel nehmen. Im ersten dieser Fragebögen stellt er folgende Überlegung an: *Gesetzt den Fall, es gibt ein Leben über den Tod hinaus: »Wen, der tot ist, möchten Sie wiedersehen? Wen hingegen nicht?«*[280] Und im letzten der Fragebögen heißt es: *»Wenn Sie an ein Reich der Toten [...] glauben: beruhigt Sie die Vorstellung, daß wir uns alle wiedersehen auf Ewigkeit, oder haben Sie deshalb Angst vor dem Tod?«*[281] Beide Fragen insinuieren auf feinfühlige und ironische Weise eine Skepsis gegenüber der eigenen Biographie:

> Wem mag ich im Laufe meines Lebens wohl zum Segen geworden sein? Und wem zum Fluch?
>
> Wer wäre mir, wem wäre ich besser nie begegnet?
>
> Ob es reine Freude ist, mit der eigenen Lebensgeschichte noch einmal konfrontiert zu werden? Ob es da nicht immer auch viel Abgebrochenes, Unerlöstes, Peinliches, schamvoll Verschwiegenes gibt – und zuletzt eben auch handfeste Schuld an mir und den anderen?
>
> Aber auch das Umgekehrte gilt: Nicht nur bin ich mir und anderen, nicht nur sind andere sich und mir manches schuldig geblieben – auch das Leben blieb mir und ihnen viel schuldig, und sei es nur durch ungünstige genetische Prädisposition, einen schwierigen Charakter oder schlichtweg durch Krankheit, Mißgestalt oder Behinderung vielfältigster Art. – Ob nicht im Gericht auch dies alles zur Sprache kommen müßte?

Sie werden mir glauben, liebe Schwestern und Brüder, daß ich solche Fragen nicht stelle, um (hoffentlich) hinter uns liegende Ängste wiederzubeleben, die in früheren Generationen nicht selten durch aggressive Höllen- und Fegfeuerpredigten geschürt wurden. Ich stelle sie um der Wahrheit unseres Lebens willen. Denn wie soll man versöhnt mit der eigenen Geschichte leben, wie mit der der anderen, wenn nicht definitiv, d. h. erlösend zur Sprache gekommen wäre, was unser Leben belastet und womit wir andere belastet haben? (Die Ahnung, daß Gottes Gericht sich nicht im Erschreckenden erschöpft, sondern geradezu »ein Licht für die Welt« sein könnte, wie es bei Jesaja 26,9 heißt, ist uns ja ganz abhanden gekommen.) Auf genau diese Zusammenhänge zielt das lateinische Wort »Purgatorium« ab (»purgatoire« im Französischen, »purgatory« im Englischen, viel bessere Worte als das deutsche »Fegefeuer«). »Purgatorium« meint Reinigung oder Läuterung, meint im Licht der läuternden Auf-Richtung Gottes *mit einem Mal* (*uno ictu* / ἐξαίφνης) zu sehen, wer ich wirklich bin und sein darf (und nicht nur, als wer ich mich selber gerne sehe, sähe oder meinte, sehen zu müssen). Ein solches Erkennen der eigenen Lebensgeschichte hat einerseits – ich sagte es – etwas Erschreckendes an sich (wer sieht schon gerne, wer er wirklich ist). Womöglich hat es aber auch etwas tief Tröstliches. Erinnern Sie sich nur an die große Gerichtsszene im 25. Kapitel des Matthäusevangeliums, wo der Richterkönig Christus den zu Gott hin Eingeladenen erklären muß, was sie in ihrem Leben alles an Gutem getan hatten: *»Denn ich war durstig, und ihr habt mir zu trinken gegeben. Ich war hungrig, und ihr habt mir zu essen gegeben. Ich war krank, und ihr habt mich gepflegt. Ich war im Gefängnis, und ihr habt mich besucht«* – und die zum Gastmahl Eingeladenen können sich gar nicht erinnern, jemals in ihrem Leben Christus begegnet zu sein, und so muß er ihnen zu ihrem eigenen Erstaunen erklären, daß sie ihm überall dort begegnet waren, wo sie in selbstvergessener Güte einem Menschen solches taten (Mt 25,31–46). Wie viele Wohltaten mögen wir im Laufe unseres Lebens getan haben, wie viele freundliche Worte gesprochen, wie viele trostreiche Gesten, und ein anderer konnte leben, und wir erinnern uns (Gottseidank, möchte man fast sagen) nicht mehr daran.

Ob man diesen Gedanken nicht noch weiter ausmalen müßte? Wenn wir schon in diesem Leben Schicksal füreinander spielen, und wir erinnern uns nicht daran –: Könnte es dann nicht sein, daß auch das Purgatorium, das uns allen im Moment unseres Sterbens bevorsteht, Auswirkung hat für jene, denen wir auf diese oder jene Weise verbunden sind? Was will ich damit sagen?

Nun, wo immer die Verhärtungen und Verdummungen eines Menschen, dem wir verbunden sind, im Licht der auf-richtenden Wahrheit Gottes geläutert und geheilt sind, da ist auch etwas von unser eigenen Lebensgeschichte heilsam geläutert und ins Helle auf-gerichtet. Und heilt das nicht auch uns? Es ist ja so: zuletzt müssen immer andere für meine Sünden büßen. Unsere Lebensgeschichte ist mit der unserer Mitmenschen (unserer Eltern und Großeltern, den unzähligen Generationen vor uns, aber auch mit der unserer Freunde und Feinde, Nachbarn und Kollegen, mit der unserer Kinder und Enkel) auf vielfältige Weise verflochten. Wenn aber Gott einen Menschen, an den wir auf glückliche, vielleicht aber auch schmerzliche Weise gebunden sind, heilt: Ist dann nicht auch etwas von uns ins Heilsame gerückt? Und ob wir dann nicht vielleicht fröhlicher leben können, aber auch strenger, konsequenter, mit gutem Schwergewicht in unserem Alltag?

Die in Vergessenheit geratene Beichtpraxis vor den Festen Allerheiligen und Allerseelen zielte auf solche Zusammenhänge ab. Die Älteren werden sich erinnern: Noch vor vierzig, fünfzig Jahren wurde an keinen anderen Tagen im Jahr so intensiv gebeichtet wie vor Allerseelen und Allerheiligen. Dahinter stand, meist unausgesprochen, das Fühlwissen, daß man sich versöhnen müsse mit der eigenen Lebensgeschichte. Mit der eigenen Lebensgeschichte versöhnt zu leben, bedeutet aber immer, zu heilen, was ich anderen und was andere mir getan haben. Nun ist es aber so, daß ich viele meiner Verfehlungen gar nicht mehr gut machen kann, einfach deswegen, weil der Mensch, an dem ich mich verfehlt habe, meinen Gesichtskreis verlassen hat. Was dann? Wäre es hier nicht ein tröstlicher Gedanke, darauf hoffen zu dürfen, ein anderer werde für mich in die Bresche springen und heilen, was mir selber verschlossen ist? Aus dieser Hoffnung heraus, daß Menschen füreinander eintreten können auch über den Tod hinaus, ist ja die große Vorstellung erwachsen, die Lebenden könnten ausgleichen, was ihre Verstorbenen anderen schuldig geblieben seien, wir, die Lebenden, könnten die Sünden der Generationen vor uns heilen. Meine Rede (Sie merken es schon) zielt auf den »Ablaß«, eine Frömmigkeitspraxis, die nichts anderes thematisiert als das Wissen, daß wir Menschen durch die Generationen und Jahrhunderte hindurch miteinander verbunden sind.

Nur ein knappes Beispiel: Da hat ein Vater seinen Sohn fürchterlich drangsaliert. Jetzt ist er tot. Nach Jahren hat der Junge das Glück, die Liebe einer Frau kennenzulernen, die so stark und uneigennützig ist, daß die Wunden, die der Alte ihm schlug, langsam heilen. Ist damit in gewisser Weise nicht auch die Schuld des Alten getilgt? Nichts anderes, so scheint mir, steht dem christlichen Glauben vor Augen, wenn er behauptet, es gäbe eigentlich gar keine Trennung zwischen »hier« und »dort«, »jetzt« und »dann«, weil die Gegenwart Gottes alles umschließt: Vergangenheit und Zukunft fallen in Gottes Augen ineins, weswegen in Gott auch Liebe und Gerechtigkeit ineins fallen. Denn Gottes Gerechtigkeit ist nicht die der Paragraphen, sondern der Liebe. Diese allein gilt! Und indem wir sie uns zu eigen machen, lassen wir andere an ihr teilhaben – und so können auch die Wunden heilen, welche jene schlugen, die vor uns gelebt haben. Denn zuletzt ist es allein die Liebe, die uns leben läßt. Und so brauchen wir um unsere Verstorbenen nicht zu bangen, weil ihre Liebe zu uns (da im ewigen Gedächtnis Gottes aufbewahrt) nicht vergeht, ihre Schulden aber geheilt werden können von Ihm. Und deshalb brauchen wir zuletzt auch um uns selber nicht zu bangen angesichts der vor uns liegenden Stunde, da auch uns *im Untergang unserer Welt die Welt Gottes aufgehen* wird.

* * *

Epilog

Vielleicht, daß der eine oder andere unter Ihnen jetzt denkt: »Na ja… Schöne Gedanken. Aber welchen Realitätsgehalt haben sie? Ausdenken kann man sich viel.«

Das stimmt natürlich. Und doch steht eines fest: Ohne Gottes erbarmende Gerechtigkeit gibt es keine Heilung der Vergangenheit (eine fürchterliche Vorstellung). So wie es ohne Phantasie ja auch keine Realität gibt. Der Mensch lebt nicht vom Brot allein, sondern von den großen Erzählungen, Mythen, Symbolen, die uns Dichtung, Kunst und Religion überliefern. Nebenbei bemerkt, ist ja auch eine Naturwissenschaft, die sich zum szientifischen Materialismus aufspreizt und deshalb behauptet, mit dem Tode sei »alles aus«, keine Wissenschaft, sondern Mythologie, wenngleich eine – gegenüber der Bilderwelt von Bibel und Religion – außerordentlich deprimierende Anti-Mythologie.

Wie groß dagegen gelingende Mythologie sein kann, das habe ich vor einem Jahr hier in Marburg im Kino erfahren: *»Mister May oder das Flüstern der Ewigkeit«*[282] – ein Film, der sich mit unserem Nachdenken über Sterben und Gericht befaßt und den man traurig und tief getröstet zugleich verläßt, denn er zeichnet das Porträt eines Mannes mit reinem Herzen. Ich möchte Ihnen diesen Film zum Ende meiner Predigt knapp erzählen, um meine eher trockenen Überlegungen ins volle Leben rückzuübersetzen.

Mister May – ein Mann undefinierbaren Alters, vielleicht so um die 50 – ist in der Kommunalverwaltung des Londoner Stadtbezirks Kennington zuständig für Verstorbene ohne erkennbare Angehörige. Er muß die letzten Angelegenheiten regeln und steht gelegentlich sogar vor der Aufgabe, herauszufinden, wer ein unbekannter Toter im Leben überhaupt gewesen ist. Und so durchforscht er die Biographien jener anonym gebliebenen Menschen, bemüht sich, allfällige Bekannte und Freunde aufzufinden, schreibt den Pfarrern, Priestern, Popen und Rabbinern, die die Beerdigungen vorzunehmen haben, die Predigten, deren einziger Zuhörer er selber dann meist ist. Das Leben dieses merkwürdig peniblen Mannes ist einsam, so wie das Leben jener, deren Beerdigung er vorbereitet und durchführt. Er hat keine Frau, keine Kinder, keine Freunde, nicht einmal ein Haustier. Aber eine Familie hat er doch. Wenn er eine Akte endgültig schließt, entnimmt er ihr eines der aus Recherchegründen aus den Hinterlassenschaften der Toten herausgesuchten Fotos. Das trägt er dann nach Hause und klebt es in ein Album ein, in dem jeder der von ihm Verabschiedeten vertreten ist. Abend für Abend blättert er dieses Album auf und schaut sich »seine« Verstorbenen an. In seinen dreißig Dienstjahren hat Mister May über 1000 Menschen beerdigt, Junkies, Obdachlose, Vereinsamte. Mit ihnen lebt er.

Dann aber kommt es zu einer für ihn persönlichen Katastrophe. Der neue Dienstleiter seiner Abteilung, jung, forsch, effizient, schickt ihn in den vorzeitigen Ruhestand, die Arbeit von Mister May ist einfach zu aufwendig, zu teuer, zu nutzlos. Seinen letzten Fall darf er noch zum Abschluß bringen: einen gewissen Billy Stoke, dessen Schicksal ihn besonders berührt, weil dieser Mann in seiner unmittelbaren Nachbarschaft gelebt hat, ohne daß er je von dessen Existenz gewußt hätte, und der einsam gestorben ist – nicht zuletzt, weil dieser Billy Stoke ein übler Bursche war, gewalttätig, Alkoholiker, menschlich wenig sympathisch. Die letzte Woche seiner Dienstzeit, die Mister May verbleibt, ist ausgefüllt mit intensiver Recherche über das Leben jenes Mannes; er spürt einige von dessen ehemaligen Arbeitskollegen auf, erfährt, daß Billy Stoke eine Tochter hat, deren Aufenthaltsort er herausfindet. Er besucht die Tochter, eine junge Frau, läßt sich deren tragische Lebensgeschichte erzählen, kommt ihr dadurch näher, man ahnt: da beginnt leise eine zarte Liebesgeschichte – der Film, der bis dahin in eher blassen Grautönen gehalten ist, gewinnt behutsam an Farbe; Mister May trägt, statt seines ewig steifen Anzugs mit schwarzer Krawatte, erstmals einen Pullover über einem offenen Hemd, über das ernste Gesicht huscht hier und da ein zaghaftes Lächeln.

Dann kommt der Tag der Beerdigung von Billy Stoke, und siehe: Da hat sich tatsächlich eine respektable Beerdigungsgesellschaft eingefunden aus ziemlich skurrilen Leuten – nur einer fehlt: Mister May. Was ist passiert? Es ist das beginnende Leben, das Mister May das Leben kostet. Denn jener penible, zwanghafte Mann, der selbst bei grüner Fußgängerampel immer noch zweimal nach links und rechts schaut, ob da nur ja auch kein Auto komme, hat zum erstenmal begonnen, dem Leben zwanglos gegenüberzutreten. Und so unterläßt er seine zwanghaften Vorsichtsmaßnahmen und wird – von einem Auto überfahren. Und während auf dem Londoner Stadtteilfriedhof Kennington eine lustige Beerdigungsgesellschaft einen nichtsnutzigen Billy Stoke zu Grabe trägt, sieht man einen Leichenwagen vorüberfahren, in dem der tote Mister May liegt, dessen Leichnam jetzt anonym bestattet wird: rasch, kostengünstig, effizient.

Sie werden sich vorstellen können, liebe Schwestern und Brüder, wie deprimiert man als Zuschauer im Kinosaal ist. Aber dann kommt es zur Schlußszene des Films, und da bleibt kein Auge trocken. Die Beerdigungsgesellschaft von Billy Stoke zerstreut sich, plaudernd, scherzend oder auch nachdenklich. Die Kamera zieht in die Totale, das anonyme Grab von Mister May wird sichtbar, zunächst passiert nichts, zehn, fünfzehn Sekunden lang – dann aber tauchen da plötzlich Menschen auf: erst drei, dann fünf, dann zwölf, dann achtzehn, dann dreißig, dann hundert und am Schluß bald tausend. Und irgendwoher kennt man diese Menschen, man hat sie im Laufe des Films alle schon einmal gesehen. Es sind die anonymen Toten, die Mister May im Laufe seines langen Lebens beerdigt hat, deren Fotos in seinem »Familienalbum« zu sehen waren, und die nun kommen, um ihn, den guten Menschen von Kennington, in der Ewigkeit Gottes als einen der Ihren zu begrüßen.

Nicht Handeln. Heulen.*

Ein Ostermanifest von Frau Auge

Denkschriften. Kirchenkreissitzungen. Kirchenvorstandssitzungen. Ausschüsse. Umstrukturierungen. Erstgottesdienste. Zweitgottesdienste. (Gibt es eigentlich auch Drittgottesdienste?) Besuche. Gruppen. Kreise. Fundraisingteams. Altbischöfe, die auf Twitter verlautbaren, wie gefährlich Twitter ist. Jung-PR-Strategen, die lautstark wissen, wie die Kirche zu retten sei. Zielvereinbarungen. Qualitätssicherung. Qualitätssteigerung. Orgelrenovierungen. Substanzerhaltungsrücklagen. Gemeindebriefe. Sprechakte zu jeder, aber auch jeder Gelegenheit. Datenschutzverordnungen. Protokolle. Protokolle. Protokolle. Statistiken. Erhebungen. Ergebungen. Projekte. Flyer.

Hat unaufhörliches Handeln unsere Erwartungen auf eine Kirche erfüllt, die dem Reich Gottes näher kommt?
Nein!
Hat unaufhörliches Handeln uns frömmer gemacht?
Nein!
Hat unaufhörliches Handeln…
Ach egal.
Nein!

Wir fordern deshalb:
Weniger Handeln. Mehr Heulen.

* https://frauauge.blogspot.com/2019/04/nicht-handeln-sondern-heulen-ein.html?view=timeslide (aufgerufen am 14. April 2019). – Hinter dem Pseudonym »Frau Auge« verbirgt sich Birgit Mattausch, Pastorin der Württembergischen Landeskirche.

Wir fordern weiter:
Nicht Handeln! Sondern Heulen!
Wir fordern und werden mit gutem Beispiel vorangehen:

1. Bed-Ins für alle

Mindestens einen Tag in der Woche verbringen wir im Bett. Wir vermeiden dort absolut alles, was nützlich sein könnte. Wir reden, lesen, schauen Netflix. Wir lackieren unsere Fingernägel, schreiben Gedichte, trinken Kaffee, essen Nudeln mit Butter und Parmesan, beten. Wir öffnen das Fenster und belauschen die Vögel und die Nachbarn. Wir widmen uns den wirklich wichtigen Fragen: Wie riecht Basilikum, wenn man es gießt? Ist noch Sekt da? Gibt es eine Stelle an meinem Körper, die du heute noch unbedingt küssen solltest? Wieviele Wörter passen in ein Wunder?

Einmal im Jahr mieten wir uns in ein Hotel oder Tagungshaus ein. Dort verbringen wir eine Woche in den Betten. Wir lassen die Zimmertüren auf und rufen einander unsere liebsten Songtitel zu. Längere Botschaften schicken wir uns mit Schildkröten, denen wir Zettel auf den Panzer kleben.

Was mich zu 2. bringt:

2. Dienstschildkröten jetzt!

Die Schildkröte ist das Begleittier der Flaneurinnen und der Schlafwandler. Wir fordern, nie mehr ohne Schildkröte das Haus zu verlassen.

Die Schildkröten führen wir an goldenen Leinen. Wir passen uns ihrem Tempo an. Auf diese Weise sehen wir, was wir sonst nie sahen: Die Hände der Frau, die das Treppenhaus putzt (sie stecken in gelben Plastikhandschuhen), draußen die Zigarettenkippen mit Lippenstiftresten am Filter in der Ritze zwischen den Betonplatten, darauf Blütenblätter (vermutlich von Schlehen).

Wir sehen zerlaufene Wimperntusche, verlorene Liebe, ein Kind. Wir sehen Hunde, Haarspangen, Birkenschösslinge, Gott. Seinen Schatten auf der Hauswand für einen Moment.

Wir fühlen die aus den Bäckereien und Drogeriemärkten dringende Wärme auf der einen Wange und den Wind auf der anderen.

In Begleitung der Schildkröten sind wir so langsam, daß wir auch noch das Flüstern der Geschichte hören, die nie erzählt wurde. »Das gibt einen Begriff des Flanierens in den Passagen.« (Walter Benjamin)

Nicht handeln, sondern heulen.

Wir fordern

3. und letztens:

Es muß mehr geheult werden!

Auch hier gehen wir mit gutem Beispiel voran:

Wir schneiden Zwiebeln und schauen *Pretty Woman*, *Dirty Dancing* und *Queer Eye*.

Wir glauben fest, daß Paulus recht hat und Gottes Kraft in den Schwachen mächtig ist. Deshalb erzählen wir, was unsere größte Angst ist und wer unsere größte Liebe. Wir reden nichts mehr schön und wir brauchen viele Taschentücher. Weil die Liebe weh tut, der Tod nach uns und unseren Freunden greift. Und auch das beste Atmen und die größte Achtsamkeit nichts hilft, wenn der Krieg immer noch zurückkehrt in unsere Träume. Kinder der Kriegskinder und zigfach vererbte Depression. Oh ja, wir weinen viel. Über uns und die anderen. Wir weinen, weil wir wissen: Das Leben ist zu groß für uns. Und unsere Seelen so klein wie Motten.

Und wenn wir fertig sind mit Weinen, dann sagen wir einander, daß wir schön sind.

Und wir schneuzen uns, und dann lachen wir.

Weil wir glauben:
Der eine wird auferstehen.
Wir wissen nicht wie.
Nur daß auch er in Betten lag, oft nichts tat als essen, trinken, hören – und daß er vielleicht eine Schildkröte mit sich führte, unsichtbar, die Treppe hinab.
Durch die letzte aller Passagen.
So langsam, daß es drei Tage dauerte.

Nicht Handeln. Sondern Heulen.
Unterschreiben Sie jetzt.

Während ich fort bin*

Während ich fort bin, in Zügen, fremden Betten, auf Bahnsteigen, an Kreuzungen, in Taxis.

Während ich fort bin, blüht zuhause auf dem Fensterbrett die Orchidee, fällt der Regen wie silbernes Lametta, finden die Kaffeelöffel Antworten auf alle Fragen, springen die Wörter aus den Büchern und verstecken sich unter der Bettdecke.

Während ich fort bin, scheint das Licht in der Finsternis, stößt der HErr die Mächtigen vom Thron (sie merken es nicht, aber das macht ja nichts), erhöht die Erniedrigten und tut große Dinge.

Auch an mir. Während ich fort bin.

* https://frauauge.blogspot.com/2019/04 (abgerufen am 14. April 2019).

Endnoten

1. Karl-Heinz Weger, Karl Rahner. Eine Einführung in sein theologisches Denken, Freiburg i. Br. 1986, 13.
2. Noch vor anderthalb Generationen war nicht nur die Kenntnis des Apostolikums, sondern auch der Glaube an die dort formulierten Artikel Einlaßbedingung zur Erstkommunion, zur Firmung oder zum Patenamt: Man mußte dieses Bekenntnis frei und öffentlich sprechen können, und man mußte wissen, was man da tat. – Wem der Text, formuliert im 2. Jhdt. in Rom und seitdem so etwas wie die Eiserne Ration dessen, was man einmal »Glaubenswissen« nannte, fremd (geworden) ist, möge nachschlagen unter https://de.wikipedia.org/wiki/Apostolisches_Glaubensbekenntnis.
3. Die folgende Situationsbeschreibung folgt den Analysen von Elmar Salmann: Zwischenzeit. Postmoderne Gedanken zum Christsein heute, Warendorf 2004, 15–28, 49–62, 97–118; ders., Generalvikar – Stellenbeschreibung einer Utopie, in: ThGl 90 (2000), 232–238.
4. Es wäre zu überlegen, ob Rahners berühmtes Diktum von den »anonymen Christen« sich nicht längst umgedreht hat: Mag bis in die 60er Jahre des 20. Jahrhunderts gegolten haben, daß die kultur- und mentalitätsprägende Kraft des christlichen Glaubens auch noch für jene in Geltung stand, die sich selber nicht mehr in einem affirmativen Sinn als »Christen« zu bezeichnen vermochten, so wäre, zwei Generationen später, zu fragen, ob für jene, die sich immer noch (oder schon wieder) »Christen« nennen, nicht längst gilt, daß sie de facto anonyme Atheisten sind. Auch das allerorten neu sich meldende Bedürfnis nach »Religion« ändert nichts an der Tatsache, daß der Atheismus zum beherrschenden Klima geworden ist; seine praktische Gestalt besteht darin, sich nichts mehr von dem zu erwarten, was allein von Gott erwartet werden kann: umfassende Versöhnung, vollendete Gerechtigkeit, Auferstehung der Toten. Hingegen in jenem neuen »Bedürfnis« hat man es wohl eher mit der Sehnsucht

nach emotionaler Beheimatung in einer unübersichtlich gewordenen Welt zu tun, als daß man darin schon eine auch ethisch relevante Renaissance biblischer Erlösungshoffnung erblicken dürfte. Diese Mutmaßung wird durch die Beobachtungen von Jürgen Habermas gestützt, der darauf hinweist, daß sich das philosophische Denken der Moderne »nicht nur den Verfestigungen eines technokratischen Bewußtseins, sondern zugleich dem Zerfall des religiösen Bewußtseins konfrontiert« sieht. »In den industriell entwickelten Gesellschaften beobachten wir heute zum ersten Mal den Verlust der, wenn schon nicht mehr kirchlich, so doch immer noch durch verinnerlichte Glaubenstraditionen abgestützten Erlösungshoffnung und Gnadenerwartung als ein *allgemeines* Phänomen; es ist zum erstenmal die Masse der Bevölkerung, die in den fundamentalen Schichten der Identitätssicherung erschüttert ist und, in Grenzsituationen, nicht aus einem vollständig säkularisierten Alltagsbewußtsein heraustreten und auf institutionalisierte oder doch tief internalisierte Gewißheiten zurückgreifen kann.« (Wozu noch Philosophie?, in: Philosophisch-politische Profile, Frankfurt a. M. [3]1998, 15–37, hier 36.)

5. Jürgen Habermas, Die neue Unübersichtlichkeit. Kleine politische Schriften V, Frankfurt a. M. 1985; Ders., Die Zukunft der menschlichen Natur. Auf dem Weg zu einer liberalen Eugenik? Frankfurt a. M. 2001; Ders., Zwischen Naturalismus und Religion. Philosophische Aufsätze, Frankfurt a. M. 2005; Ders., Im Sog der Technokratie. Kleine politische Schriften XII, Berlin 2013.
6. Jürgen Habermas, Ein Bewußtsein von dem, was fehlt, in: Michael Reder / Josef Schmidt (Hg.), Ein Bewußtsein von dem, was fehlt. Eine Diskussion mit Jürgen Habermas, Frankfurt a. M. 2008, 26–36.
7. Auch als gläubiger Mensch lebt man heute in einer Welt, die recht gut ohne Gott auskommt. Und weil man selber Teil dieser Welt ist, kommt man auch als gläubiger Mensch ganz gut ohne Gott aus, ob man sich dies nun eingesteht oder nicht. Wie es hierzu gekommen ist, beschreibt Charles Taylor in seinem fulminanten Werk *Ein*

säkulares Zeitalter, Frankfurt a. M. 2009. Taylor befragt, was er die »›Selbstverständlichkeit‹ der abgeschlossenen Perspektive« nennt: »Damit meine ich jene Formen unserer ›Welt‹ [...], die für das ›Vertikale‹ oder ›Transzendente‹ keinen Platz lassen, sondern es ausschließen, unzugänglich oder sogar undenkbar machen.« (Ebd. 927) Wie darauf zu antworten wäre, ist Thema nicht nur von Taylor, sondern auch des hier vorliegenden Buches.

8. »Gott ist entweder ein Menschheitsthema oder überhaupt kein Thema«, sagt ganz zu Recht Johann Baptist Metz. (Memoria Passionis. Ein provozierendes Gedächtnis in pluralistischer Zeit, Freiburg i. Br. 2006, 70.)

9. Theodor W. Adorno, Negative Dialektik, Frankfurt a. M. 1970, 369: »Der bekannte Satz, das Leben habe den Sinn, den man ihm gebe, ist falsch. Der Begriff des Sinns involviert Objektivität jenseits allen Machens; als gemachter ist er bereits Fiktion, verdoppelt das, sei's auch kollektive Subjekt und betrügt es um das, was er zu gewähren scheint.«

10. Ebd. 389.

11. Ludwig Wittgenstein, Schriften I, Frankfurt a. M. 1960, 166f.

12. Ich gestehe, daß es mir ein quälendes Geschäft ist, so von Gott zu reden, daß einerseits jede Ontologisierung geschlechtsspezifischer Gottesmetaphorik unterbleibt, andererseits aber im Versuch, die Ontologisierungen zu unterlaufen, der Sprache auch nicht Gewalt angetan wird. So sehr die biblische Tradition von Gott als »Vater«, »König«, »Richter«, »Hirte« und »Herr« spricht und deshalb von »IHM« als »Dem« Heiligen, »Dem« Ganz Anderen usw., so wenig ist Gott ein Mann! Die Verwechslung von Denotation und Konnotation, von Gott und Gottesbild gehört zu den schlimmsten, höchst folgenreichen Häresien der Theologiegeschichte. Die Negative Theologie etwa eines Dionysius Areopagita hat um dieses Zusammenhänge immer gewußt. Leider sind die dionysischen Neologismen (Gott als das / der »Überseiende« [ὑπερούσιος / ὑπερούσιον] etc.) im Deutschen

nicht nachbildbar, weshalb ich mich hier mit dem Gendersternchen behelfe, nicht um zu insinuieren, Gott sei neuerdings auch weiblich, sondern um anzudeuten, daß Gott jenseits unserer geschlechtlichen Bipolaritäten ist.

13. Michel de Montaigne – hier zitiert nach Elmar Salmann / Joachim Hake, Chancen des Essays. Plädoyer für eine vernachlässigte theologische Form, in: HK 62 (7 / 2008) 373–377, 374.

14. Genau diese Mischung liegt dem wunderbaren Buch von Navid Kermani zugrunde, einem Erbauungsbuch im besten Sinn des Wortes: *Ungläubiges Staunen. Über das Christentum*, München 2015.

15. Hinsichtlich des für Nicht-Marburger möglicherweise unverständlichen Namens »Kugelkirche« vgl. https://www.st-johannes-marburg.de/marburgstjohannes/pfarrei_stjohannes/geschichte-der-pfarrei.php.

16. »Der Mensch kann nicht definiert werden.« (Grundkurs des Glaubens, Freiburg i. Br. [6]1984, 215.)

17. »Der Mensch übersteigt den Menschen um ein Unendliches.« – Blaise Pascal, Über die Religion und über einige andere Gegenstände [Pensées], aus dem Frz. ins Deutsche übertragen und hrsgg. von Ewald Wasmuth, Gerlingen [9]1994, 202 (Frgm. 434).

18. Diese letzte Überlegung legt die Frage nahe, ob der argumentative Duktus, durch den sich die meisten der hier vorgelegten Texte auszeichnen, nicht ergänzt werden müßte durch dezidiert poetische Sprachformen. Immerhin ist das poetische Wort dem reflexiven Diskurs historisch wie sachlich vorgeordnet, ganze biblische Bücher (und nicht die unwichtigsten) argumentieren nicht, sondern sie erzählen und dichten. Ganz am Ende dieses Buches finden sich deshalb zwei Schreibversuche, die, als »hors texte« gekennzeichnet, aus der Feder der württembergischen Pfarrerin Birgit Mattausch stammen. Unter dem Pseudonym »Frau Auge« produziert Frau Mattausch seit Jahren in schöner Regelmäßigkeit poetische Texte, die man als theologischen Dadaismus – nicht bezeichnen muß, sondern bezeichnen

darf. Wenn ich zwei dieser Texte hier präsentiere, so um zu zeigen, daß die von mir in meinen Predigten gewählte Sprachform womöglich die weniger geeignete ist, um zu Wort kommen zu lassen, was mir bei ihrer Abfassung vor Augen stand oder – besser noch – im Ohr lag, auf der Seele brannte, im Herzen arbeitete.

19. Vgl. dazu näherhin Vf., Zweite Naivität. Begriffsgeschichtliche und systematische Erwägungen zu einem vielbemühten, aber selten verstandenen Konzept. In: Joachim Negel, Welt als Gabe. Hermeneutische Grenzgänge zwischen Theologie und Phänomenologie (JThF 26), Münster 2013, 259–288.

20. So der sprichwörtlich gewordene Titel der 1942 auf den Salzburger Hochschulwochen als Entwurf vorgestellten Religionsphilosophie von Karl Rahner.

21. Georg Christoph Lichtenberg, Sudelbücher, in: ders., Schriften und Briefe Bd. I, hrsgg. von Franz H. Mautner: Frankfurt a. M. 1992, 252 (Frg. E 52).

22. Die Suche nach »Kurzformeln des Glaubens« war eines der zentralen Anliegen der Theologie Karl Rahners. – Vgl. dazu Alex Stock, Kurzformeln des Glaubens. Zur Unterscheidung des Christlichen bei Karl Rahner (Theologische Meditationen 26), Zürich-Einsiedeln-Köln 1971, der in der Sache mit Rahner solidarisch geht, hinsichtlich der konkreten Durchführung aber kritisch urteilt. – Aus kirchengeschichtlicher Perspektive der Schweiz sei erinnert an den »Apostolikumsstreit« im 19. Jahrhundert: Die ersten Versuche historisch-kritischer Exegese (Gotthold Ephraim Lessing und der »Fragmentenstreit«; Ferdinand Christian Baur; David Friedrich Strauß) sowie die moderne Religionskritik (Feuerbach, Darwin, Tyrell) hatten in einigen reformierten Kantonen dazu geführt, daß ein nicht geringer Teil der Pfarrerschaft sich nicht mehr imstande sah, das Apostolische Glaubensbekenntnis im Gottesdienst zu sprechen. Nach heftigen Streitigkeiten in und mit den Kirchenleitungen resp. Kantonsregierungen wurde im Jahr 1880 das Bekenntnis des Aposto-

likum freigestellt. Dies ist bis heute die Situation in den reformierten Kantonalkirchen von Bern, Basel, Aargau, Thurgau, Graubünden, Glarus, Neuenburg, Zürich und weiteren mehr. – Vgl. dazu Rudolf Gebhard, Umstrittene Bekenntnisfreiheit. Der Apostolikumsstreit in den Reformierten Kirchen der Deutschschweiz im 19. Jahrhundert, Zürich 2003.

23. Robert Gernhardt, Körper in Cafés. Gedichte, Frankfurt a. M. 1987, wiederabgedruckt in: Gesammelte Gedichte 1954–2004, Frankfurt a. M. [2]2006, 234f.; Werner Ross, Ach sagt alles. In: Frankfurter Anthologie Bd. 16. Gedichte und Interpretationen, hrsgg. von Marcel Reich-Ranicki. Frankfurt a. M./ Leipzig 1993, 214–216. Erstdruck: Frankfurter Allgemeine, 28. November 1992, Wiederabdruck 30. November 2013.
24. Vgl. Botho Strauss, Paare, Passanten, München/Wien 1981.
25. Ernst Bloch (1885–1977), der neo-marxistische Philosoph, der für das Sehnsuchtspotential der jüdisch-christlichen Religion ein waches Empfinden hatte, hat diese Zusammenhänge unter dem Begriff »Melancholie der Erfüllung« einmal auf folgende Formel gebracht: »Kein irdisches Paradies bleibt beim Eintritt ohne den Schatten, den sein Eingang noch wirft.« (Das Prinzip Hoffnung, Frankfurt a. M. 1985, Bd. I, 348)
26. Symp. 203b-e.
27. Der Feldweg [1949], in: Martin Heidegger Gesamtausgabe I. Abtlg. Veröffentlichte Schriften 1910–1976, Bd. 13: Aus der Erfahrung des Denkens, Frankfurt a. M. [2]2002, 87–90, 90.
28. John Henry Newman, Das Kreuz als Maß der Welt, in: ders., Pfarr- und Volkspredigten (Parochial and Plain Sermons), Bd. VI, hrsgg. von der Newman-Arbeitsgemeinschaft der Benediktiner von Weingarten, Stuttgart 1954, 94–105, hier 105.
29. Auf den Dörfern in der Schwalm und im Amöneburger Becken war diese Tradition noch bis in die 1950er Jahre beheimatet.

30. Simone Weil (in Anschluß an Nicolas de Malebranche), Zeugnis für das Gute. Traktate, Briefe, Aufzeichnungen, München 1990, 45, 49f.: »L'attention, c'est la prière naturelle de l'âme.«
31. Ignatius von Loyola nach den »Scintillae Ignatianae« des ungarischen Jesuiten Gábor Hevenesi (1705), hier zitiert nach Peter Knauer, Hinführung zu Ignatius von Loyola, Freiburg i. Br. 2006, 39. Die lateinische Fassung lautet: »Sic Deo fide, quasi rerum successus omnis a te, et nihil a Deo penderet; ita tamen iis operam admove, quasi tu nihil, Deus omnia solus sit facturus.«
32. Nebenbei bemerkt: Seit dem Ersten Golfkrieg 1990/91 spricht man von »Kollateralschäden« und meint damit, daß dem, der handelt, auch schon mal was daneben geht, z. B. eine Bombe, die andere dann das Leben kostet – der Zynismus kennt keine Grenzen.
33. Paul Gerhardt, Geh aus mein Herz und suche Freud, in: EKG 503, Str. 9 und 11.
34. Papst Pius IX. in seiner am 8. Dezember 1854 veröffentlichten Bulle »Ineffabilis Deus« (Heinrich Denzinger/Peter Hünermann [Hg.], Enchiridion symbolorum definitionum et declarationum de rebus fidei et morum Lateinisch-Deutsch: Kompendium der Glaubensbekenntnisse und kirchlichen Lehrentscheidungen, Freiburg i. Br. u. a. [37]1991, Nr. 2800–2804 = S. 774–776.).
35. Dieses Fest wird am 8. Dezember, also neun Monate vor »Maria Geburt« (8. September) begangen: »Aller erbsündlichen Korrumpierung enthobene Empfängnis Mariens im Schoß ihrer Mutter Anna«.
36. Dieses Fest wird am 25. März, also neun Monate vor Weihnachten gefeiert: Empfängnis Jesu im Schoß seiner jungfräulichen Mutter Maria.
37. Dagegen sind die patristischen Belege für beide Glaubensaussagen Legion. Vgl. dazu die entsprechenden Belege in LThK, 2. Aufl., Art. »Unbefleckte Empfängnis Mariä« (Bd. 10, 467ff.); Art. »Jungfrauengeburt« (Bd. 5, 1210ff.).

38. Vgl. dazu als beklemmendes Zeugnis Franz Kafka, Brief an den Vater [1919], Herausgegeben und kommentiert von Michael Müller, Stuttgart 1995.
39. In literarischer Verdichtung hierzu Hanns Josef Ortheil, Die Erfindung des Lebens, München ^{1}2009, ^{16}2019; Oskar Maria Graf, Das Leben meiner Mutter [1940], Berlin ^{7}2016.
40. Vgl. Eugen Drewermann, Die Frage nach Maria im religionswissenschaftlichen Horizont, in: ZMR 66 (1982) 96–117; Olga Fröbe-Kapteyn (Hg.): Eranos-Jahrbuch Bd. VI / 1938: Vorträge über Gestalt und Kult der ›Großen Mutter‹, Zürich 1939.
41. Kein geringerer als Karl Rahner hat sich an diesem Problem redlich abgearbeitet und kommt doch zuletzt auch nicht wirklich weit. Er schlägt vor, das Theologoumenon von der jungfräulichen Empfängnis und wunderbaren Geburt Jesu als einen »Midrasch« zu nehmen, d.h. als eine jüdische bzw. judenchristliche Legende, um das eigentlich theologisch Bedeutsame des Menschen Jesus von Nazareth auszusagen: daß er ganz und gar aus Gott sei und eben deshalb zu Recht »der Christus«, d.h. der vom ersten Moment seiner Existenz an Geistgesalbte genannt werde. (Karl Rahner, Dogmatische Bemerkungen zur Jungfrauengeburt, in: Zum Thema Jungfrauengeburt, Katholisches Bibelwerk Stuttgart 1970, 121–158, hier 124, 125.)
42. Vgl. als beklemmende Verdichtung in der Gegenwartsliteratur Monika Maron, Animal triste. Roman, Frankfurt a.M. ^{1}1997, ^{9}2015; Dieter Wellershoff, Die Schönheit des Schimpansen. Roman, Köln 1977; Botho Strauss, Paare und Passanten, München/Wien ^{1}1981, ^{8}2015; Ders., Über die Liebe. Geschichten und Bruchstücke, Stuttgart 1989.
43. Sigmund Freud, der Vater der Psychoanalyse, wußte wie nur wenige um die Ambivalenzen insbesondere der menschlichen Sexualität. Auf der einen Seite vermittelt das Liebesspiel der Geschlechter »die stärkste Erfahrung einer überwältigenden Lustempfindung«. (Das Unbehagen in der Kultur [1930], in: StA IX, 191–270, 213.) Die glückliche Verbindung von leidenschaftlichem Wollen des Geliebten, ekstati-

scher Selbstverschwendung und seliger Erschöpfung gewährt »die stärksten Befriedigungserlebnisse«, weshalb die körperliche Liebe »als Quelle tiefer Glücksempfindungen« womöglich »Vorbild für [überhaupt] alles Glück« ist. (Ebd. 231.) Auf der anderen Seite gilt jedoch der Satz: »Die Sexualität gehört zu den gefährlichsten Betätigungen des Individuums.« Denn in ihr liefert man sich mit Haut und Haaren, mit Leib und Seele einem anderen Menschen aus. (Bemerkung auf einer Debatte der Psychologischen Mittwoch-Gesellschaft bei Prof. Freud am 1. Juni 1910 – zitiert nach Herman Nunberg / Ernst Federn [Hg.], Protokolle der Wiener Psychoanalytischen Vereinigung, Bd. II: 1908–1910, Frankfurt a. M. 1977, 519.)

44. »Medea ist eine Frau, die den furchtbaren Kampf kämpft, der als ewig latente Möglichkeit zwischen Frau und Mann lebt.« (Gilbert Murray, in: Nachwort zu: Euripides, Medea, Griechisch-Deutsch, übersetzt und hrsgg. von Karl Heinz Eller, Reclams Universalbibliothek 7978, Stuttgart 2017, 133.)
45. Gottfried Bachl, Der beschädigte Eros. Frau und Mann im Christentum, Freiburg i. Br. 1989, 23.
46. Herkunft obskur.
47. Peter Altenberg, Nachfechsung, Berlin: S. Fischer Verlag $^{1-3}$1916, 143.
48. S. o. Anm. 45.
49. Vgl. Michael Fritzen, Ohne Jesus, Maria und Josef? Das Rätsel der weihnachtlichen Stimmung, in: FAZ Nr. 299 (24.12.2002), 7.
50. Jacques Brel, auf der LP *»Quand on n'a que l'amour«*, 1957. (Übersetzung aus dem Französischen J. N.)
51. Ich entlehne das Wortspiel, dessen ich mich hier bediene, dem schönen Buch von Mirja Kutzer: In Wahrheit erfunden. Dichtung als Ort theologischer Erkenntnis (ratio fidei 30), Regensburg 2006. Die Autorin lehnt sich ihrerseits an den französischen Philosophen Paul Ricœur an, der im Rahmen seiner poetischen Narratologie verschiedentlich auf das delikate Doppelspiel von »Finden« und »Erfinden« aufmerksam gemacht hat.

52. Vgl. zu den hier nur knapp evozierten Zusammenhängen das feine Buch von Knut Backhaus und Gerd Häffner: Historiographie und fiktionales Erzählen. Zur Konstruktivität in Geschichtstheorie und Exegese (Biblisch-Theologische Studien 86), Neukirchen-Vluyn 2007.
53. Vgl. Karl Jaspers, der diese vier Großgestalten der Geistesgeschichte unter die »maßgebenden Menschen« zählt. (Die großen Philosophen, München 1959, 105–228.) – Dazu aus theologischer Sicht den Ansatz Jaspers' würdigend, ohne ihn doch einfach unkritisch zu übernehmen, Thomas Pröpper: Der Jesus der Philosophen und der Jesus des Glaubens. Ein theologisches Gespräch mit Jaspers, Bloch, Kolakowski, Gardavsky, Macovec, Fromm, Ben-Chorin, Mainz 1976, 19–28, 100–148.
54. Dies war schon einem Aristoteles bekannt, der deshalb der Dichtkunst im Vergleich zur Geschichtsschreibung die größere philosophische Wahrheitskompetenz zusprach. Warum? Nun, die Berichte der Historiographen erzählen kontingente Begebenheiten, die auch ganz anders hätten ablaufen können; hingegen die Dichter (allen voran Homer) erzählen, »was niemals war, aber immer ist.« (Poetik 9 [1451a–1451b]; Zitat: Sallustios, De diis et mundo [Περὶ θεῶν καὶ κοσμοῦ]: τὰ γὰρ ἀεὶ ὄντα οὐδέποτε γίγνεται (II, 11 [Hg. A. Darby Nock]). PRE Bd. VII A bietet die *varia lectio*: ταῦτα δὲ ἐγένετο μὲν οὐδέποτε, ἔστιν δὲ ἀεί.)
55. Vgl. Leo I Magnus, Antiphon »O admirabile commercium« (Brev. Mon. und Brev. Rom 1. Jan., Vesp. I und Laudes, Ant. 1; ebenso 2. Febr., Vesp. I, Ant. 1): »*O admirabile commercium: Creator generis humani animatum corpus sumens, de Virgine nasci dignatus est; et procedens homo sine semine, largitus est nobis suam Deitatem.*«
56. Adv. haer. III, 20. 2 (SC Bd. 34, 342): »Gloria enim hominis Deus; operationis uero Dei et omnis sapientiae eius et uirtutis receptaculum homo.«

57. Adv. haer. IV, 20. 7 (SC Bd. 100 / 2, 648): »gloria enim Dei vivens homo, vita autem hominis visio Dei.«
58. Vgl. das Tagesgebet der Meßfeier »am Tage« von Weihnachten: »*Allmächtiger Gott, du hast den Menschen in seiner Würde wunderbar erschaffen und noch wunderbarer wiederhergestellt. Laß uns teilhaben an der Gottheit deines Sohnes, der unsere Menschennatur angenommen hat. Er, der in der Einheit des Heiligen Geistes mit dir lebt und herrscht in alle Ewigkeit.*«
59. Vgl. Nikolaus Gussone, Mensch, werde göttlicher. Liturgie des Wertewandels: Würde und Weihnacht, in: FAZ Nr. 298, 22. Dezember 2001, S. 43.
60. Friedrich Kellner, »Vernebelt, verdunkelt sind alle Hirne«. Tagebücher 1939–1945, 2 Bde., hrsgg. von Sascha Feuchert, Robert Martin Scott Kellner, Erwin Leibfried, Jörg Riecke und Markus Roth, Göttingen [2]2011.
61. Das entsprechende Wort im neutestamentlichen Koiné-Griechischen lautet stoicheía (στοιχεία): gemeint sind die kosmischen Elementar- bzw. Weltmächte. Vgl. Gerhard Delling, Art. »στοιχεῖον, B. Im Neuen Testament«, in: ThWNT Bd. 7, 683–687.
62. Vgl. Ez 37,24f. mit Platon, Symp. 206e.
63. Platon, Symp. 206b – 207a.
64. So der berühmte Beginn des ersten Chorliedes der *Antigone*: Πολλὰ τὰ δεινά, κοὐδὲν ἀνθρώπου δεινότερον πέλει. (Sophokles, Ant. 332f.)
65. Zitiert nach Felix Krämer, *Schwarze Romantik. Eine Annäherung*, in: Ders. (Hg.), Ausstellungskatalog Städel Museum Frankfurt a. M.: Schwarze Romantik. Von Goya bis Max Ernst, o.O. 2012, 14–28, hier 16.
66. Georg Büchner, Dantons Tod (II, 6), in: Werke und Briefe (Münchener Ausgabe), München [2]1990, 100.
67. Vgl. Gen 1,31: »Gott sah alles an, was er gemacht hatte. Es war sehr gut.«

68. So die berühmte Definition des römischen Neuplatonikers Sallustios: »Der Mythos erzählt, was niemals war, aber immer ist.« (De diis et mundo / Περὶ θεῶν καὶ κοσμοῦ 4): τὰ γὰρ ἀεὶ ὄντα οὐδέποτε γίγνεται (II, 11 [Hg. A. Darby Nock]). PRE Bd. VII A bietet die varia lectio: ταῦτα δὲ ἐγένετο μὲν οὐδέποτε, ἔστιν δὲ ἀεί.
69. Vgl. Aristoteles, Poetik 9 (1451a-b).
70. Paul Ricœur, Symbolik des Bösen, München / Freiburg i. Br. ^{2}1988, 268ff.
71. Eine erschöpfende Auflistung der naturmythologischen Motive des Schlangensymbols gibt Eugen Drewermann im II. Teil seiner *Strukturen des Bösen. Die jahwistischen Urgeschichte in psychoanalytischer Sicht*, Paderborn u. a., ^{3}1982, 69–87. Für all diese Motive gilt: »in der naturmythologischen Benennung der äußeren Wirklichkeit [liegt] bereits die psychische Symbolbildung eingeschlossen« (ebd. 88).
72. S. o. Anm. 68.
73. Das deutsche Wort »Sünde« leitet sich bekanntlich von der indoeuropäischen Wurzel *sunti her: Trennung, Scheidung, Spaltung. Ein »Sund« ist ein enger Meeresarm, der eine dem Festland vorgelagerte Insel oder Sandbank von der Küste abtrennt.
74. Mk 15,24 / Mt 27,46 // Ps 22,2.
75. Jean Paul Richter, »Rede des Toten Christus vom Weltgebäude herab, daß kein Gott sei« (»Erstes Blumenstück« im Roman Siebenkäs [1796 / 97]), in: Sämtliche Werke, Darmstadt 2000, Abtlg. I / 2, 270ff.
76. Vgl. Ps 22,10ff.; Jon 2,1–11 // Ps 130,1ff. // Mt 12,40.
77. Paul Gerhardt, O Haupt voll Blut und Wunden [1656], nach dem »Salve caput cruentatum« des Arnulf von Löwen [1250], hier nach: Gotteslob (s. u. Anm. 145), Nr. 179, Strophe 7.
78. Vgl. zum Ganzen Vf., Sündenlast und Gnadenwahl. Phänomenologische Erwägungen zu zwei umstrittenen Theologoumena als Beitrag zu einer erneuerten Kultur christlich inspirierter Lebenskunst, in: Florian Bruckmann / René Dausner (Hg.), Im Angesicht der Anderen. Gespräche zwischen christlicher Theologie und jüdischem Den-

ken (FS Josef Wohlmuth), Studien zu Judentum und Christentum 25, Paderborn 2013, 743–775.

79. Vgl. etwa im »Grünen Katechismus« (s. u. Anm. 110) die Lehrstücke 54 (Nr. 102), 63 (Nr. 115f.), 64–69.

80. Erhart Kästner, Stundentrommel vom Berg Athos, Frankfurt a. M. / Leipzig 1956; [11]1991.

81. Ebd. 33–35.

82. Vgl. Conrad Bonifazi, Eine Theologie der Dinge. Der Mensch in seiner natürlichen Umwelt, Stuttgart 1977.

83. Für das Folgende vgl. Alex Stock, Poetische Dogmatik: Christologie Bd. 3: Leib und Leben, Paderborn u. a. 1998, 382–408, bes. 388–399.

84. Tristan, in: August von Platen, Werke in zwei Bänden (Hg. Kurt Wölfel / Jürgen Link), Bd. 1: Lyrik, München 1982, 69.

85. Vgl. dazu unten in Predigt 15 (»Himmelfahrt, platonisch«) die Ausführungen zu Michelangelo.

86. André Gide und Rainer Maria Rilke haben dies in ihren Nachdichtungen der lukanischen Parabel eindringlich behauptet: »Man wird mich schwer davon überzeugen, daß die Geschichte des verlorenen Sohnes nicht die Legende dessen ist, der nicht geliebt werden wollte« – so der letzte Abschnitt der *Aufzeichnungen des Malte Laurids Brigge*, in: Rainer Maria Rilke, Sämtliche Werke, hrsgg. vom Rilke-Archiv in Verbindung mit Ruth Sieber-Rilke, Frankfurt a. M. 1987, Bd. VI, 707–946, hier 938–946. Ganz ähnlich André Gide, Die Rückkehr des verlorenen Sohnes (Bibliothek Suhrkamp 591), Frankfurt a. M. 1982.

87. Josephus Flavius, De bello iudaico I, 6–II, 19; Antiquitates XIV–XIX.

88. Vgl. Gerd Theißen / Annette Merz, Der historische Jesus. Ein Lehrbuch, Göttingen [3]2001, 156–172; Gerd Theißen, Soziologie der Jesusbewegung. Ein Beitrag zur Entstehungsgeschichte des Urchristentums, Gütersloh [7]1997, 34–46.

89. Gerd Theißen / Annette Merz, Der historische Jesus. Ein Lehrbuch (Anm. 88), 315.

90. 1Kor 1,18–31; 2,2; Phil 2,5–11; 3,10f.; Gal 2,19f.; 6,14.
91. Friedrich Lang, Art. »σκύβαλον«, in: ThWNT VII, 446–448 passim.
92. Wie etwa in der »Satisfaktionslehre« des Anselm von Canterbury, die freilich überhaupt nicht so abstrakt ist, wie es auf den ersten Blick erscheinen mag. Man muß sie nur existentiell zu lesen und zu verflüssigen wissen.
93. Paul Speratus [1523], Lied »Es ist das Heil uns kommen her«, EKG Nr. 342, 1.
94. Vgl. Victimae paschali laudes (Wipo von Burgund vor 1050), Gotteslob (s. u. Anm. 145), Nr. 215/216.
95. »Wir beten dich an, Herr Jesus Christus, und preisen dich. Denn durch dein heiliges Kreuz hast du die Welt erlöst« – so der Refrain zwischen den einzelnen Stationen der Kreuzwegandacht.
96. Sigmund Freud – Oskar Pfister. Briefe 1909–1939, Frankfurt a. M. [2]1963, 135f. (Brief vom 25.11.1928.)
97. Ebd. 138. (Brief vom 7.2.1930.)
98. Joh 13,1c: »liebte er sie bis zur Vollendung« (εἰς τέλος ἠγάτησεν αὐτούς). – Vgl. Joh 15,13: »Eine größere Liebe hat niemand als wer sein Leben hingibt für seine Freunde.« – Joh 10,18: »Ich habe die Macht, mein Leben zu hingeben, und ich habe die Macht, es wieder zu nehmen.«
99. Petrus Chrysologus (Hom. 50, 340.1) spricht vom mitleidenden Christus als dem wahren Arzt. Denn ein Arzt, der die Krankheiten nicht trägt, kann nicht heilen; und wer dem Kranken kein Mitkranker geworden ist, kann keine Heilung bringen (quia medicus, qui nonfert infirmitates, curare nescit; et qui nonfuerit coinfirmatus infirmo, non potest conferre sanitatem). – Der Titel selber entstammt der griechischen Asklepios-Tradition. Vgl. dazu Michael Dörnemann, Krankheit und Heilung in der Theologie der frühen Kirchenväter (STAC 20), Tübingen 2003; Eugen Biser, Die Heilkraft des Glaubens, in: Conc(D) 34 (1998) 534–544.
100. Mk 2,5 und 9 parr; Lk 7,48.

101. Vgl. dazu aus den berühmten Fragebögen von Max Frisch die Fragen 10 und 11 in Fragebogen 1 sowie die Fragen 6 und 22 in Fragebogen 10. (Max Frisch, Tagebuch 1966–1971, Frankfurt a. M. 1979, 9, 425f.)
102. Die theologische Tradition hat hierum immer gewußt. So heißt es bei Thomas von Aquin: »Gerechtigkeit ohne Barmherzigkeit ist Grausamkeit. Barmherzigkeit ohne Gerechtigkeit ist die Mutter der Auflösung.« (In Mt 5,2 – hier zitiert nach Josef Pieper, Über die Gerechtigkeit, in: Werke [Hg. Berthold Wald], Hamburg 1996ff., Bd. VI, 111f.) Aus eben dieser Einsicht ist Anselms Versuch erwachsen, Erlösung als »satisfactio« zu denken: Ineinsfall von Gerechtigkeit und Barmherzigkeit. (S. o. Anm. 92.)
103. Hos 11,1.
104. Die hier äußerst verknappt vorgetragenen Gedanken finden sich ausführlicher entfaltet in Vf., Christlicher Erlösungsglaube und jüdische Messiaserwartung. Reflexionen über ihr Verhältnis aus Anlaß der revidierten Karfreitagsfürbitte, in: Ders., Welt als Gabe. Hermeneutische Grenzgänge zwischen Theologie und Phänomenologie (JThF 24), Münster 2013, 289–330.
105. Vgl. Jes 26,9: »Denn dein Gericht ist ein Licht für die Welt, die Bewohner der Erde lernen deine Gerechtigkeit kennen.«
106. »Christus gestern und heute, Alpha und Omega, derselbe jetzt und in Ewigkeit« – so der Wortlaut des Gebetes, das in der Ostervigil anläßlich der Weihe der Osterkerze gesprochen wird.
107. Zur Problematik einer Psychologie Jesu von Nazareth vgl. Romano Guardini, Die menschliche Wirklichkeit des Herrn. Beiträge zu einer Psychologie Jesu [1958], Mainz / Paderborn ^{7}1991.
108. Zu den hierzu nötigen hermeneutischen Vorüberlegungen vgl. Eugen Biser, Der Freund. Annäherungen an Jesus, München 1989, 22–97.
109. Die folgenden Formulierungen lehnen sich z. T. an Eugen Drewermann an, Zwischen Staub und Sternen. Predigten im Jahreskreis, München 1995, 82–84.

110. Katholischer Katechismus der Bistümer Deutschlands (auch Kleiner Katechismus oder, wegen seines Einbandes, Grüner Katechismus genannt), erstellt im Auftrag der Fuldaer Bischofskonferenz vom Deutschen Katechetenverein (verantwortlich waren Franz Schreibmayr und Klemens Tilmann), erstmals 1955 als Lizenzausgabe im Herder-Verlag Freiburg i. Br. erschienen und bis Anfang der 1980er Jahre in Gebrauch. Der »Grüne Katechismus« war ein echter Longseller, wurde in 30 Sprachen übersetzt und ist bis heute über die halbe Welt verbreitet. – Zitat ebd. 149 (= Lehrstück 77, Nr. 144). Vgl. zum Ganzen auch ebd. 58f., 144–155.
111. https://de.wikipedia.org/wiki/Fußwaschung_durch_den_Regenten_(Bayern); https://www.habsburger.net/de/kapitel/demut-die-fusswaschungszeremonie (beide Seiten aufgerufen am 14. April 2019).
112. Menschliches, Allzumenschliches I, Nr. 87: »Lucas 18,14 verbessert […].« In: KSA 2, 87.
113. Paul Watzlawik, Anleitung zum Unglücklichsein, München [1]1983/[15]2009.
114. Claude Lanzmann, Shoa [Textbuch zum gleichnamigen Film], mit einem Vorwort von Simone de Beauvoir, Düsseldorf 1986, 27ff.; Primo Levi, Ist das ein Mensch? Ein autobiographischer Bericht [1958], München [3]1994.
115. Alexander Solschenizyn, Der Archipel GULAG 1918–1956. Versuch einer künstlerischen Bewältigung (3 Bde.: 1: Die Gefängnisindustrie; 2: Arbeit und Ausrottung; 3: Die Katorga kommt wieder) [1974], Reinbek bei Hamburg 1978. – Vgl. auch die 2007 erstmals auf deutsch erschienenen Erzählungen von Warlam Schalamow: Erzählungen aus der Kolyma Bd. 1–4, Berlin [6]2016.
116. Alle Zitate Reinhold Schneider, Winter in Wien. Aus meinen Notizbüchern 1957/58 (Herder Bücherei 142), Freiburg i. Br. 1958, in Reihenfolge: 179, 192, 162, 110. – Vgl. zum Ganzen die folgende Textcollage aus ebd.:

»Wieder merke ich mir, in dumpfer Stimmung, Absurditäten des Lebens an, das für mich in seinem Selbsthaß einen immer unheimlicheren Aspekt annimmt.« (246) »Leben ist immer Tod des Lebens« (179), »[…] Verdammnis zum Dasein, eine rotierende Hölle, das Nichts in der Erscheinungsform der Qual.« (192) »Die Raubwespe springt zwischen die aus der Erde ragenden furchtbaren Kieferzangen der in ihrem Loche steckenden Raublarve, lähmt die Beute durch einen Stich in den Hals, ohne sie zu töten, und legt in der lebendigen Bruthöhle ihre Eier ab. Die Larven nähren sich nur von frischem Fleisch […]. Die Bewunderung der Zweckmäßigkeit, mit der ein Tier zur Vernichtung des anderen ausgestattet ist, der Bienenwolf zum Verderb der Bienen, die Wasserspinne zum Fischfang, der Ameisenbär für die Ameisen, grenzt an Verzweiflung. Parasiten töten freilich nicht; sie haben ein Interesse am hinlänglichen Wohlbefinden des Geschöpfes, in dem sie hausen. Die aber Leben zeugen, töten ohne Gnade.« (161f.) »Nur immer grandioser erscheint die Tragik des forschenden, suchenden Menschen vor der Ganzheit der in Selbstvernichtung sich fortgebärenden Schöpfung […].« (118) »Aber was wir, hier von außen, Zerstörung nennen, ist dort, von innen, Leben. Und endlich wird im ganzen auch der absurdeste Widerspruch nicht zu entbehren sein – so wie kein Atom aus dem Kosmos gelöst werden kann.« (137)

»Man gehe nur einmal durch das Naturhistorische Museum – und Gott ist ebenso nahe wie fern. Es ist unmöglich, ihn vor dieser entsetzlichen Fülle der Erfindungen zu leugnen; ihn zu leugnen vor der absurden Architektur des Dinosauriers – eine Kathedrale der Sinnlosigkeit, des Lebenswillens, der nicht leben kann; vor den bösen Gespenstern japanischer Krabben, eines hochbeinigen Liebespärchens aus dem Inferno; vor dem Octopus, dem achtfachen Kopffüßler, den man, wenn ich mich recht erinnere, im Hamburger Aquarium zur Erbauung der Besucher mit einer Riesenlanguste konfrontierte: der Verlauf der Begegnung war überraschend; der Octopus umschlang die Scheren des Gegners, zerbrach sie und saugte das Leben aus der Schale. Und der Seestern bricht Muscheln auf, stößt den Magenschlauch hinein und trinkt sie leer wie ein Ei. Von den Haien, die sich über die Walrosse werfen – von der Seite her; von der Wehrlosigkeit der Seehunde und Delphine ist nichts zu sagen, und nichts vom Kampf der Riesenquallen mit den Walen; vom Frosch, der, aufrecht stehend wie ein Mensch, von dem ihm umschnürenden Egel ausgesaugt wird; nichts von der Verdammnis der Haie und dem geheimnisvollen, aber gewiß nicht schmerzlosen Untergang der Saurier und Mammute. [...] Das Schaurige ist, daß menschliche Formen durch die Ungetüme spielen; das Knie des Dinosauriers erinnert an ein menschliches Knie, und die Fünfzahl der Finger und Zehen verbirgt sich noch in den Stützflossen der Elefantenrobbe. Der schönste Vogel hascht im Fluge den schönsten Schmetterling; er pflückt die Schwingen ab und läßt sie dahinwehen und verschlingt den zarten Leib, der sich für seine kurze Dauer mit ein wenig Nektar begnügte und schutzlos das Farbenspiel der Flügel, ein Blitz aus den Händen des Vaters, an die Welt verschenkte. Auch ist zur Zerstörung der Rose, wie es scheint, eigens ein grüngoldschimmernder Käfer erschaffen worden. Ich sah ihn bei seiner Arbeit in Muzot. Er hat, unreiner Widerspruch, keine Rose verschont.« (120f.)

»Diese Dinge – man entschuldige, wenn möglich, diese unerträglichen Wiederholungen – lassen mich nicht los. Die Natur, auch die unterm Sündenfall, müßte doch vom Bilde Gottes beantwortet werden.« (200f.) Jedoch »des Vaters Antlitz hat sich ganz verdunkelt; es ist die schreckliche Maske des Zerschmeißenden, des Keltertreters; ich kann eigentlich nicht ›Vater‹ sagen. [...] Wenn man die Visionen des Hieronymus Bosch im Irdischen läßt, woher sie stammen, sind sie unwiderlegbar.« (110f.)

117. Albert Camus, Der Mensch in der Revolte. Essays, Reinbek bei Hamburg [12]1981, 29.

118. Reinhold Schneider, Winter in Wien (s. o. Anm. 116), 65.

119. Der Münsteraner Philosoph Hans Blumenberg (1920–1996) spricht deshalb von »Sprengmetaphorik«. In ihr komme zur Sprache, was alle Sprache übersteige und deshalb unsagbar sei, trotzdem aber gesagt werden müsse, wenn man sich einen »Begriff« von der »Unbegrifflichkeit« (Unbegreiflichkeit) unseres Lebens machen wolle.
120. Vgl. Hugo Rahner, Griechische Mythen in christlicher Deutung, Basel 1985 (Zweite Auflage der Neuausgabe von 1984).
121. In die »Hel«, wie die Germanen sagen – daher übrigens der Name »Frau Holle«.
122. Vgl. zum Ganzen Wilhelm Maas, Gott und die Hölle. Studien zum Descensus Christi, Einsiedeln 1979.
123. Vgl. als ein überaus eindrückliches Beispiel dieses Bildes das Anastasis-Fresko in der Chora-Kirche zu Konstantinopel / Istanbul: http://hum54–15.omeka.fas.harvard.edu/exhibits/show/chora-church/item/1491 (aufgerufen am 22. Oktober 2019).
124. Analog könnte man sich einen Chirurgen vorstellen, der sagt, er habe in den vergangenen zwanzig Jahren bei mehr als 500 Menschen Operationen am offenen Hirn vorgenommen, dabei aber noch keinen einzigen Gedanken entdeckt. Wäre daraus zu schlußfolgern, daß es Gedanken nicht gibt?
125. Angelus Silesius, Cherubinischer Wandersmann. Kritische Ausgabe, hrsgg. von Louise Gnädinger, Stuttgart 1985, 39 (= Erstes Buch Nr. 82).
126. »Fecisti nos ad te, Domine, et inquietum est cor nostrum, donec requiescat in te.« (Conf. I, 1)
127. Peter L. Berger, Auf den Spuren der Engel. Die moderne Gesellschaft und die Wiederentdeckung der Transzendenz, Freiburg i. Br. – Basel – Wien 1991, 84–89.
128. Robert Musil, Der Mann ohne Eigenschaften II, aus dem Nachlaß hrsgg. von Adolf Frisé, Reinbek bei Hamburg 1987, 1232–1239, 1240–1249. Vgl. die Kapitelfragmente »Gespräche über die Liebe«, ebd. 1219f.; »Schwierigkeiten, wo sie nicht gesucht werden«, ebd. 1220–1223.

129. Wie sehr große Musik in der Lage ist, beim Zuhörer ein transzendenzaffines Potential freizusetzen, hat auf unnachahmliche Weise Adorno ins Wort gebracht: »Vor Schuberts Musik stürzt die Träne aus dem Auge, ohne erst die Seele zu befragen: so unbildlich und real fällt sie in uns ein. Wir weinen, ohne zu wissen, warum; weil wir so noch nicht sind, wie jene Musik verspricht, und im unbenannten Glück, daß sie nur so zu sein braucht, dessen uns zu versichern, daß wir einmal so sein werden. Wir können sie nicht lesen; aber dem scheidenden, überfluteten Auge hält sie vor die Chiffren der endlichen Versöhnung.« (Theodor W. Adorno, Einleitung in die Musiksoziologie. Zwölf theoretische Vorlesungen, in: Ders., Gesammelte Schriften, Frankfurt a. M. 1997, 169–447, hier 413.)

130. Wunderbare Beschreibungen solcher Landschaftserfahrungen finden sich bei Gottfried Bachl (Gottesbeschreibung. Reden und Lesestücke, Innsbruck-Wien 2002, 108–112), Heinrich Rombach (Der kommende Gott. Hermetik – eine neue Weltsicht, Freiburg i. Br. 1991, 36f.), Erhart Kästner (Zeltbuch von Tumilat, Frankfurt a. M. 1967 / 1985, 83–88), Nikos Kazantzakis (Rechenschaft vor El Greco, Reinbek bei Hamburg 1980 / 86, 225–227 et passim), Eric-Emmanuel Schmitt (Nuit de Feu, Paris: Albin Michel 2015, 131–135), Esther Maria Magnis (Gott braucht dich nicht. Eine Bekehrung, Reinbek bei Hamburg [1]2012, [4]2013, Taschenbuchausgabe 2014, 21–24).

131. Vgl. Heinrich Koch, Michelangelo in Selbstzeugnissen und Bilddokumenten, Reinbek bei Hamburg 1981, 150–152; vgl. auch 142f. – Zum Ganzen Volker Reinhardt, Der Göttliche. Das Leben des Michelangelo, München 2010.

132. Michelangelo, Gedichte italienisch und deutsch, übertragen und hrsgg. von Michael Engelhard, Frankfurt a. M. 1992, 15 und 17. – Dazu Angelika Kovačić-Laule, Michelangelo als platonischer Dichter. Interpretationen ausgewählter Gedichte mit einer historischen Einführung, Diss. phil. Albert-Ludwigs-Universität Freiburg i. Br. 1978.

133. Paul Oskar Kristeller, Die Philosophie des Marsilio Ficino, Frankfurt a. M. 1972, 238–271.
134. Achim Wurm, Platonicus amor. Lesarten der Liebe bei Platon, Plotin und Ficino, Berlin 2008, 119–140, 166–176.
135. Gregor von Nyssa. Der versiegelte Quell. Auslegung des Hohen Liedes. In Kürzung aus dem Griechischen übertragen und eingeleitet von Hans Urs von Balthasar, Einsiedeln [3]1984, 38.
136. Zitiert nach Hermann Wolfgang Beyer, Die Religion Michelangelos (Arbeiten zur Kirchengeschichte 5), Bonn 1926, 71.
137. Gregor von Nyssa, Der versiegelte Quell. Auslegung des Hohenliedes (Anm. 135), 15.
138. Erinnert sei in diesem Zusammenhang an Hans Urs von Balthasar (1905–1987), den großen Schweizer Theologen, der am Ende seines Lebens in einer Sendung des Schweizer Fernsehens (»Zeuge unseres Jahrhunderts«) auf die abschließende Frage des Moderators »Und was möchten Sie jetzt selber noch vor Ihrem Tod erreichen?« antwortete: »Erreichen will ich gar nichts mehr. Ich lasse mich jetzt verglühen.« (Zitiert nach Iso Baumer, Hans Urs von Balthasar – Vermittler des Unzeitgemäßen, in: IkaZ 18 [1989] 367–381, hier 367.)
139. Vgl. oben die Predigt Nr. 8.
140. Simone Weil, Cahiers / Aufzeichnungen (hrsgg. und ins Deutsche übersetzt von Elisabeth Edl und Wolfgang Matz), München / Wien 1998, Bd. 4, 137.
141. Mit dieser Einsicht endet der erste große Roman von Albert Camus: Die Pest (Paris 1947 / Aus dem Französischen von Guido G. Meister, Reinbek bei Hamburg 1950). – In der nordafrikanischen Stadt Oran bricht eine Seuche aus, die langsam, aber unerbittlich das Leben der Menschen bestimmt und die Beziehungen untereinander zunehmend vergiftet. Die Seuche wird zum Sinnbild der kollektiven Verhältnisse der Zeit: Während der deutschen Besatzung Frankreichs und dem Pétain-Regime (1940–1944) geschrieben, steht die Pest für den kollektiven Wahnsinn und der Pesterreger für die stets mögliche Verführbar-

keit der Menschen. »Jeder«, so heißt es an zentraler Stelle, »trägt die Pest in sich, weil kein Mensch, nein, kein Mensch auf der ganzen Welt frei davon ist. Man muß sich ohne Unterlaß überwachen, um nicht in einem Augenblick der Zerstreutheit dazuzukommen, einem anderen ins Gesicht zu atmen und ihm die Krankheit anzuhängen.« (aaO. 165) – Als schließlich nach einem Jahr kollektiver Angst und Hunderten von Toten die Pest sich zurückzieht und die Menschen wieder beginnen, sich des Lebens zu erfreuen, setzt Dr. Rieux, die Hauptfigur des Romans, sich nieder, um seinen Bericht an die oberste Gesundheitsbehörde zu verfassen. Rieux' letzte Gedanken stehen nicht in diesem Bericht: »Während er den Freudenschreien lauschte, die aus der Stadt empordrangen, erinnerte er sich daran, daß diese Fröhlichkeit ständig bedroht war. Denn er wußte, was dieser fröhlichen Menge unbekannt war und was in den Büchern zu lesen steht: daß der Pestbazillus niemals ausstirbt oder verschwindet, sondern jahrzehntelang in den Möbeln und der Wäsche schlummern kann, daß er in den Zimmern, den Kellern, den Koffern, den Taschentüchern und den Bündeln alter Papiere geduldig wartet und daß vielleicht der Tag kommen wird, an dem die Pest zum Unglück und zur Belehrung der Menschen ihre Ratten wecken und neu aussenden wird, damit sie in einer glücklichen Stadt sterben.« (aaO. 202.)

142. Das griechische Wort *Pentecoste*, von dem unser deutsches Lehnwort »Pfingsten« stammt (»pentecôte« in Französischen), bedeutet wörtlich »Fünfzig Tage«: Abschluß der frühsommerlichen Erntezeit in den Ländern des östlichen Mittelmeerraumes.

143. 1Kor 12,1–11; Röm 8,1–27.

144. Röm 14,17; Gal 5,22f. – Vgl. Gerd Theißen, Erleben und Verhalten der ersten Christen. Eine Psychologie des Urchristentums, Gütersloh 2007, 164–188, 412–419.

145. Übertragung von Marie Luise Thurmair und Markus Jenny, zitiert nach Gotteslob. Katholisches Gebet- und Gesangbuch 1975, Nr. 244, Strophe 1–8. Der lateinische Text findet sich ebd. Nr. 243.

146. 1512–1516. Unterlinden Museum Colmar, Öl auf Holz 269 × 307 cm. https://www.musee-unterlinden.com/de/oeuvres/der-geschlossene-altar/ (zuletzt aufgerufen am 2. November 2018).

147. Vgl. Lk 24,26: »Mußte nicht der Messias all das erleiden …?« Jenes »Müssen« entsteht aus der Konsequenz des Weges, den Jesus einmal beschritten hat. Wer in einer bösen Welt das Gute will, muß neben der tiefen Befriedigung, die solidarisches Handeln freisetzt, auch mit Widerstand rechnen.

148. Joh 14,26b.

149. Joh 14,16; 14,26a; 15,26; 16,7.

150. Einer der klassischen außerbiblischen Hoheitstitel des Heiligen Geistes lautet »vinculum unitatis« (Band der Einheit): »Der Geist ist das unauflösliche Band der Dreifaltigkeit. Wenn man den Vater als den versteht, der den Kuß gibt, so den Sohn als jenen, der ihn entgegennimmt; und kein anderer wird als Kuß wahrgenommen als der Heilige Geist, weil Er ja der nicht zu verwirrende Friede von Vater und Sohn ist, das feste Klebeband, ihre einige Liebe, ihre unteilbare Einheit [in Person].« (»Est Spiritus indissolubile vinculum Trinitatis. Si Pater osculans, Filius osculatus accipitur; non erit alienum, osculum Spiritum Sanctum intellegi; utpote qui Patris Filiique imperturbabilis pax fit, gluten firmum, individuus amor, indivisibilis unitas.« [Enchiridion Theologiae Patristicae. Ex Recensione Centuriatorum Magdeburgiensum. Ad commodius intelligendum idioma Unitatis Fratrum Doctoribus familiare, Prag o.J., 142.])

151. Vgl. zu letzterem Alex Stock, Poetische Dogmatik. Christologie Bd. III: Leib und Leben, Paderborn 1998, 393: »Die (im Unterschied zu Vater und Sohn) nicht-anthropomorphe Phänomenologie des Heiligen Geistes (Wind, Feuer, Taube, Wolke)«, wie das Neue Testament sie bietet (vgl. Mt 17,5 parr; Mt 3,16f. parr; Joh 1,32; Apg 2,2f.), »artikuliert seinen [elementar] medialen Charakter.«

152. Niederländische Nachdichtung des »Veni creator spiritus« (Rhabanus Maurus OSB [† 856]) von Huub Oosterhuis: »Hierheen Vrou-

we Ademtocht« (wörtlich: »Hierher, Frau Atemzug«), ins Deutsche übertragen von Alex Stock, Andacht. Zur poetischen Theologie von Huub Oosterhuis, St. Ottilien 2011, 178f. – Erläuterungen zu Oosterhuis' faszinierender Übertragung der Pneumatologie in ein behutsam weibliches Vokabular ebd. 177–185.

153. Zum Ganzen vgl. Stefan Klein, Das All und das Nichts. Von der Schönheit des Universums, Frankfurt a. M. [2]2017, 32–45; 131–151; 175–220.

154. Dies ist einer der Zentralgedanken des idealistischen Systems von Friedrich Wilhelm Joseph Schelling. – Rüdiger Safranski kommentiert: »Ist es nicht wie ein Wunder, daß die Evolution ein Bewußtsein hervorgebracht hat, das die Evolution begreifen kann? Das ist das ungeheure Faktum, aus dem auch die Gottesintuition entspringt. Es ist zugleich selbstverständlich und völlig rätselhaft. Eine Art Zielgerichtetheit kommt darin zum Ausdruck: Die Natur hat zu ihrer Selbstsichtbarkeit geführt. Das ist auch der Triumph über den Materialismus: Begreifen ist mehr als nur ein materieller Vorgang. Das ist für mich eine Art Glaubensbekenntnis.« (»Im Naturganzen ist der Geist am Werk«. Interview mit dem Philosophen Rüdiger Safranski aus Anlaß seines 70. Geburtstags, in: Die Presse 30.12.2014 [https://diepresse.com/home/kultur/literatur/4628982/Ruediger-Safranski_Im-Naturganzen-ist-der-Geist-am-Werk; aufgerufen am 5. Januar 2019].)

155. Auf 300 Milliarden Sonnensysteme wird allein unsere Galaxie, die Milchstraße, geschätzt. Die Zahl der Galaxien im gesamten Kosmos beträgt etwa 100 Milliarden (= 10^{11}). Die Zahl der Sonnensysteme im Kosmos beträgt demnach 3×10^{22}.

156. Vgl. Eugen Drewermann, Glauben in Freiheit. Bd. III / 4: Atem des Lebens: Die moderne Neurologie und die Frage nach Gott. Teilband. 1: Das Gehirn. Grundlagen und Erkenntnisse der Hirnforschung, Düsseldorf 2006, 172–174 (dort auch die einschlägige Fachliteratur).

157. Daraus schlußfolgert der als Agnostiker sich verstehende Philosoph

Thomas Nagel in seinem Buch *Geist und Kosmos* [Mind and Cosmos, Oxford University Press 2012], was er als Untertitel folgendermaßen formuliert: *Warum die materialistische neodarwinistische Konzeption der Natur so gut wie sicher falsch ist* [Why the Materialist Neo-Darwinian Conception of Nature is Almost Certainly False], Berlin ^{3}2013.

158. So etwa der deutsche Nobelpreisträger für Physik Werner Heisenberg (1901–1976): Der Teil und das Ganze. Gespräche im Umkreis der Atomphysik, München 1973/^{12}1991, 241–255. – Thomas von Aquin hat diese Einsicht auf folgende Formel gebracht: »Omnia cognoscentia cognoscunt implicite Deum in qualibet cognitione« (De Ver. II q. 20).

159. So etwa der französische Nobelpreisträger für Biologie Jacques Monod (1910–1976) in seinem Weltbestseller *Zufall und Notwendigkeit. Philosophische Fragen der modernen Biologie*, München 1971 / ^{9}1991, S. 43–54, 108–157, dort bes. 148–151 [Le hasard et la nécessité. Essai sur la philosophie naturelle de la biologie moderne, Paris 1970].

160. Vgl. Hans-Dieter Mutschler, Von der Formel zur Form. Metaphysik und Naturwissenschaft, Zug/Schweiz 2011, 162: Selbst der Radikalempirist muß »ein Letztes« postulieren, hinter das nicht mehr zurückgefragt werden kann – etwa »die Materie«. Mit anderen Worten: »Selbst der Radikalempirist kann das vertikale Denken nicht vermeiden. Eine rein horizontale Weltanschauung ist unmöglich.« Und so entpuppt sich der den Metaphysikdiskurs partout vermeiden wollende Radikalempirist wider Willen als in der Wolle gefärbter Metaphysiker. Mutschler führt als Beispiele so prominente Namen wie Jacques Monod, Bernulf Kanitscheider, Eckhart Volland, Gerhard Vollmer, Stephen Hawking oder Bertrand Russell an. (Vgl. zum Ganzen ebd. 146–190.)

161. Hans-Dieter Mutschler, Physik und Religion. Perspektiven und Grenzen eines Dialogs, Darmstadt 2005, 268–279.

162. Hans-Dieter Mutschler, Halbierte Wirklichkeit. Warum der Materialismus die Welt nicht erklärt, Darmstadt 2014, 236–328. – Vgl.

dazu näherhin begründungslogisch Arbogast Schmitt, Beginnt der Glaube, wo das Wissen endet? Plädoyer für einen rationalen Gottesbegriff, Heidelberg (Universitätsverlag Winter) 2019.

163. Vgl. Apg 17,23.

164. So das jeweils erste Wort in Gen 1,1 und in Joh 1,1.

165. Aristoteles, Met. XII 7; Thomas von Aquin, STh I, q. 2, art. 3 resp. – Zur immanenten Begründungslogik der »Gottesbeweise« der Scholastik, die vertikal-qualitativ argumentieren und nicht horizontal-quantitativ und deshalb auch nicht von der neuzeitlichen Kritik getroffen werden, welche ontologisch gesehen ganz andere, von der modernen Physik herkommende Ausgangsprämissen hat, vgl. Klaus Müller, Glauben Fragen Denken. Bd. I: Basisthemen in der Begegnung von Philosophie und Theologie, Münster 2006, 292–338; ders., Gottes Dasein denken. Eine philosophische Gotteslehre für heute, Regensburg 2001, 37–63; Hans-Dieter Mutschler, Von der Formel zur Form. Metaphysik und Naturwissenschaft (siehe Anm. 160), 150–168.

166. So die berühmte Definition des Marburger Theologen Rudolf Otto (1869–1937): Das Heilige. Über das Irrationale in der Idee des Göttlichen und sein Verhältnis zum Rationalen [1917], München 1987.

167. Vgl. Eric-Emmanuel Schmitt, La nuit de feu, Paris: Albin Michel 2015, 65–73.

168. Vgl. Lateranense IV: »quia inter creatorem et creaturam non potest tanta similitudo notari, quin inter eos maior sit dissimilitudo notanda.« (DH 806)

169. Gisbert Greshake: An den drei-einen Gott glauben, Freiburg i. Br. [2]1999, 104f. (mit Zitat aus Raimon Panikkar: Trinität. Über das Zentrum menschlicher Erfahrung, München 1993, 76f.). – Vgl. zum Ganzen Raimon Panikkar: Gottes Schweigen. Die Antwort des Buddha für unsere Zeit, München 1992.

170. Vgl. Karl Rahner, Der Begriff des Geheimnisses in der katholischen Theologie, in: Schriften zur Theologie Bd. IV, Einsiedeln 1960, 51–99.

171. Gisbert Greshake: An den drei-einen Gott glauben (s. Anm. 169), 106f.

172. Vgl. Paul Tillich, Systematische Theologie Bd. I, Stuttgart ^{2}1956, 283.

173. Vgl. unten Anm. 177.

174. Enzyklika »Laudato Si'« Nr. 84–88 = Verlautbarungen des Apostolischen Stuhls Nr. 202 (24. Mai 2015), hrsgg. vom Sekretariat der Deutschen Bischofskonferenz, Bonn 2015, 62–66.

175. Gisbert Greshake: Der dreieine Gott. Eine trinitarische Theologie, Freiburg i. Br. 1997, 509.

176. Raimon Panikkar: Trinität. Über das Zentrum menschlicher Erfahrung (siehe Anm. 169), 55.

177. »Sagten wir nochmal soviel, wir kämen an kein Ende; darum sei der Rede Schluß: Er ist alles!« (Πολλὰ ἐροῦμεν καὶ οὐ μὴ ἀφικώμεθα, καὶ συντέλεια λόγων Τὸ πᾶν ἐστιν αὐτός.)

178. Alle Zitate Maurus Heinrichs: Christliche Offenbarung und religiöse Erfahrung im Dialog, Paderborn 1984, 52 – zitiert nach Gisbert Greshake: Der dreieine Gott (siehe Anm. 175) 510.

179. Der Begriff »allopathisches Empfinden« stammt von dem jüdischen Gelehrten Abraham J. Heschel, Das prophetische Bewußtsein [Diss. Univ. Berlin 1933], Krakau 1936, 145–161, 176, 182.

180. Johann Wolfgang von Goethe an seinem vorletzten Geburtstag, dem 28. August 1830, auf einer Autogrammkarte, versehen mit zwei Schnörkeln, die er seinem Freund Felix F. H. Küstner verehrte.

181. Richard von Sankt-Viktor, De Trinitate VI 20 (ins Deutsche übersetzt und hrsgg. von Hans Urs von Balthasar, Einsiedeln ^{2}2002, 195).

182. André Gorz, Brief an D. Geschichte einer Liebe, Zürich 2007. – Dazu näherhin auch die beiden Artikel von Elisabeth von Thadden, Philosophie: Von Luft und Liebe, in: Die Zeit Nr. 39 (20. September 2007); dies., Über den Tod hinaus, in: Die Zeit 40 (28. September 2007).

183. Helmut Gollwitzer, Krummes Holz – Aufrechter Gang. Zur Frage nach dem Sinn des Lebens, München ^{8}1979, 336.

184. Ganz ähnlich formuliert es ja auch das heutige Sonntagsevangelium: »Alles, was der Vater hat, ist mein; darum habe ich gesagt: Er [sc. der Geist, der mich mit dem Vater verbindet] nimmt von dem, was mein ist, und wird es euch verkünden.« (Joh 16,15).

185. *Dû bist mîn, ich bin dîn* (unbekannter Dichter, um 1180), in: Thomas Bein, Deutschsprachige Lyrik des Mittelalters. Von den Anfängen bis zum 14. Jahrhundert, Berlin 2017, 84–86. – Das Gedicht ist Anklang an das alttestamentliche Hohelied: »Mein Freund ist mein und ich bin sein, der unter Lotosblüten weidet.« (Hld 2,16; 6,3.)

186. Titelsong der gleichnamigen LP (Decca SLK 16 383-P), Februar 1966.

187. Clara Berg (d.i. Ute Bittner), Carnets VI, 89.

188. »Darf ich von der Freundschaft sagen, was der Freund Jesu, Johannes, von der Liebe aussagt: ›Deus amicitia est‹ [›Gott ist die Freundschaft‹]?« (Aelred von Rieval, Über die geistliche Freundschaft / De amicitia spirituali, Buch I, 69. – Deutsche Übersetzung von Rhaban Haacke, mit einer Einleitung hrsgg. von Wilhelm Nyssen [Occidens; 3], Trier 1978, 24f.)

189. »natus ex patre ante omnia saecula«, wie es in der lateinischen Version des Nizäno-Konstantinopolitanischen Glaubensbekenntnisses heißt. – Im Glaubensbekenntnis der Synode von Toledo (675 n. Chr.) heißt es nach der einleitenden Präambel (»Confitemur et credimus sanctam atque ineffabilem Trinitatem, Patrem et Filium et Spiritum Sanctum, unum Deum naturaliter esse unius substantiae, unius naturae, unius quoque maiestatis atque virtutis«) noch eindeutiger: »Et Patrem [...]. Ipse enim a nullo originem ducit, ex quo et Filius nativitatem, et Spiritus Sanctus processionem accepit. Fons ergo ipse et origo est totius divinitatis. [...] Et Filium quoque de substantia Patris sine initio ante saecula natum [...]. Nec enim de nihilo, neque de aliqua substantia, *sed de Patris utero [...] genitus vel natus* [...].« (DH 525f.) – Man beachte, daß in einer elaborierten Trinitätstheologie die peinlichen Genderfragen längst überstiegen sind.

190. Hippolyt von Rom, De Pascha Homilia 6 (PG 59, 743–746), hier zitiert nach Hugo Rahner, Griechische Mythen in christlicher Deutung, Basel 1984, 73.

191. Alle Zitate Elizabeth Barrett Browning, Aurora Leigh [1856]: »Earth's crammed with heaven / And every common bush afire with God«. (Zitiert nach Richard Rohr, Der göttliche Tanz. Wie uns ein Leben im Einklang mit dem dreieinigen Gott zutiefst verändern kann, Aßlar 2017, 88.)

192. Vgl. Hans Urs von Balthasar, Theodramatik III: Die Handlung, Einsiedeln 1980, 300–302.

193. Conrad Ferdinand Meyer, Gedichte, in: Sämtliche Werke. Historisch-kritische Ausgabe, hrsgg, von Hans Zeller und Alfred Zäch, Bern 1958, Bd. I, 170:

Aufsteigt der Strahl und fallend gießt
Er voll der Marmorschale Rund,
Die, sich verschleiernd, überfließt
In einer zweiten Schale Grund;
Die zweite gibt, sie wird zu reich,
er dritten wallend ihre Flut,
Und jede gibt und nimmt zugleich
    Und strömt und ruht.

194. Platon, Symp. 215d–216c (Lobrede des Alkibiades auf Sokrates). Formulierungen nach Wilhelm Schmid, Die Geburt der Philosophie im Garten der Lüste. Michel Foucaults Archäologie des platonischen Eros, Frankfurt a. M. 2000, 8.

195. Nur zur Erinnerung: Das Hochfest der Allerheiligsten Dreifaltigkeit wird am Sonntag nach Pfingsten begangen, Fronleichnam am Donnerstag darauf, also neun Tage nach Pfingsten, und Herz Jesu noch einmal acht Tage darauf, also am zweiten Freitag nach Fronleichnam – die Erinnerung an die karfreitagliche Herzenswunde Jesu (Joh

19,34), aus der die österlichen Sakramente der Kirche entspringen, ist der mystologische Ursprung dieses Festes: »Kommt alle zu mir, die ihr euch plagt und schwere Lasten zu tragen habt. Ich werde euch Ruhe verschaffen. Nehmt mein Joch auf euch und lernt von mir; denn ich bin gütig und von Herzen demütig; so werdet ihr Ruhe finden für eure Seele.« (Mt 11,28f.)

196. Hilfreich für die folgenden Überlegungen waren mir Grimm, DWB 4/2, 1207–1266; Wolfgang Biesterfeld, Art. »Herz«, in: HWP 3, 1100–1112; Auguste Hamon, Art. »Cœur (Sacré)«, in: DSp 2, 1023–1046; Alex Stock, Poetische Dogmatik. Christologie Bd. 3: Leib und Leben, Paderborn u.a. 1998, 337–379; Heinrich Schipperges, Die Welt des Herzens. Sinnbild, Organ, Mitte des Menschen, Frankfurt a.M. 1989; Repr. Kevelaer 2017; Jesuiten. Themenheft »Ein Herz größer als die Welt«, September 2013.

197. Duden Bd. 7: Das Herkunftswörterbuch. Eine Etymologie der deutschen Sprache, Mannheim 1963, 263f. (s.v. »Herz«); Jacqueline Picoche, Dictionnaire étymologique du Français (= Le Robert), Paris 1995, 110f. (s.v. »cœur«); Der kleine Stowasser. Lateinisch-deutsches Schulwörterbuch, München 1962, Teil I: Aus der Lautlehre § 10 (= S. 7).

198. Brief Nr. 464 vom 16. Juni 1825 (Beilage), in: Goethe, Sämtliche Werke (Münchener Ausgabe) Bd. 20/3, 675. – Die Strophe entstammt der zweiten der Neugriechischen Liebe-Skolien, in: Goethe, Sämtliche Werke (Münchener Ausgabe) Bd. 13/1, 120.

199. Heinrich Schipperges, Die Welt des Herzens (Anm. 196), 33–38, 49–62, 108.

200. Gunter Scholtz, Art. »Musik«, in: HWP 6, 242–257, hier 243f.

201. Nebenbei bemerkt: Die Vollzähligkeit der Sterne ist nicht nur dem frommen Griechen, sondern auch dem christlichen Romantiker ein kosmischer Gottesbeweis: »Weißt du, wieviel Sternlein stehen an dem blauen Himmelszelt?«, Text Wilhelm Hey (1837); Melodie vor 1809. EKG Nr. 511.

202. Wilhelm Pape, Griechisch-deutsches Handwörterbuch, Braunschweig 1906, Bd. II, 1335 und 1341 (s.v. χάος, χάσμα, χανύω, χαίνω).
203. Platon, Tim. 29e 2–31a 1.
204. Platon, Tim. 30b 1.
205. Platon, Tim. 31a 1ff.
206. Platon, Tim. 28b 7; 29a 6.
207. Platon, Tim. 37d 3 – e 3; 38b 6 – c 3.
208. Platon, Tim. 37d 1ff.
209. Platon, Tim. 30b 2.
210. Die Rede vom »Kosmischen Christus« zielt auf folgendes: »Die Menschwerdung des Gottessohnes [vgl. Joh 1,14] bedeutet nicht nur die Aufnahme der menschlichen Natur in die Einheit mit Gott, sondern gewissermaßen *alles dessen, was ›Fleisch‹ ist*: der ganzen Menschheit, der ganzen sichtbaren und materiellen Welt. Die Menschwerdung hat also auch ihre kosmische Bedeutung und Dimension. Indem der ›Erstgeborene der ganzen Schöpfung‹ (Kol 1,15) in diesem individuellen Menschen Christus Fleisch annimmt, vereinigt er sich gleichsam mit der ganzen Wirklichkeit des Menschen, der auch ›Fleisch‹ ist … und dadurch mit allem ›Fleisch‹, mit der ganzen Schöpfung.« (Günther Schiwy, Der kosmische Christus. Spuren Gottes ins neue Zeitalter, München 1989, 17.)
211. Ignatius von Loyola, Satzungen der Gesellschaft Jesu Nr. 288.3 (in: Ignatius von Loyola. Gründungstexte der Gesellschaft Jesu, übersetzt von Peter Knauer. Dt. WA Bd. II, Würzburg 1998, 580–827); ders., Die Exerzitien Nr. 235: »Erwägen, wie Gott in den Geschöpfen wohnt, in den Elementen Dasein, in den Pflanzen wachsendes Leben, in den Tieren sinnliches Fühlen, in den Menschen geistige Einsicht verleihend. Und so auch in mir: wie Er mir Dasein, mich durchseelt, mir Sinne erweckt und geistige Einsicht verleiht, wie Er desgleichen einen Tempel aus mir macht, da ich zu einem Gleichnis und Bild Seiner Göttlichen Majestät geschaffen bin.«

212. Erinnert sei nur an Dionysius Areopagita und Johannes Scotus Eriugena, deren Vision der Welt als eines mundus symbolicus im Hintergrund die Überzeugung hat, daß es in der Welt nichts gibt, was nicht auf Gott als den letzten Grund aller Wirklichkeit verweist: »Omnis mundi creatura / quasi liber et pictura / nobis est et speculum« (Alain von Lille, Rhythmus de Rosa). Dazu Hans Urs von Balthasar: »Dionysius [...] schaut Gott nicht anläßlich der Dinge, sondern in den Dingen; Farben, Formen, Wesen, Eigenschaften sind ihm unmittelbare Theophanie, und wenn er die Schleier um des Verschleierten willen preisgibt, so gibt er ein Umfangenes, Geliebtes preis.« (Herrlichkeit. Eine theologische Ästhetik II / 1, Einsiedeln 1962, 181.)
213. Matthew Fox, Vision vom kosmischen Christus, Stuttgart 1991; Günther Schiwy, Der kosmische Christus. Spuren Gottes ins neue Zeitalter (Anm. 210).
214. Es sei in diesem Zusammenhang an die von Bernhard Welte überlieferte Bemerkung Maria Gröbers, der Schwester des verstorbenen Freiburger Erzbischofs Conrad Gröber (1872–1948), erinnert. Den Verzicht auf das übliche Tischgebet begründet »diese merkwürdige Frau« ihrem erstaunten Bruder gegenüber mit den Worten: »Für gekaufte Dinge muß man Gott nicht danken.« Das Medium des Geldes, so schlußfolgert Welte, entsinnlicht die Dinge und entfremdet sie dem Naturzusammenhang. Allein in diesem urtümlichen Zusammenhang vermögen sie jedoch in einer Beziehung zum Göttlichen zu stehen. »Was uns die Erde Gutes spendet« gilt nur für die aus dem eigenen Garten gezogenen Dinge. Die beim Kaufmann für Geld erstandenen Obstkonserven fallen nicht mehr darunter; sie sind Ware, nicht Gabe. (Der Verlust der integralen Sinneserfahrung als Quelle des Verlustes der religiösen Dimension, in Bernhard Welte, Zwischen Zeit und Ewigkeit. Abhandlungen und Versuche, Freiburg i. Br. 1982, 176–191, 176f.)

215. Vgl. Platon, Symp. 203a: βάναυσος. – Der »Banausos« ist der ungebildete Handwerker, ein »Macher« im Wortsinn, der glaubt, alles aus eigener Kraft bewerkstelligen zu können, und insofern ist er das Gegenteil des wahren Philosophen.

216. Statt dessen sei verwiesen auf die Jesus-Pentalogie von Eugen Biser: (1.) Der Helfer. Eine Vergegenwärtigung Jesu, München 1973; (2.) Jesus für Christen. Eine Herausforderung, Freiburg i. Br. 1984; (3.) Der Freund. Annäherungen an Jesus, München 1989; (4.) Das Antlitz. Christologie von innen, Düsseldorf 1999; (5.) Jesus – sein Lebensweg in neuem Licht, Regensburg 2008. – In Hinsicht auf den Zusammenklang von bibel-exegetischer und systematisch-theologischer Forschung ist neben dem Standardwerk von Walter Kasper »Jesus der Christus« (Mainz [1]1974, [8]1981, [10]1986, [12]1998) nach wie vor die Jesus-Trilogie von Edward Schillebeeckx unentbehrlich: (1.) Jesus: Die Geschichte von einem Lebenden, Freiburg i. Br. 1975; (2.) Christus und die Christen: Die Geschichte einer neuen Lebenspraxis, Freiburg i. Br. 1977; (3.) Menschen. Die Geschichte von Gott, Freiburg i. Br. 1990. – Schillebeeckx zitiert in dem ersten seiner drei dickleibigen Bände (aaO. 33) Yves Congar: »Je respecte et j'interroge sans cesse la science des exégètes, mais je récuse leur magistère« (»Ich respektiere und befrage unablässig die Wissenschaft der Exegeten, aber ich weise ihr Lehramt zurück.«) Umgekehrt muß man natürlich auch die Ansprüchlichkeiten der systematischen Theologen zurückweisen, Lehramt zu sein. Wenn überhaupt Lehramt, dann nur aus dem unablässigen Zusammenspiel von exegetischer, historischer und systematischer Theologie.

217. Dazu Ralf Miggelbrink, Lebensfülle. Für die Wiederentdeckung einer theologischen Kategorie (QD 235), Freiburg i. Br. 2009.

218. Vgl. Christoph Türcke, Jesu Traum. Psychoanalyse des Neuen Testaments, Lüneburg 2009, 100–145.

219. Joh 13,1b: »… erwies er ihnen seine Liebe bis ins Letzte«, »bis ins Äußerste«.

220. Für das Folgende verweise ich auf Romano Guardini, Die menschliche Wirklichkeit des Herrn. Beiträge zu einer Psychologie Jesu [1958], Neuauflage Mainz / Paderborn 1991; Das Christusbild der paulinischen und johanneischen Schriften [1940], Neuauflage Mainz/Paderborn 1987.
221. Joh 8,28f.: »Ihr werdet erkennen, daß ich nichts im eigenen Namen tue, sondern nur das sage, was mich der Vater gelehrt hat. Und der mich gesandt hat, ist bei mir; er hat mich nicht allein gelassen, weil ich immer das tue, was ihm gefällt.«
222. Mt 4,11 par: »Darauf ließ der Teufel von ihm ab, und es kamen Engel und dienten ihm.«
223. Joh 8,6–8: »Jesus aber bückte sich und schrieb mit dem Finger auf die Erde«; Mk 15,5; Joh 19,9: »Pilatus fragte: Woher stammst du? Jesus aber gab ihm keine Antwort.«
224. Joh 6,1–15: Wunderbare Brotspeisung. Jesus läßt sich das Wenige des kleinen Jungen reichen (fünf Brote und zwei Fische), verachtet es nicht. Und indem er es segnend weiterreicht, wandelt sich der Mangel in gewährten Reichtum. Denn wie der kleine Junge gibt nun jeder der 5000, was er hat.
225. Joh 2,24f.: »Jesus aber vertraute sich ihnen nicht an, denn er kannte sie alle [...]; denn er wußte, was im Menschen ist.«
226. Mt 4,1–11 parr: Dreifache Versuchung Jesu durch die teuflischen Verlockungen der Macht. In der bei Lukas überlieferten Variante heißt es: »Nach diesen Versuchungen ließ der Teufel *für eine gewisse Zeit* von ihm ab.« (Lk 4,13: ἄχρι καιροῦ) Mit anderen Worten: Jesus bleibt, da Mensch, versuchlich.
227. Mk 6,24 par: »Als Jesus die vielen Menschen sah, hatte er Mitleid mit ihnen; denn sie waren müde und erschöpft wie Schafe, die keinen Hirten haben.« – Lk 7,13c: Zur Mutter des verstorbenen Jünglings in Nain: »Weine nicht.«
228. Joh 8,11b: »Auch ich verurteile dich nicht. Geh und sündige von jetzt an nicht mehr.«

229. *»Non coerceri maximo, contineri tamen a minimo, divinum est.«* – Die Herkunft dieses Spruches hat Hugo Rahner nachgezeichnet: Die Grabschrift des Loyola, in: StZ 72 (1947) 321–337.

230. ὅτι πραΰς εἰμι καὶ ταπεινὸς τῇ καρδίᾳ: Menschen und Dingen »nahe gesonnen«, so die exakte Übersetzung dieses Wortes, wie Fridolin Stier sie in einer höchst bedenkenswerten Auslegung bietet. (An der Wurzel der Berge. Aufzeichnungen II, Freiburg i. Br. u. a. 1984, 39–45.)

231. Vgl. dazu im Proöm der Regel des Hl. Benedikt das Zitat aus Ps 34,13: »Wer ist der Mensch, der das Leben liebt und bessere Tage zu sehen wünscht?« Ein solcher trete in die Nachfolge Christi ein. (Die Benediktusregel lat.-dt., hrsgg. von Basilius Steidle, Beuron [3]1978, 57 [Prolog v. 15].)

232. Ignatius von Loyola, Die Exerzitien Nr. 104 (aus dem Spanischen übertragen von Hans Urs von Balthasar), Einsiedeln / Freiburg i. Br. [12]1999, 40. – Die frz. Übersetzung von Edouard Gueydan bietet »une connaissance intérieure du Seigneur«. (Paris: Desclée de Brouwer [2]1985, 82.)

233. WA 12, 483.7, 485.2–8, 486.8, 487.25, 488.1–490.6 [488.7–490.18]; vgl. WA 10 I 1, 74.16ff.; WA 37, 236.2. – Zum Ganzen Berndt Hamm, Wie mystisch war der Glaube Luthers?, in: Ders. / Volker Leppin (Hg.), Gottes Nähe unmittelbar erfahren. Mystik im Mittelalter und bei Martin Luther, Tübingen 2007, 237–287, hier 248 mit Fn. 28 u. 274 Fn. 117; ferner 242–261.

234. Theresa von Avila, Das Buch meines Lebens 6,9; 37,5; 22,6. – Zum Ganzen Ulrich Dobhan, Teresas Weg des inneren Betens, in: Mariano Delgado / Volker Leppin (Hg.), ›Dir hat vor Frauen nicht gegraut‹. Mystikerinnen und Theologinnen in der Christentumsgeschichte, Fribourg / Stuttgart 2015, 295–313.

235. Vgl. Karl Ernst Georges ausführliches Lateinisch-Deutsches Handwörterbuch, Bd. II, Leipzig 1880, Sp. 2615f. (s.v. »suggero«, »suggestio«.)

236. Anthony de Mello, Meditieren mit Leib und Seele. Neue Wege der Gotteserfahrung, Kevelaer [5]1991, 100f.
237. »Herz Jesu, Gottes Opferbrand«, in: Gotteslob 1974 (Ausgabe Erzbistum Paderborn), Nr. 870, Strophe 3.
238. Faust I, Vers 766.
239. Als Lesehinweise für das Folgende Walter Kasper, Jesus der Christus, Mainz [8]1981, 104–116; Romano Guardini, Zeichen und Wunder, Würzburg 1959; Johann Baptist Metz, Art. »Wunder VI. Systematisch«, in: [2]LThK 10, 1263–1265; Winfried Schröder, Art. »Wunder«, in: HWP 12, 1052–1071; Werner H. Ritter / Michaela Albrecht (Hg.), Zeichen und Wunder. Interdisziplinäre Zugänge, Göttingen 2007, 53–129. – Zur Problematik insgesamt Joachim Negel, Weil die Welt nicht ganz dicht ist … Eine philosophisch-theologische Erörterung der Frage nach dem Wirken Gottes in der Welt, in: Wilfried Eisele (Hg.), Gott bitten? Theologische Zugänge zum Bittgebet (QD 256), Freiburg i. Br. 2013, 102–185.
240. Für das Folgende vgl. Antje Krug, Heilkunst und Heilkult, München 1985; Florian Steger, Asklepios: Medizin und Kult, Stuttgart 2016, bes. 64–104; Dieter Lührmann, Neutestamentliche Wundergeschichten und antike Medizin, in: Lukas Bormann u. a. (Hg.), Religious Propaganda and Missionary Competition in the New Testament World (FS Dieter Georgi) NTS 74, Leiden / NL 1994, 195–204; Bernd Kollmann, Jesus und die Christen als Wundertäter. Studien zu Magie, Schamanismus und Medizin in Antike und Christentum (FRLANT 170), Göttingen 1996.
241. Platon, Charm. 156d–157c.
242. Auch im Zeitalter moderner Medizin spricht man (wenn natürlich auch eher ironisch) vom Arzt als einem »Halbgott in Weiß«. Freilich in der Ironie steckt immer auch ein gerütteltes Maß Ernst.
243. In dieser Tradition steht auch der berühmte Hippokrates von Kos (460–370 v. Chr.), auf den jener Eid zurückgeht, der bis heute an den Universitäten bei medizinischen Promotionsfeiern verlesen wird.

244. Sigmund Freud, Zur Psychotherapie der Hysterie [1895], in: Josef Breuer / Ders., Studien über Hysterie, Frankfurt a. M. 1991, 167.

245. Prominentestes Beispiel eines am Tourette-Syndrom Leidenden ist Wolfgang Amadeus Mozart. Abgesehen von koprolalischen Anfällen, deren Inhalte nicht zitierfähig sind, scheint Mozart weitere vokale Tics gehabt zu haben: Pfeifen, Husten, Bellen, Grunzen, Zungenschnalzen, Zischen, Saugen, Huh-Laute und Miauen. Auch motorische Tics sind von Mozart überliefert: Er soll immer wieder mitten im Gespräch begonnen haben, zu grimassieren, die Lippen zu spitzen, mit den Schultern, dem Kopf und anderen Körperteilen zu rucken, mit den Armen zu zucken u.ä.m. (Dazu Joseph Thilmann, Mozart und das Tourette-Syndrom, in: Neurologienetz. Das Informationsportal für Ärzte: https://www.neurologienetz.de/medien/biographien/wolfgang-amadeus-mozart/ [abgerufen am 22. August 2019].)

246. S. o. Anm. 244.

247. »Maison Dieu« hießen im Mittelalter die Krankenhäuser in Frankreich: Gotteshaus.

248. »*Einen* Arzt gibt es, und das ist Jesus Christus, unser Herr«, schreibt um das Jahr 100 n. Chr. Ignatius von Antiochien an die Epheser. Und Ambrosius von Mailand ruft in einer Predigt emphatisch aus: »Alles haben wir in Christus. Willst du eine Wunde heilen? Er ist der Arzt. Glühst du im Fieber? Er ist der Quell. Brauchst du Hilfe? Er ist die Kraft. Brauchst du Speise? Er ist das Brot.« (Alle Zitate nach Heinrich Schipperges, Die Kranken im Mittelalter, München 1990, 203. – Zum Ganzen ebd. 203–234.)

249. »Wonder depends on personal perspective. My wonder is not necessarily your wonder.« (Werner H. Ritter u. a. [Hg.], Zeichen und Wunder [Anm. 239], 128.)

250. Carl Schmitt, Politische Theologie – Vier Kapitel zur Lehre von der Souveränität, Berlin 1922, 9.

251. Kopt. ThomEv 82. – Textnachweise bei Origenes, Didymus dem Blinden und in den apokryphen Paulusakten über Joachim Jeremias, Unbekannte Jesusworte (AThANT 16) Zürich 1946, 65.

252. Die Jungfrau züchtigt das Jesuskind vor drei Zeugen: André Breton, Paul Éluard und dem Maler (frz.: La vierge corrigeant l'enfant Jésus devant trois témoins: André Breton, Paul Éluard et le peintre), 1926. Öl auf Leinwand, 196 × 130 cm. Museum Ludwig, Köln.

253. Hans Conrad Zander, Der erste Single. Jesus, der Familienfeind, Gütersloh ^{2}2010.

254. Von der moralischen und religiösen Größe des rabbinischen und talmudischen Pharisäertums bekommt einen Begriff, wer das atemberaubende Büchlein von Zvi Kolitz liest: Jossel Rakovers Wendung zu Gott. Aus dem Jiddischen übertragen und mit einer biographischen Darstellung des Autors hrsgg. von Paul Badde, Möhlin und Villingen: Rauhreif Verlag 1994; zusammen mit dem jiddischen Original (in lateinische Buchstabenschrift transkribiert von Arno Lustiger) erneut erschienen 1996 im Verlag Volk & Welt Berlin.

255. Ich beziehe mich hier auf den berühmt-berüchtigten Satz von Alfred Loisy (L'évangile et l'église, Paris 1902): »Jésus annonçait le royaume, et c'est l'Église qui est venue.« (Jesus kündigte das Reich Gottes an und gekommen ist die Kirche.) – Seinen kecken Spruch hatte Loisy im übrigen gar nicht abschätzig gemeint, sondern nur als Feststellung dessen, was ist. Und darin hat er recht gesehen.

256. Mary Douglas, Reinheit und Gefährdung. Eine Studie zu Vorstellungen von Verunreinigung und Tabu, Frankfurt a. M. 1985, 81f.

257. Albert Camus, L'envers et l'endroit, Paris ^{11}1958, 37–54, hier 37–43.

258. Floyd L. Ruch / Philip G. Zimbardo u. a., Lehrbuch der Psychologie. Eine Einführung für Studenten der Psychologie, Medizin und Pädagogik, Berlin / Heidelberg 1974, 367. – Zur »Eisberg-Metapher«, die gemeinhin Freud zugeschrieben wird, sich aber in keiner seiner Schriften findet, vgl. Hans Blumenberg, Quellen, Ströme, Eisberge (hrsgg. von Ulrich von Bülow und Dorit Krusche), Berlin 2012.

259. Romano Guardini, Die Annahme seiner selbst, Mainz [7]2003, 12. (Mit Bezug auf Rudyard Kipling, Kim. Ein Roman aus dem gegenwärtigen Indien, Berlin 1908.)
260. Duden. Wörterbuch der Deutschen Sprache Bd. 7: Etymologie. Herkunftswörterbuch, Mannheim u. a. 1963, 632f. (s.v. »Seele«).
261. Vgl. dazu allgemein Peter Dinzelbacher, Körperliche und seelische Vorbedingungen religiöser Träume und Visionen, in: Tullio Gregory (Hg.), I Sogni nel Medioevo. Seminario Internazionale Roma, 2–4 ottobre 1983, Rom: Edizioni dell' Ateneo 1985 (Lessico Intellettuale Europeo XXXV), 57–86.
262. Dazu Jacques Le Goff, Le Christianisme et les Rêves (IIe–VIIe siècles), in: ebd. 171–218.
263. Vgl. Ps 31.
264. Vgl. Helmut Gollwitzer / Käthe Kuhn / Reinhold Schneider (Hg.), Du hast mich heimgesucht bei Nacht. Abschiedsbriefe und Aufzeichnungen des Widerstandes 1933 bis 1945, Gütersloh [8]1994.
265. Mahātmā Gandhi, Der Atem der Seele, Düsseldorf 2006.
266. Joh 7,37–39.
267. Solil. I 7,1: »Deum et animam scire cupio. // Nihilne plus? // Nihil omnino.« (Aurelius Augustinus, Selbstgespräche. Von der Unsterblichkeit der Seele, lateinisch-deutsch; übertragen und erläutert von Hanspeter Müller, München / Zürich 1986, 18f.)
268. Publius Ovidius Naso, Metamorphosen VII, 20f.
269. Thomas Pröpper, Theologische Anthropologie, Freiburg i. Br. 2011, Bd. II, 938. Vgl. zum Ganzen auch die eindrückliche Phänomenbeschreibung, ebd., 976–979.
270. Gertrud von Le Fort, Der Papst aus dem Ghetto. Die Legende des Geschlechtes Pier Leone. Roman [Ersterscheinung im Transmare Verlag, Berlin 1930], Neuauflage Gütersloh 1956, 117.
271. Vgl. Peter Brown, Der Schatz im Himmel. Der Aufstieg des Christentums und der Untergang des Römischen Weltreichs [amerik. Original: »Through the Eye of a Needle«. Wealth, the Fall of Rome,

and the Making of Christianity in the West, 350–550 A. D., Princeton University Press 2012], aus dem Amerikanischen ins Deutsche übersetzt von Michael Bayer und Karin Schuler, Stuttgart 2017, 33–129.

272. Die folgenden zwei Abschnitte nach Eugen Drewermann, Das Markusevangelium. Zweiter Teil: Mk 9,14 bis 16,20, Olten und Freiburg i. Br. [2]1989, 376f.

273. Ludwig Wittgenstein, Schriften I, Frankfurt a. M. 1960, 166f.

274. Anselms Formel, Gott sei das, worüber hinaus Größeres nicht gedacht werden kann (Proslogion 2–4: »Deus est id quo maius cogitari nequit«) wird in Proslogion Kap. 15 noch einmal erheblich radikalisiert: »Gott ist größer als alles, was gedacht werden kann.« (Ergo, Domine, non solum es quo maius cogitari nequit, sed es quiddam maius quam cogitari possit.)

275. Die dialektische Gedankenfigur eines »radikalen Bezogenseins alles Geschöpflichen auf Gott bei gleichzeitig radikaler Unterschiedenheit alles Geschöpflichen von Gott« stammt von Peter Knauer (Unseren Glauben verstehen, Würzburg [6]2001, 20–33. Die Formel wird näher entfaltet in Knauers Grundlagenwerk »Der Glaube kommt vom Hören. Ökumenische Fundamentaltheologie«, Freiburg i. Br. [6]1991, 26–71).

276. Pierre Teilhard de Chardin, Das Herz der Materie, Düsseldorf 2002, 60.

277. Paul Tillich, Von der Tiefe, in: ders., In der Tiefe ist Wahrheit. Religiöse Reden (1. Folge), Stuttgart 1952, 51–61

278. Vgl. oben Predigt 5.

279. Karl Rahner, Zur Theologie des Todes (QD 2), Freiburg i. Br. [2]1958, 22.

280. Max Frisch: Tagebuch 1966–1971, Frankfurt a. M. 1979, 9.

281. Ebd., 426.

282. Still life (GB 2013, Regie Umberto Pasolini).

Bibelstellenverzeichnis*

* Die den 24 Predigten zugrundegelegten Bibelstellen sind nachfolgend **fett** markiert.

Das Register wurde von Winrich C.-W. Clasen erstellt.

Dreifaltigkeit

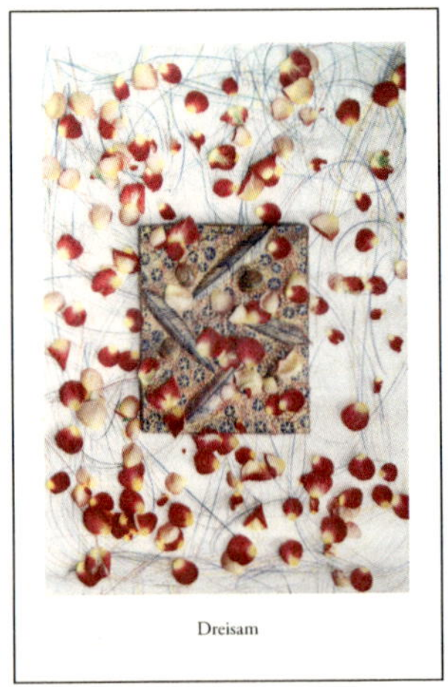

Joachim Negel

Dreisam

Eine Übung in trinitarischem Denken

64 Seiten, 13,5 × 21 cm, Heft dt./frz., ISBN 978-3-87062-346-3

Kaum eine Vorstellung ist für die meisten Leute so unverständlich wie die, daß Gott »dreifaltig einer« sei. Selbst für viele Christen könnte man diesen absolut zentralen Kernsatz des christlichen Glaubensbekenntnisses problemlos streichen. Wie auch soll man verstehen, was aller Logik spottet? Worin besteht die Lebensrelevanz solch abgehobener Spekulation?